中小微企业管理丛书

小微企业会计操作指南

主　编　赵丽生
副主编　茹家团　郑红梅　方　敏

大连出版社

内容简介

本书以小微企业会计工作流程为主线，讲述了大量与会计相关的基础知识及方法，资料详尽，条理清晰，具体包括会计岗位与会计工作流程、填制与审核会计凭证、建账与登账、结账和对账、编制会计报表、资产业务账务处理、负债业务账务处理、所有者权益账务处理、收入和利得账务处理、费用和损失账务处理、成本计算、主要经济事项会计控制设计及会计档案管理等内容。

图书在版编目(CIP)数据

小微企业会计操作指南 / 赵丽生主编. —大连：大连出版社，2013. 10
(中小微企业管理丛书)
ISBN 978-7-5505-0593-3

Ⅰ. ①小… Ⅱ. ①赵… Ⅲ. ①中小企业—会计—指南 Ⅳ. ①F276. 3-62

中国版本图书馆 CIP 数据核字(2013)第 226104 号

出 版 人：刘明辉
策划编辑：成秉权
责任编辑：姚 兰 李玉芝
责任校对：刘丽君
封面设计：林 洋
版式设计：金东秀
责任印制：史凌玲

出版发行者：大连出版社
地址：大连市西岗区长白街 12 号
邮编：116011
电话：(0411)83620416/83621075
传真：(0411)83610391
网址：http://www.dlmpm.com
电子信箱：hjj@dlmpm.com
印 刷 者：大连美跃彩色印刷有限公司
经 销 者：各地新华书店

幅面尺寸：170mm×240mm
印 张：18.25
字 数：335 千字

出版时间：2013 年 10 月第 1 版
印刷时间：2013 年 10 月第 1 次印刷
书 号：ISBN 978-7-5505-0593-3
定 价：38.00 元

前　言

在确保国民经济适度增长、缓解就业压力、实现科教兴国、优化经济结构等方面,小微企业发挥着越来越重要的作用。据有关资料统计,在我国477万家企业中,小微企业数量占97.11%,从业人员占52.95%,主营业务收入占39.34%,资产总额占41.97%。小微企业已经是推动国民经济发展、促进市场繁荣和社会稳定的重要力量。大力支持小微企业发展,对增强经济增长活力、有效扩大就业、保持社会和谐稳定、建设创新型国家,具有十分重要的意义。

会计工作是经济、财政工作的重要基础。围绕中心、服务大局、贯彻落实国务院有关促进小企业发展的政策,促进小企业提高经营管理水平,为国家扶持小企业发展各项政策措施的落实提供有力的制度保障,是发展社会主义市场经济的必然要求。财政部已正式发布《小企业会计准则》,该准则自2013年1月1日起在全国小企业范围内施行。《小企业会计准则》的实施,有利于加强小微企业内部管理,促进小微企业又好又快发展;有利于加强小微企业税收征管,促进小微企业税负公平;有利于加强小微企业贷款管理,防范小微企业贷款风险。

目前,我国相当一部分小微企业的会计机构不是很健全,会计人员素质相对较低,各项管理制度不够规范,会计信息质量有待提高,内部会计控制有待加强。为此,我们编写了《小微企业会计操作指南》,从会计管理方面引导和帮助小微企业改善经营管理,规范会计行为,保证小微企业会计信息质量,增强其会计信息的真实性和透明度,促进小微企业发展。

本书由山西省财政税务专科学校的赵丽生教授担任主编并设计编写方案,由山西省财政税务专科学校的茹家团教授、郑红梅副教授、方敏副教授编写,茹家团教授负责总纂并主审。本书主要内容包括:会计岗位与会计工作流程、填制与审核会计凭证、建账与登账、结账和对账、编制会计报表、资产业务账务处理、负债业务账务处理、所有者权益账务处理、收入和利得账务处理、费用和损失账务处理、成本计算、主要经济事项内部会计控制设计及会计档案管理，书末附有《小企业会计准则》。

本书从会计工作者的感受出发，贴近会计工作实际，注重方法与知识的融合。全书以实用为编写导向，突出以下三个特点：(1)知识性。以小微企业会计工作流程为主线，讲述了大量与会计工作相关的基础知识及方法，有助于小微企业会计工作者提升专业知识水平。(2)实用性。以小微企业会计岗位设置和工作流程描述为切入点，介绍了填制与审核会计凭证、登记账簿、编制会计报表、日常经济业务核算、成本计算，以及小微企业主要经济事项内部会计控制设计、会计档案管理等工作的技能和方法，同时配有图解和会计事项分录举例、成本计算举例等，以期对小微企业会计工作者有所帮助。(3)方便快捷。对小微企业会计工作岗位涉及的相关知识与技能进行讲解，资料详尽，条理清晰，查阅方便。

本书在编写过程中，主要参考了《小企业会计准则》、《小企业会计准则释义2011》、《会计基础工作规范》及相关资料。

由于编写时间仓促，书中难免有不足之处，敬请读者不吝批评指正，以便今后修订和完善。

编　者

2013 年 8 月

目　录

第 1 章　会计岗位与会计工作流程

1.1 会计岗位

1.1.1 会计岗位设置的依据

按照《中华人民共和国会计法》、《会计基础工作规范》和《企业内部控制基本规范》的有关规定，企业根据规模的大小、会计业务的繁简和实际需要来设置会计岗位。

1.1.2 会计岗位的种类

按照《会计基础工作规范》的规定，各单位应当根据会计业务需要设置会计岗位。会计岗位一般有会计机构负责人或会计主管岗、出纳岗、会计核算岗、总账报表岗、会计稽核岗和会计档案管理岗。

1.1.3 会计岗位设置的内部控制要求

会计岗位可以一人一岗、一人多岗或者一岗多人，但出纳人员不得兼管稽核，会计档案保管和收入、费用、债权债务账目的登记工作。有条件的小微企业，会计人员的工作岗位应当有计划地进行轮换。

小微企业根据实际工作的需要，由专人担任出纳岗；可以由一人兼任会计机构负责人或会计主管岗、会计核算岗和总账报表岗，也可以由一人兼任会计稽核岗和会计档案管理岗。

1.1.4 会计岗位的职责

1）会计机构负责人或会计主管岗的岗位职责

（1）根据国家法规制度，结合本企业的生产经营特点，制定本企业财务会计制度，制定本企业办理会计事务的具体办法。

（2）组织筹集资金，节约使用资金。组织编制本企业资金的筹集计划和使用计划，并组织实施。

（3）组织建立会计人员岗位责任制，负责对会计人员进行考核。

（4）组织编制本企业的财务成本、经费预算计划，检查督促财务成本、经费预算计划的落实，并对经费预算执行情况进行分析。

(5)组织财会人员做好会计核算工作,充分发挥会计工作的核算和监督作用,审查对外提供的会计资料。

2)出纳岗的岗位职责

(1)办理现金收付和结算业务。

(2)登记现金日记账和银行存款日记账。

(3)保管库存现金和各种有价证券。

(4)保管有关印章、空白收据和空白支票。

3)会计核算岗的岗位职责

(1)根据审核无误的原始凭证,判断经济业务的性质,填制记账凭证,对货币资金、采购与付款、销售和收款、存货核算、工资核算、固定资产核算、成本费用核算、投资和筹资等进行处理。

(2)登记有关会计账簿,包括明细账和总账。

4)总账报表岗的岗位职责

(1)负责登记总账。

(2)负责编制资产负债表、利润表、现金流量表等有关会计报表。

(3)负责管理会计凭证和会计报表。

5)会计稽核岗的岗位职责

(1)审查财务成本计划。

(2)审查各项财务收支。

(3)复核会计凭证和会计报表。

6)会计档案管理岗的岗位职责

(1)负责会计档案的归档、装订、存放和保管。

(2)负责会计档案的移交。

(3)负责会计档案的销毁。

1.2 会计工作流程

一般而言,会计工作从建账起,根据业务发生时取得或填制的原始单据,编制记账凭证,有关人员对会计凭证进行审核,记账人员根据审核后的会计凭证登记账簿,期末,在对账、结账等工作的基础上,编制会计报表,一个会计工作循环形成。具体如图1-1所示。

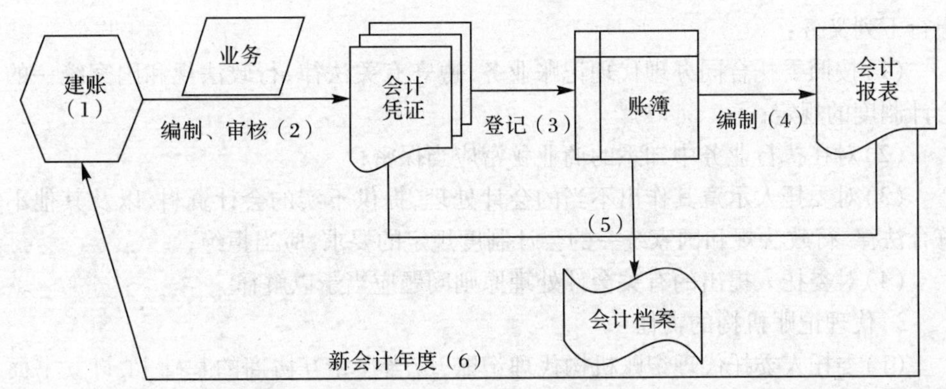

图 1－1　会计工作流程

(1)新设企业或进入新会计年度,依法建立总账、日记账和明细账;

(2)根据发生的经济业务索取的原始凭证,编制记账凭证,并对会计凭证进行审核;

(3)根据审核无误的会计凭证登记账簿;

(4)会计期末,进行结账与对账工作,并根据账簿资料编制会计报表;

(5)按会计法律法规要求,整理会计凭证、会计账簿和会计报表,形成会计档案;

(6)按建账规则,登记下一年度有关账簿。

1.3 代理记账须知

1.3.1 代理记账机构

1)代理记账机构的代理业务

根据《代理记账管理办法》(中华人民共和国财政部令第 27 号)第十二条的规定,代理记账机构可以接受委托,受托办理委托人的下列业务:

(1)根据委托人提供的原始凭证和其他资料,按照国家统一的会计制度的规定进行会计核算,包括审核原始凭证、填制记账凭证、登记会计账簿、编制财务会计报告等;

(2)对外提供财务会计报告;

(3)向税务机关提供税务资料;

(4)委托人委托的其他会计业务。

2)代理记账机构的义务

根据《代理记账管理办法》第十五条的规定,代理记账机构及其从业人员应当履行下列义务：

(1)按照委托合同办理代理记账业务，遵守有关法律、行政法规和国家统一的会计制度的规定；

(2)对在执行业务中知悉的商业秘密应当保密；

(3)对委托人示意其作出不当的会计处理，提供不实的会计资料，以及其他不符合法律、行政法规和国家统一的会计制度规定的要求，应当拒绝；

(4)对委托人提出的有关会计处理原则问题应当予以解释。

3)代理记账机构的责任

(1)委托人委托代理记账机构代理记账，应当在相互协商的基础上，订立书面委托合同。委托合同除应具备法律规定的基本条款外，还应当明确受托人对会计资料的真实性、完整性承担的责任。

(2)代理记账机构对其专职从业人员和兼职从业人员的业务活动承担责任。

1.3.2 委托人

1)委托代理记账条件

根据《代理记账管理办法》第十一条的规定，依法应当设置会计账簿但不具备设置会计机构或会计人员条件的单位，应当委托代理记账机构办理会计业务。

2)委托人的义务

根据《代理记账管理办法》第十四条的规定，委托代理记账的委托人应当履行下列义务：

(1)对本单位发生的经济业务事项，应当填制或者取得符合国家统一的会计制度规定的原始凭证；

(2)应当配备专人负责日常货币收支和保管；

(3)及时向代理记账机构提供真实、完整的原始凭证和其他相关资料；

(4)对于代理记账机构退回的要求按照国家统一的会计制度规定进行更正、补充的原始凭证，应当及时予以更正、补充。

3)委托人的法律责任

(1)委托人委托代理记账机构代理记账，应当在相互协商的基础上，订立书面委托合同。委托合同除应具备法律规定的基本条款外，还应当明确委托人对会计资料的真实性、完整性承担的责任。

(2)委托人对代理记账机构在委托合同约定范围内的行为承担责任。

1.3.3 委托人选择代理记账会计公司的注意事项

1)营业执照

正规注册的代理记账会计公司都有工商行政管理局核发的营业执照，如果没有营业执照,那么这样的公司是不能信任的。

2)代理记账许可证

正规注册的代理记账会计公司都要有财政局核发的代理记账许可证书。而会计师事务所和财务咨询公司本身已经有代理记账的资格,所以没有代理记账许可证书。

3)代理记账会计公司的办公环境和人员

一般应选择离自己公司较近的代理记账会计公司,这样沟通起来很方便。正规的代理记账会计公司都有自己买下或租用的固定办公场地和办公设备,如果没有办公场地,这样的代理记账会计公司也是不能信任的。代理记账会计公司要配备熟悉各行业、素质较高的会计人员。

4)管理制度和操作流程

代理记账会计公司要建立健全内部管理制度,做到有法可依、有章可循;要明确代理记账程序、权利和义务,规范运作,保证委托单位的会计原始凭证及资料安全、完整。

5)信息化设备

随着会计电算化的深入发展,电脑记账已经基本上取代了手工记账,所以一般的代理记账会计公司应该有专门的用于做账的电脑,并安装相应的财务软件,配备打印机、读卡器等相关设备。有条件的代理记账会计公司应该接入互联网,以便进行网上报税等业务。

第2章　填制与审核会计凭证

会计凭证的填制与审核是会计核算工作的起点，正确地填制与审核会计凭证，直接关系到小微企业全部经济业务核算的真实性、完整性和会计报表中信息披露的可靠性。现结合小微企业会计工作的实际情况，以较为常见的原始凭证及可供小微企业选择的通用记账凭证为例，以实际操作的方式，对原始凭证的填制与审核，原始凭证误票、错票的处理，记账凭证的填制与审核等问题进行介绍。

2.1 原始凭证的填制

对小微企业而言，涉及的原始凭证多种多样，但无论何种原始凭证，在填制过程中，均应遵循完整性、规范性和真实性等方面的要求。

2.1.1 通用原始凭证的填制

1）增值税专用发票的填制

（1）增值税专用发票票样

一般而言，增值税专用发票一式四联，分别为存根联、抵扣联、发票联和记账联，并采取套写方式完成税票的填制工作。增值税专用发票如表2－1所示。

表2-1

开票日期： 年 月 日 NO.10124658

购货单位	名 称： 纳税人识别号： 地 址 、电 话： 开户行及账号：			密码区			
货物或应税劳务名称	规格型号	单位	数量	单价	金额	税率	税额
价格合计(大写)	万 仟 佰 拾 元 角 分 (小写)￥：						
销货单位	名 称： 纳税人识别号： 地 址 、电 话： 开户行及账号：			备注			

第一联 存根联

收款人： 复核： 开票人： 销货单位：(章)

(2)增值税专用发票的填制要求

①基本要求。

内容完整：将发票上所列项目逐项填写，不可缺漏；所有联次一次填制(套写)完成，并保证其内容和金额一致；手续齐备。

填制及时：销售业务及提供应税劳务发生或完成时，应立即填制发票，做到不积压、不误时、不事后补填。

书写规范：专用发票要用蓝色或黑色钢笔或碳素笔填写，不得使用铅笔及圆珠笔填写(机制发票除外)；字迹端正、易于辨认，做到数字书写符合会计上的技术要求，文字工整，不草、不乱、不"造"、不涂改；套写时不串格、不串行、不模糊；专用发票填写应当使用中文，民族自治地方可以同时使用当地通用的一种民族文字，外商投资小企业和外商小企业可以同时使用一种外国文字。

顺序使用：应按照编号的次序使用，不得跳号使用；如果出现跳号，将其加盖

“作废”戳记并与相应的存根一同保存，不得撕毁；不得拆本使用专用发票。

真实可靠：如实填列经济业务内容，不弄虚作假，不得变更商品或劳务的名称，不涂改、挖补、脏污。

②具体要求。

开票日期：填写销售业务发生或完成的日期，具体应结合结算方式填写：第一，采用预收货款、托收承付、委托银行收款结算方式的，为货物发出的当天；第二，采用交款提货结算方式的，为收到货款的当天；第三，采用赊销、分期付款结算方式的，为合同约定的收款日期的当天；第四，将货物交付他人代销，为收到受托人送交的代销清单的当天；第五，设有两个以上机构并实行统一核算的纳税人，将货物从一个机构移送其他机构用于销售，按规定应当征收增值税的，为货物移送的当天；第六，将货物作为投资提供给其他单位或个体经营者的，为货物移送的当天；第七，将货物分配给股东的，为货物移送的当天。

购货单位及相关栏：购货单位的名称、纳税人识别号、地址、电话、开户行及账号，应填写全称，不得简写。

货物或应税劳务名称：填写销售货物或提供应税劳务的名称和型号。如果销售货物或提供应税劳务的品种较多，纳税人可按照不同税率的货物或劳务汇总开具。

单位：按货物的物理属性填写，如千克、台、个等。

数量：填写销售货物或提供应税劳务的数量。

单价：填写单位货物或应税劳务不含增值税价格。如果纳税人将价格和增值税税额合并定价，应先计算出不含税单价，然后按不含税单价填写本栏。单价的尾数，元以下一般保留到分，特殊情况下，也可以适当增加保留的位数。如果是汇总开具专用发票，此栏可以不填写。

金额：填写销售货物或者提供应税劳务的销售额，计算公式为：销售额 = 不含税单价 × 数量。

税率与税额：一般纳税人填写货物或者应税劳务所适用的增值税税率17%或13%（营业税改增值税后的增值税税率见【小贴士】）。一般纳税人销售按照规定可以实行简易办法计算缴纳增值税的货物，本栏填写征收率3%（自来水公司则填写6%；销售自己使用过的2009年1月1日以前购入或自制的固定资产，按4%征收率减半征收增值税，即填写2%）。填写税额，税额计算公式为：税额 = 销售额 × 税率。

价税合计：正确地计算填写经济业务的金额。在小写金额前用“￥”（或其他币种符号）封顶；大小写金额应按汉语语言习惯正确书写；在未填用的大写金额单位前划上“⊗”封顶。

销货单位及相关栏：销货单位的名称、纳税人识别号、地址、电话、开户行及账号，按有关规定，纳税人在领购时，应在专用发票一至四联的销货单位的有关栏目中加盖销货单位戳记（使用蓝色印泥），经税务机关检验后方可使用；不得使用未加盖上述戳记或印迹不清晰的专用发票；纳税人开具专用发票不得手工填写销货单位及相关栏，凡手工填写销货单位及相关栏的，属于未按规定开具专用发票，购货方不得作为扣税凭证。

签章：发票联和抵扣联加盖销货单位财务专用章或发票专用章；收款人员应在指定位置签名或盖章；财务专用章或发票专用章加盖在专用发票的右下角，覆盖“销货单位”一栏，否则不得作为购货方的扣税凭证。

备注：本栏填写一些需要补充说明的事项。

收款人：此处填写办理收款事项的人员的姓名。

（3）增值税专用发票填制与审核的会计控制要求

汇总开具：为了减少开具专用发票的工作量，降低专用发票的使用成本，国家税务总局规定，销售货物品种较多的，可以汇总开具专用发票。如果所售货物适用的税率不一致，应按不同税率分别汇总开具专用发票。汇总开具专用发票，可以不填写单位、数量和单价。汇总开具专用发票，必须同时开具加盖财务专用章或发票专用章的销货清单。销货清单应填写购销双方的单位名称，商品或劳务的名称、计量单位、数量、单价、销售额，销货清单的汇总销售额应与专用发票“金额”栏的数字一致。购货方应索取销货清单一式两份，分别附在发票联和抵扣联之后。

价外费用：销售货物或提供应税劳务收取的价外费用，如果价格与价外费用需要分别填写，可以在专用发票的“单价”栏填写价费合计数，另附价外费用项目表，交与购货方。价外费用项目表应填写购销双方的单位名称，收取价外费用的商品或劳务的名称、计量单位、数量，价外费用的项目名称、单位收费标准及价外费用金额（单位费用标准乘以数量），并加盖销货方的财务专用章或发票专用章。购货方应索取价外费用项目表一式两份，分别附在发票联和抵扣联之后。

销售退回与销售折让：销售货物并向购买方开具专用发票后，如果发生退货或销售折让，应视不同情况分别按以下规定办理：①购买方在未付货款并且未作账务处理的情况下，须将原发票联和抵扣联主动退还销售方。销售方收到后，应在该发票联和抵扣联及相应的存根联、记账联上注明“作废”字样，作为扣减当期销项税额的凭证。未收到购买方退还的专用发票前，销售方不得扣减当期销项税额。属于销售折让的,销售方应按折让后的货款重开专用发票。②在购买方已付货款,或者货款未付但已作账务处理,发票联及抵扣联无法退还的情况下,购买方必须取得当地主管国税机关开具的企业进货退出及索取折让证明单(以下简称证明单),其中第二联送交销售方,作为销售方开具红字专用发票的合法依据。销售方在未收到证明单以前,不得开具红字专用发票;收到证明单后,根据退回货物的数量、价款或折让金额向购买方开具红字专用发票。红字专用发票的存根联、记账联作为销售方扣减当期销项税额的凭证,其发票联、抵扣联作为购买方扣减进项税额的凭证。购买方收到红字专用发票后,应将红字专用发票所注明的增值税税额从当期进项税额中扣减。

单据传递:销售部门业务员根据仓库转来的发货单第二、第三联,结合购销合同有关内容,套开增值税专用发票;将专用发票第二、第三、第四联传递给单位负责人审核,并在专用发票第二、第三联上加盖财务专用章或发票专用章;将专用发票第四联交给制单会计,发票联和抵扣联交给购货方采购员;购货方采购员持发货单到仓库提货;销售方保管员在发货单及发票联上加盖"付讫"章后,将专用发票发票联和发货单交给购货方采购员,购货方采购员到销售方财务部门办理款项结算。

【小贴士】

1. 营业税改增值税后的增值税税率:营业税改增值税后的增值税税率在现行的17%、13%和零税率的基础上,针对提供交通运输业服务、现代服务业服务以及有形动产租赁服务,新增两档税率。其中,提供交通运输业服务的税率为11%,提供现代服务业服务的税率为6%,提供有形动产租赁服务的税率为17%。

2. 代开增值税专用发票的规定:已办理税务登记的小规模纳税人(包括个体经营者)以及国家税务总局确定的其他可予代开增值税专用发票的纳税人,可向其主管税务机关申请代开增值税专用发票,其他单位和个人不得代开增值税专用发票。增值税纳税人申请代开专用发票时,应填写代开增值税专用发票缴纳税款申报单,连同税务登记证副本,到主管税务机关税款征收岗按专用发票上注明的税额全额申报缴纳税款。一般而言,只能按3%抵扣,但交通运输业可按7%抵扣。

2)普通发票(剪裁式发票)的填制

(1)普通发票票样

小微企业类型不同,其所用发票也不一样,以下提供了三种普通发票的票样,如表2-2、表2-3和表2-4所示。

表 2－2

北京市商业小企业发票

№111000520108

客户名称：　　　　　　　　　　开票日期：　年　月　日　　　　　京国税

商品编号	商品名称及规格	单位	数量	单价	金额						
					万	千	百	十	元	角	分
小写金额合计											
大写金额	拾　万　仟　佰　拾　元　角　分										
付款方式		开户银行及账号									

②付款人收执

开票单位（盖章）　　　　　　　收款人：　　　　　　　开票人：

表 2－3

江西省九江市产品销售剪裁发票

发票联

NO. 005463

购货单位：××经营公司　　　　　2010 年 7 月 22 日

产品名称及规格	单位	数量	单价	金额							注意事项
				万	千	百	十	元	角	分	本发票为剪裁式发票，合计金额与剪裁留的十元以上金额相符，否则为无效发票。
计算机	台	1	18 600	1	8	6	0	0	0	0	
											无剪裁券无效
合计金额（大写）	壹万捌仟陆佰零拾零元零角零分			1	8	6	0	0	0	0	

②报销凭证

收款单位：××公司收款专用章　　　　收款人：蓝天　　　　开票人：曲小波

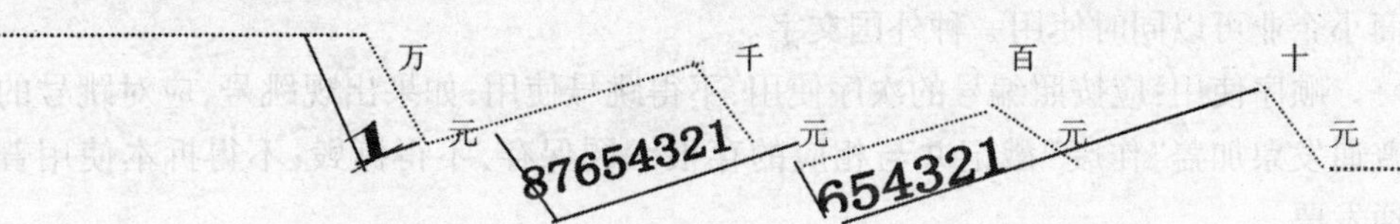

表 2－4

山西省服务业发票

发票代码 000000000000
发票号码 00000000

单位或个人名称:　　　　　　　　年　月　日

项目	单位	数量	单价	金额							备注
				万	千	百	十	元	角	分	
合计(大写)	万 仟 佰 拾 元 角 分										

②发票联

收款单位(章)　(此票无剪贴监督券无效)　收款人:　开票人:

00000000　剪券 987654321 万元　剪券 987654321 千元　剪券 987654321 百元　剪券 987654321 十元　剪券

(2)普通发票的填制要求

①基本要求。

内容完整:将发票上所列项目逐项填写,不可缺漏;所有联次一次填制完成,并保证其内容和金额一致;手续齐备。

填制及时:经济业务发生或完成时,要立即填制本凭证,做到不积压、不误时、不事后补填。

书写规范:普通发票要用蓝色或黑色钢笔或碳素笔填写,不得使用铅笔及圆珠笔填写;字迹端正、易于辨认,做到数字书写符合会计上的技术要求,文字工整,不草、不乱、不"造"、不涂改;套写时不串格、不串行、不模糊;普通发票填写应当使用中文,民族自治地方可以同时使用当地通用的一种民族文字,外商投资小企业和外商小企业可以同时使用一种外国文字。

顺序使用:应按照编号的次序使用,不得跳号使用;如果出现跳号,应对跳号的普通发票加盖"作废"戳记并与相应的存根一同保存,不得撕毁;不得拆本使用普通发票。

②具体要求。

日期:为经营收入确认当期。凡使用定额发票的单位和个人,在填开定额发票时,必须按照发生经营业务确认营业收入的时间,准确填写日期,不得虚填或不填日期。

付款单位:应填写付款单位全称,不得以简称或其他文字、符号等代替付款单位全称。

货物名称及规格:填写销售货物或提供劳务、服务的名称和型号。

单价、数量、金额:与专用发票填制要求一致。

签名盖章:加盖销售单位财务专用章或发票专用章;收款人和开票人应签名或盖章。

(3)普通发票填制与审核的会计控制要求

所有千元版、万元版、十万元版和百万元版普通发票如果采用剪裁式发票(见表2-3和表2-4),在手工填写完毕后,必须按票面填开金额,对发票联进行裁剪。剪票栏剪下的金额必须与票面填开金额的前两位一致,如票面填开"18 600元"时,必须同时在发票联的剪票栏剪下"壹万"和"捌仟"。发票联裁剪后的存根必须完整保存,不允许撕毁;剪裁式发票的第一联(记账联)及第四联(其他联),纳税人根据需要可以不进行裁剪。所有十元版和百元版普通发票采用手写版式样,手工填写完毕后,将第一联、第二联(发票联)及第四联撕下。所有电脑版普通发票均应通过打印机打印开具。

3)收据的填制

(1)收据票样

小微企业内部常发生一些交存现金的业务,如职工借款归还、交回多余差旅费等。在收到现金时,企业应开具收据。收据具体格式如表2-5所示。

表2-5

<u>收款收据</u>

年　　月　　日　　　　　　　　第　　号

今收到＿＿＿＿＿＿＿＿＿＿＿＿＿＿＿＿＿＿	第三联:记账
人民币合计(大写):＿＿＿＿＿＿＿＿＿＿＿＿　¥＿＿＿＿＿＿＿＿	
系付＿＿＿＿＿＿＿＿＿＿＿＿＿＿＿＿＿＿	
单位印章　　　单位负责人　　　会计主管　　　经手人	

(2)收据的填制要求

①基本要求。

内容完整:将收据上所列项目逐项填写,不可缺漏;所有联次一次填制完成,并保证其内容和金额一致;手续齐备。

填制及时:当收款业务发生或完成时,要立即填制收据,做到不积压、不误时、不事后补填;保证填制内容真实可靠,如实填列收款业务内容,不弄虚作假,不涂改、不挖补、不脏污。

书写规范:收据要用蓝色或黑色钢笔或碳素笔填写,不得使用铅笔及圆珠笔填写;字迹端正、易于辨认,做到数字书写符合会计上的技术要求,文字工整,不草、不乱、不"造"、不涂改;套写时不串格、不串行、不模糊;收据填写应当使用中文,民族自治地方可以同时使用当地通用的一种民族文字,外商投资小企业和外商小企业可以同时使用一种外国文字。

顺序使用:在填制收据时,应按照编号的次序使用,不得跳号使用;如果出现跳号,应对跳号的收据加盖"作废"戳记并与相应的存根一同保存,不得撕毁。

②具体要求。

日期:收款业务发生或完成的日期。

编号:对没有印刷编号的内部收据应手工进行顺序编号,并一次复写完成。

交款单位:应填写其单位或个人全称,不得以简称或其他文字、符号等代替单位或个人全称。

收款事由:简明扼要地填写收款事由,如预收彬彬工厂机器款或收回多余差旅费。

金额:在小写金额前用"¥"(或其他币种符号)封顶,所有以元为单位的阿拉伯数字,一律填写到角分;大写金额数字如零、壹、贰、叁、肆、伍、陆、柒、捌、玖、拾、佰、仟、万、亿等,一律用正楷字或者行体字书写,不得用〇、一、二、三、四、五、六、七、八、九、十、百、千等简化字代替,不得任意自造简化字;大写金额到元或角为止的,在"元"或者"角"字之后应写"整"或者"正"字;大写金额有分的,"分"字之后不写"整"或者"正"字;单位职工因公借款办理报销手续时,应开具全额收据,即应按所借款项的全额填写收据,表示注销该笔借款,不得只按归还款项金额开具收据。

收款单位和收款人签名或盖章:收款人及收款单位应在收据的指定位置签名或盖章。

备注:应填写的其他内容,如冲销借款等。

(3)收据填制与审核的会计控制要求

明确规定各联次的用途:存根联,由收款方留存备查;发票联,由付款方作付款的记账凭证；记账联，由收款方作业务收入的入账凭证。

2.1.2 自制原始凭证的填制

由于业务所需，小微企业有各种各样的自制原始凭证，为便于会计人员较为规范地学习和把握自制原始凭证的填制，现以常用的几种自制原始凭证为例，说明其填制要求。

1）收料单的填制

（1）收料单样表

收料单是主要用于材料到达小微企业，办理验收入库时记录入库材料名称、规格、数量及成本等有关信息的原始凭证。收料单中不仅要素多，而且为达到内部控制的目的，涉及的人员也多。因为收料单属于自制凭证，所以各小微企业使用的收料单存在一定差异。表2－6为一般票样，仅供参考。

表2－6

类别：
仓库：

××食品厂收料单　　　　NO:015

年　　月　　日　　　　单位：

材料编号	名称	规格及型号	计量单位	数量		实际成本					
				应收	实收	买价		运杂费	其他	单位成本	合计
						单价	金额				
请购单位			供应单位				单据号码				
备注											

第三联：财会记账

主管：　　　验收：　　　采购：　　　记账：　　　保管：

（2）收料单的填制要求

①基本要求。

真实可靠：如实填列经济业务内容，不弄虚作假，不变更商品或劳务的名称，不涂改、不挖补、不脏污。

内容完整：将收料单上所列项目逐项填写，不可缺漏；所有联次一次填制完成，并保证其内容和金额一致；手续齐备。

填制及时：当材料验收入库时，应立即填制本凭证，做到不积压、不误时、不事后补填。

书写清楚：收料单要用蓝色或黑色钢笔或碳素笔填写，不得使用铅笔及圆珠笔填写；字迹端正、易于辨认，做到数字书写符合会计上的技术要求，文字工整，不草、不乱、不"造"、不涂改；套写时不串格、不串行、不模糊；收料单填写应当使用中文，民族自治地方可以同时使用当地通用的一种民族文字，外商投资小企业和外商小企业可以同时使用一种外国文字。

顺序使用：应按照编号的次序使用，不得跳号使用；如果出现跳号，应对跳号的收料单加盖"作废"戳记并与相应的存根一同保存，不得撕毁。

②具体要求。

类别与仓库："类别"栏应填写小微企业预先开设的材料类别，如原料及主要材料；"仓库"栏应填写该材料的具体保管位置，如1号库或A材料库。

日期：材料验收入库的时间。

单位：所购材料的金额单位，如元。

材料编号：与材料目录表中的编号一致。

名称：填写材料的具体名称。

规格及型号：填写材料的规格及型号等有关材料的具体内容。

计量单位：材料的实物量属性，如千克或吨等。

数量：填写入库材料的应收数量与实收数量。

实际成本：验收入库的材料成本由买价、采购费用等构成。为便于材料发出核算，不仅有入库材料的总成本，还有单位成本。因此，在填写此栏时，第一，填写验收入库材料的单位成本，单位成本＝入库材料的总成本÷入库材料的总数量，其中，入库材料的总成本＝材料的买价＋采购费用。第二，单价的尾数，元以下一般保留到分，特殊情况下，也可以适当增加保留的位数。第三，采用计划成本法核算的，应填写材料的计划成本单价。

签名盖章：应由材料的供应方及验收入库方在收料单上签字或盖章，包括材料采购人员、材料验收人员、仓库保管人员、经办部门的主管、记账人员等。

(3)收料单填制与审核的会计控制要求

明确各联次的用途：第一联，存根联，由仓库部门留存备查；第二联，会计记账联，由会计部门作为材料验收入库的入账凭证；第三联，供应单位留存联，由供应单位保管并留存备查。

联次说明：收料单的联次是由小微企业按照核算与管理的需要而设置的，一些小微企业，该单据除了作为其相关内容的原始凭证外，还兼有采购业务内部控制的作用，所以除了上述三联外，小微企业可根据内部控制需要设置相应的栏目。

采购物品管理内部控制制度:为保证小微企业材料物资的安全与完整,按照小微企业的管理要求填写请购部门、供应单位、购入发票号码、订单编号等相关内容,并对本单据进行顺序编号。如是为某项工程而专门购进的材料,应在"备注"栏内填写工程的名称或编号,便于材料的专门管理。收料单的填写应根据小微企业人员分工情况而定。分工较细的单位通常由保管员和记账员两人共同完成,其中数量、计量单位等由保管员填写,实际成本由记账员填写。收料单式样可以由小微企业根据其核算与管理的需要自行设计。但有关要素内容必须同时具备。如果小微企业购入的实物由相关人员直接使用而并未入库,应由接收人员在购买发票的背面进行证明,表明本企业所购入的资产已为本企业所用,避免由于管理不严所带来的公物私用或者其他舞弊行为。材料入库时,保管员要亲自同交货人办理交接手续,核对清点材料名称、数量是否一致,按材料交接本上的要求签字,应当认识到签收是经济责任的转移。材料入库时,先入待验区,未经检验合格不准进入货位,更不准投入使用。材料验收合格,保管员凭发票所开列的名称、型号、数量、计量单位验收,钢材应作涂色标志,收料单各栏应填写清楚,并随同验收单交财会部门记账。不合格品,应隔离堆放,严禁投入使用。如果工作马虎,混入生产,保管员应负失职的责任。验收中发现的问题要及时通知供应部门负责人和经办人处理。发票账单已到而货未到,或货已到而发票账单未到的,应建立备查登记制度,并应向经办人反映查询;到货物到达或发票到达后,冲销备查登记的挂账问题,并按正常业务办理入库和记账手续,直到消除挂账。

2)领料单的填制

(1)领料单样表

在小微企业中,领用材料的次数与其业务的频繁程度有关,但无论领用是否频繁,在领取材料时都应正确填写领料单。领料单具体格式如表 2-7 所示。

表 2-7　领料单

领料单位:　　　　年　月　日　　　编号:　　　单位:

项目 / 用途	材料名称		规格型号		计量单位	
	请领	实发	单位成本		总成本	备注
合计	人民币(大写)					

②此联经签收交材料核算员

主管:　　　审核人:　　　领料人:　　　发料人:

（2）领料单的填制要求

①基本要求。

真实可靠：如实填列经济业务内容，不弄虚作假，不得变更商品或劳务的名称，不涂改、不挖补、不脏污。

内容完整：将领料单上所列项目逐项填写，不可缺漏；所有联次一次填制完成，并保证其内容和金额一致；手续齐备。

填制及时：领用材料时应立即填制本凭证，做到不积压、不误时、不事后补填。

书写清楚：领料单要用蓝色或黑色钢笔或碳素笔填写，不得使用铅笔及圆珠笔填写；字迹端正、易于辨认，做到数字书写符合会计上的技术要求，文字工整，不草、不乱、不"造"、不涂改；复写的凭证，要不串格、不串行、不模糊；领料单填写应当使用中文，民族自治地方可以同时使用当地通用的一种民族文字，外商投资小企业和外商小企业可以同时使用一种外国文字。

顺序使用：应按照编号的次序使用，不得跳号使用；如果出现跳号，应对跳号的领料单加盖"作废"戳记并与相应的存根一同保存，不得撕毁。

②具体要求。

领料单位：填写具体使用材料的部门的名称。

日期：填写发出材料的当天。

编号：如果领料单上已有固定编码，则不需要填写；如果没有固定编码，则按使用顺序以自然数排序。

单位：填写材料的金额单位。

材料名称：填写领用材料品名、项次、编号等有关材料的具体内容。

规格型号：按合同或订单中所反映的内容填写。

计量单位：按领用材料的物理属性填写。

用途：填写材料的具体使用地点和用途。

单位成本：发出材料的单位成本应依照发出材料的计价方法进行计算，如果采用先进先出法、个别计价法、移动加权平均法等计价方法，则在本栏填写其发出单价；如果采用一次加权平均法，则日常领发时只填列数量，不填列单价；如果采用计划成本法进行材料核算，则填写材料的计划成本单价。单价的尾数，元以下一般保留到分，特殊情况下，也可以适当增加保留的位数。

总成本：填写发出材料的总金额，总金额 = 单价 × 数量；大小写金额应相符。如果采用全月一次加权平均法进行发出材料计价，则平时领发时不填写金额。

签名盖章：发出材料人员、领用材料人员、审核人员与业务主管人员在领料单上签名或盖章。

(3)领料单填制与审核的会计控制要求

明确规定各联次用途:第一联,存根联,由仓库部门留存备查;第二联,会计记账联,由会计部门作为材料验收入库的入账凭证;第三联,领料单位留存联,由领料单位保管并留存备查。

联次说明:领料单的联次是由小微企业按照核算与管理的需要设置的,一些小微企业,该单据除了作为其相关内容的原始凭证外,还兼有采购业务内部控制的作用,所以除了上述三联外,小微企业可根据内部控制需要设置相应的栏目。

出库管理:按照单位的管理要求填写领用部门、用途、材料预算编号等相关内容,并对本单据进行顺序编号。领料单样式可以由小微企业根据其核算与管理的需要自行设计。但有关要素内容必须同时具备。如果小微企业发出材料在内部会计控制中还有其他的环节(如预算审核等),应按照控制人和控制单位设置签名盖章处,并设置一式多联的领料单,以便不同的控制单位同时进行记录。

3)限额领料单的填制

(1)限额领料单样表

为了有效控制材料的使用和消耗,在领料环节,采用限额领料单,可以达到控制和考核的目的。限额领料单的格式具体如表 2－8 所示。

表 2－8　　××机械厂限额领料单

领料单位:　　　　编　　号:

产品名称:　　　　发料仓库:

计划产量:　　　　单位定额:

材料名称	材料编号	计量单位	单位成本	领料限额	全月实用	
					数量	金额
领用日期	请领数量	实发数量	累计数量	限额结余	发料人	领料人
累计实发金额(人民币大写):					¥:	

供应部门负责人:　　　　生产计划部门负责人:　　　　仓库管理员:

(2)限额领料单的填制要求

①基本要求。

真实可靠:如实填列经济业务内容,不弄虚作假,不得变更商品或劳务的名称,不涂改、不挖补、不脏污。

内容完整:将限额领料单上所列项目逐项填写,不可缺漏;所有联次一次填制完成,并保证其内容和金额一致;手续齐备。

填制及时:仓库发出材料时应立即填制本凭证,做到不积压、不误时、不事后补填。

书写清楚:限额领料单要用蓝色或黑色钢笔或碳素笔填写,不得使用铅笔及圆珠笔填写;字迹端正、易于辨认,做到数字书写符合会计上的技术要求,文字工整,不草、不乱、不"造"、不涂改;限额领料单填写应当使用中文,民族自治地方可以同时使用当地通用的一种民族文字,外商投资小企业和外商小企业可以同时使用一种外国文字。

②具体要求。

表头:按业务信息资料提示填写,实务中根据生产任务通知单、定额资料等填写。

材料名称:填写实务中所用材料目录中规定的材料名称,可从申领单中索取。

材料编号:填写实务中所用材料目录中规定的材料编号,可从申领单中索取。

计量单位:根据领用材料的属性来定,从材料目录中索取。

单位成本:填写领用材料的计划单价。单价的尾数元以下一般保留到分,特殊情况下,也可以适当增加保留的位数。

领料限额:限额领料单是由生产计划部门根据下达的生产任务和材料消耗定额按每种材料用途分别开出的,在有效期间(一般为一个月)内,只要领用数量不超过限额就可以连续使用,应填写所领限额材料的领料单位、所生产产品的名称、计划产量、产品消耗材料的单位定额、发料仓库名称及编号。

领用日期:每次发出材料的当天填写限额领料单中领用日期及材料领用情况。

数量:请领数量应由领料人填写,并经生产计划部门负责人批准后到仓库领料;实发数量应根据实际发放材料的数量由保管员据实填写;累计数量为从第一笔领料业务开始至本笔领料业务的总计发出数量,由保管员填写。

限额结余:应为领料的总限额减去累计数量后的余额,由保管员填写。

金额:月末,根据本月实际发出材料的数量乘以计划单价计算出全月实际领用材料的金额填写本凭证的"金额"栏。在小写金额前用"¥"(或其他币种符号)封顶。所有以元为单位(其他货币种类为货币基本单位,下同)的阿拉伯数字,一律填写到角分;无角分的,角位和分位可写"00",或符号"-";有角无分的,分位应当写"0",不得用符号"-"代替;大写金额到元或角为止的,在"元"或者"角"字之后应写“整”或者“正”字;大写金额有分的,分字后面不写“整”或者“正”字。大写金额的数字前未印有货币名称的,应当先写货币名称,如“人民币”;货币名称与金额数字之间不得留有空白。

(3)限额领料单填制与审核的会计控制要求

限额领料单是多次使用的累计领发料原始凭证。限额领料单应由生产计划部门根据下达的生产任务和材料消耗定额按每种材料用途分别开出,在有效期间(一般为一个月)内,只要领用数量不超过领料限额就可以连续使用。限额领料单开具时一般为一料一单。需要注意的是,限额领料单只适用于有消耗定额并且经常领用的材料领发业务。

签名:每笔材料领发业务应由发出材料人员、领用材料人员当日在限额领料单的“发料人”、“领料人”栏里签名或盖章,生产计划部门负责人签名或盖章,供应部门负责人、仓库管理员在期末核对无误后签字,方可作为入账的依据。

明确规定各联次用途:第一联,领料联,由领料部门留存备查;第二联,发料联,由仓库部门留存备查;第三联,记账联,作为会计部门的记账依据。

2.1.3 结算类凭证的填制

1)支票的填制

(1)支票票样

目前,流通和使用的支票主要有现金支票、转账支票和普通支票。其中,前两种支票使用较广,普通支票仅限于少数地区使用。普通支票是一种既可提取现金,也可办理转账的票据,在实际中通过划线方式区别提现和转账,即支票的左上角划两条平行线,为划线支票,意味着只能办理转账手续。现金支票、转账支票及银行进账单(在办理转账支票进账手续时要使用银行进账单,因此将银行进账单的填制归为此类)的票样具体如图2-1至图2-4及表2-9所示。

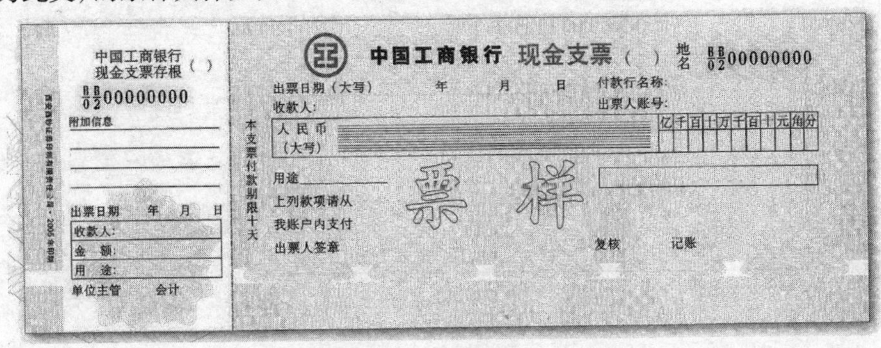

中国工商银行
现金支票存根 ( )
BB/02 00000000
附加信息
出票日期 年 月 日
收款人:
金 额:
用 途:
单位主管 会计

中国工商银行 现金支票 ( ) 地名 BB/02 00000000
出票日期(大写) 年 月 日 付款行名称:
收款人: 出票人账号:
本支票付款期限十天
人民币(大写)
亿 千 百 十 万 千 百 十 元 角 分
用途
上列款项请从
我账户内支付
出票人签章
复核 记账
票样

图2-1　现金支票正面

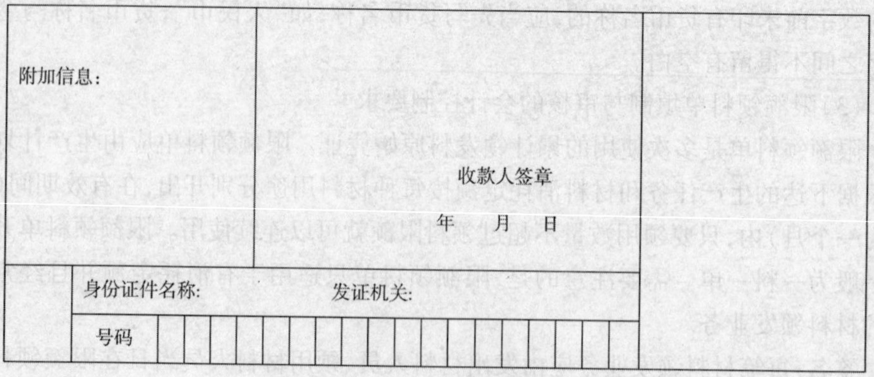

附加信息：

收款人签章

年 月 日

身份证件名称： 发证机关：

号码

图 2－2 现金支票背面

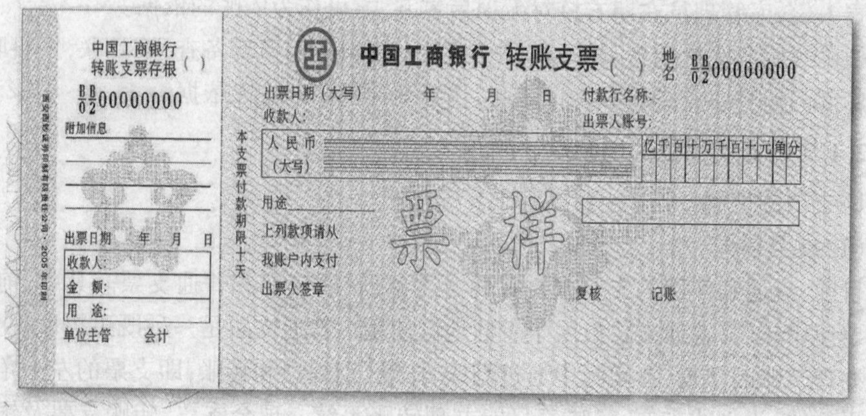

中国工商银行
转账支票存根（ ）
$\frac{BB}{02}$00000000
附加信息
出票日期 年 月 日
收款人：
金 额：
用 途：
单位主管 会计

中国工商银行 转账支票（ ） 地名 $\frac{BB}{02}$00000000
出票日期（大写） 年 月 日 付款行名称：
收款人： 出票人账号：
人民币（大写） 亿 千 百 十 万 千 百 十 元 角 分
本支票付款期限十天
用途
上列款项请从
我账户内支付
出票人签章 复核 记账
票样

图 2－3 转账支票正面

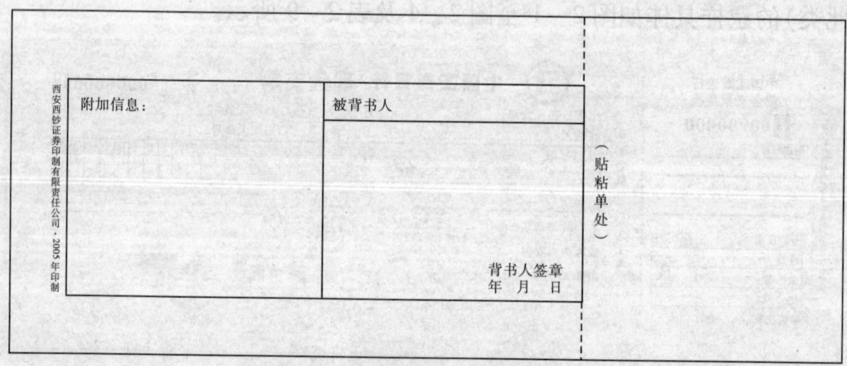

附加信息：
被背书人
背书人签章
年 月 日
（贴粘单处）
西安西钞证券印制有限责任公司 · 2005 年印制

图 2－4 转账支票背面

表2－9　　中国工商银行**进账单**（回单）　1

年　　月　　日　　　　　　第25号

<table>
<tr><td rowspan="3">出票人</td><td>全　称</td><td></td><td rowspan="3">收款人</td><td>全　称</td><td colspan="11"></td><td rowspan="7">此联是银行交给持票人的回单</td></tr>
<tr><td>账　号</td><td></td><td>账　号</td><td colspan="11"></td></tr>
<tr><td>开户银行</td><td></td><td>开户银行</td><td colspan="11"></td></tr>
<tr><td colspan="5" rowspan="2">人民币
（大写）</td><td>亿</td><td>千</td><td>百</td><td>十</td><td>万</td><td>千</td><td>百</td><td>十</td><td>元</td><td>角</td><td>分</td></tr>
<tr><td></td><td></td><td></td><td></td><td></td><td></td><td></td><td></td><td></td><td></td><td></td></tr>
<tr><td>票据种类</td><td></td><td>票据张数</td><td></td><td colspan="12" rowspan="2"></td></tr>
<tr><td>票据号码</td><td colspan="3"></td></tr>
<tr><td colspan="2">复核：</td><td colspan="2">记账：</td><td colspan="13">开户银行盖章</td></tr>
</table>

注：进账单第二联为收款人开户银行的贷方凭证；第三联为收款人开户银行交给收款人的收账通知。

（2）支票的填制要求

①基本要求。

真实可靠：支票和进账单上记载的事项应当真实，不得伪造、变造。伪造、变造票据上的签章和其他记载事项的，应当承担法律责任。

内容完整：将支票和进账单中所列项目逐项填写，不可缺漏；手续齐备。

填制及时：发生付款业务且合同规定采用支票进行结算时，及时填制支票给收款人，做到不积压、不误时；当收到支票时，应于支票的提示付款期（10天）内办理进账手续。

书写清楚：支票要用碳素笔或墨汁填写，不得使用铅笔及圆珠笔填写。字迹端正、易于辨认，做到数字书写符合会计上的技术要求，文字工整，不草、不乱、不"造"、不涂改。

顺序使用：在填制支票时，按照编号的次序使用，不得跳号使用。

②具体要求。

出票日期：填写付款业务发生或完成的日期，并且出票日期必须大写，大写时用正楷字或行体字。年：年份应按阿拉伯数字所示的年份所对应的大写汉字书写。月：1～2月前"零"字必写，3～9月前"零"字可写可不写，10～12月必须写成"壹拾月”、“壹拾壹月”、“壹拾贰月”(前面多写了“零”字,银行也认可,如“零壹拾月”)。日:1 日至 9 日、10 日、20 日、30 日前应加“零”字;11 ~ 19 日必须写成“壹拾 × 日”(前面多写了“零”字,银行也认可,如“零壹拾伍日”,下同),21 ~ 29 日必须写成“贰拾 × 日”,31 日应写成“叁拾壹日”。

收款单位或收款人名称:现金支票收款人一般填本单位名称,但有时也可写为个人姓名,此时需在支票背面的指定位置填写个人身份证号码及发证机关等有关信息;转账支票收款人应填写对方单位名称。

付款行名称及出票人账号:填写本单位开户银行名称及银行账号。

支票用途:在“人民币(大写)”栏下的“用途”栏内,简明扼要地填写支票的用途。现金支票用途有一定限制,一般填写“备用金”、“差旅费”、“工资”、“劳务费”等。转账支票没有具体规定,可如实填写“货款”、“代理费”等。

金额:在小写金额前用“¥”(或其他币种符号)封顶,一律填写到角分;无角分的,角位和分位可写“00”。大写金额到元或角为止的,在“元”或者“角”字之后应写“整”或者“正”字,不得写为“零角零分”或“零分”;大写金额有分的,“分”字后面不写“整”或者“正”字。“大写金额”栏的货币名称与金额数字之间不得留有空白,并且保证大小写金额相符。

密码:如果开户银行为采用支付密码的银行,小微企业购买支票时应从开户银行随机取得每张支票的密码,填写支票时,应在确认支付的支票“小写金额”栏下方的空格栏内填写该支票的密码,但不得在支票未使用时先行将密码填好。有些小微企业采用配置的密码机,会计人员在密码机上输入支票编号、金额等信息后,密码机自动产生密码,将该密码填入“支付密码”栏,银行核对相符后方可办理款项转账与支现业务。

签名盖章:支票正面为出票人的银行预留印鉴,一般为财务专用章和法人代表名章,缺一不可,印泥为红色,印章必须清晰,印章模糊者本张支票作废,需要换一张支票重新填写、重新盖章;支票背面则因支票种类不同而有所不同。其中,现金支票收款人如填本单位名称,此时现金支票背面指定位置加盖本单位的银行预留印鉴,收款人可凭现金支票直接到开户银行提取现金;现金支票收款人如填个人姓名,此时现金支票背面不盖任何章,在其背面填上身份证号码和发证机关名称,凭身份证支取。转账支票正面为出票单位的预留印鉴,其背面出票单位不盖章。正送时,收款单位取得转账支票后,在支票背面“被背书人”栏内填写“××银行收款”字样,在“背书人签章”栏内填写“委托收款”字样,并加盖收款人的财务专用章和法人代表名章,连同填好的银行进账单交给收款单位的开户银行委托银行收款。倒送时,支票背面不填写任何信息,按银行要求,加盖出票人的预留印鉴,连同银行进账单送交出票人开户银行即可。

附加信息:一般应填写收款人的账号等信息。

背书:支票背书一般为非转让背书,此时需要在“被背书人”栏内填写“××银行收款”字样,在“背书人签章”栏内填写“委托收款”字样,并加盖其预留印鉴即可。背书日期,小写即可,如未注明背书日期,则视为支票到期办理背书手续。

存根上的收款人:填写收款单位全称,不得简写。

存根上的金额:填写小写金额。

存根上的用途:填写内容与支票正联填写内容一致。

(3)支票的其他规定

为防止支票使用过程中出现不正当的行为,除填写方面有一定的要求外,还应做到:①填写收款人、付款人名称的全称,开户银行、账号,大写金额;票据种类填写“现金支票”或“转账支票”;票据张数填写其实际张数;票据号码填写支票号码。②支票的有效期为10天,从出票日起计算。如遇节假日则顺延。③支票结算适用于单位和个人在同一票据交换区域的各种款项结算。④支票见票即付,不记名。丢失的支票尤其是现金支票,如果票面金额数目的钱被他人冒领,银行不承担责任。现金支票一般要素要填写齐全,支票丢失后若未被冒领,则在开户银行挂失;转账支票,若支票要素填写齐全,丢失后可在开户银行挂失,若要素填写不齐,丢失后需到票据交换中心挂失。⑤出票人签发的空头支票、印章与银行预留印鉴不符的支票、使用支付密码但支付密码错误的支票,银行除将支票作退票处理外,还要按票面金额处以5%但不低于1 000元的罚款。

2)业务委托书和银行汇票的填制

(1)业务委托书和银行汇票票样

业务委托书:以银行汇票结算方式办理款项支付时,申请人首先填写业务委托书(见表2-10),经银行查验后,方可取得银行填制的银行汇票。从表2-10中可以看出,业务委托书是在汇款、转账、申请银行汇票等业务时使用的一种申请书。

银行汇票:银行汇票是由出票银行签发的,由其在见票时按照实际结算金额无条件付给收款人或持票人的一种票据。中国工商银行银行汇票第一、第二、第三、第四联及背面票样如图2-5至图2-9所示。

表 2－10

ICBC　中国工商银行

业务委托书 APPLICATION FOR MONEY TRANSFER　晋B 00250440　委托日期 Date　年 Y　月 M　日 D

业务类型 Type	□现金汇款 Cash Remittance　□转账汇款 Transfer Remittance　☑汇票申请书 D/D　□本票申请书 P/D　□其他 Others		
委托人 全称 Full Name		收款人 全称 Full Name	
委托人 账号或地址 Account No. or Addr.		收款人 账号或地址 Account No. or Addr.	
委托人 开户行名称 Account Bank Name		收款人 开户行名称 Account Bank Name	
汇款方式 Typeofremittance	□普通 Regular　□加急 Urgent　加急汇款签字 Signature For Urgent Payment	开户银行 Account Bank	省 Province　市 City
币种及金额（大写） Currency and Amount in Words			亿 千 百 十 万 千 百 十 元 角 分
用途 In Payment of		支付密码 S.C.	
委托人确认上列委托信息填写正确，且已完全理解和接受背面"客户须知"的内容，上列款项及相关费用请从委托人账户内支付。 委托人签章			
银行填写 Bank Use	□联动收费　□非联动收费　□不收费	备注: Remarks	

受理（扫描）：　审核：

ICBC　中国工商银行
业务委托书　回执
APPLICATION FOR MONEY TRANSFER ACKNOWLEDGEMENT
晋B00250440

委托人全称	
委托人账号	
收款人全称	
收款人账号	
金额	
委托日期	

此联为银行受理通知书。若委托人申请汇票或本票业务，应凭此联领取汇票或本票。
This Paper is the bank acceptance advice. For draft or promissory note application. please return this paper.

付款期限 壹个月

中国工商银行
银行汇票（卡片）　1

地名　BB 01　00000000

出票日期（大写）　年　月　日	代理付款行：　行号：
收款人：	账号：
出票金额	人民币（大写）
实际结算金额	人民币（大写）　千 百 十 万 千 百 十 元 角 分

申请人：　账号：
出票行：　行号：
备注：

复核　经办　　复核　记账

此联出票行结清汇票时作汇出汇款借方凭证

图 2－5　银行汇票第一联

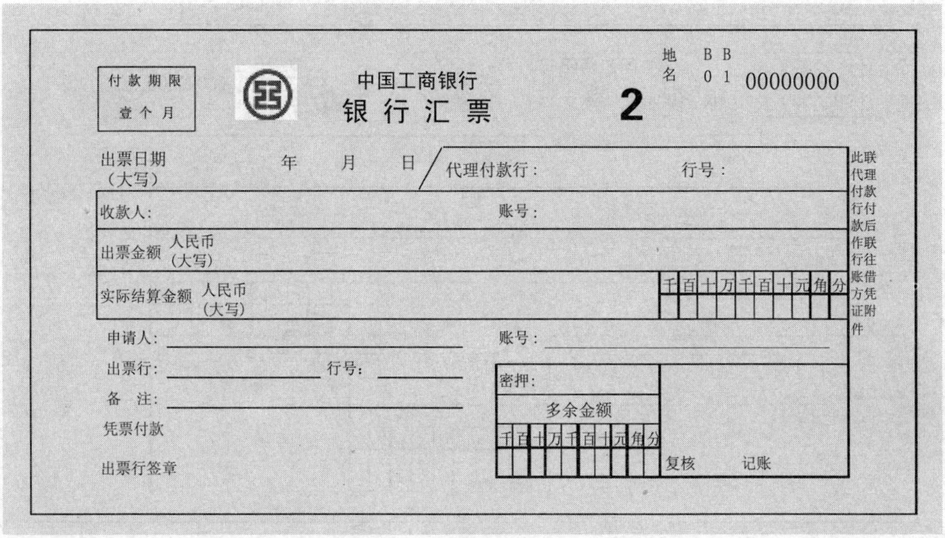

付款期限
壹个月

中国工商银行
银行汇票　2

地名　BB 01　00000000

出票日期（大写）　年　月　日　代理付款行：　行号：

收款人：　账号：

出票金额　人民币（大写）

实际结算金额　人民币（大写）

千	百	十	万	千	百	十	元	角	分

申请人：　账号：

出票行：　行号：

备　注：

凭票付款

出票行签章

密押：

多余金额

千	百	十	万	千	百	十	元	角	分

复核　记账

此联代理付款行付款后作联行往账借方凭证附件

图 2-6　银行汇票第二联

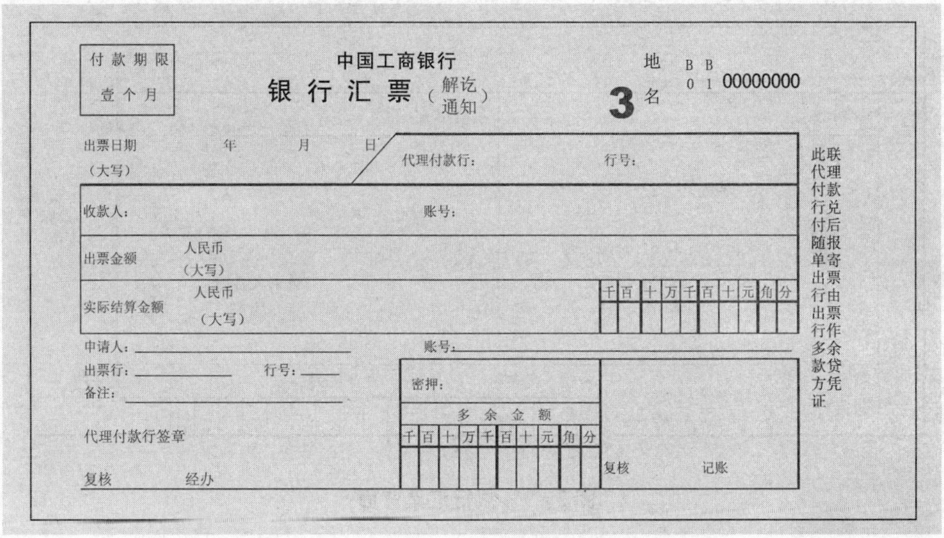

付款期限
壹个月

中国工商银行
银行汇票（解讫通知）　3

地名　BB 01　00000000

出票日期（大写）　年　月　日　代理付款行：　行号：

收款人：　账号：

出票金额　人民币（大写）

实际结算金额　人民币（大写）

千	百	十	万	千	百	十	元	角	分

申请人：　账号：

出票行：　行号：

备注：

代理付款行签章

复核　经办

密押：

多余金额

千	百	十	万	千	百	十	元	角	分

复核　记账

此联代理付款行兑付后随报单寄出票行由出票行作多余款贷方凭证

图 2-7　银行汇票第三联

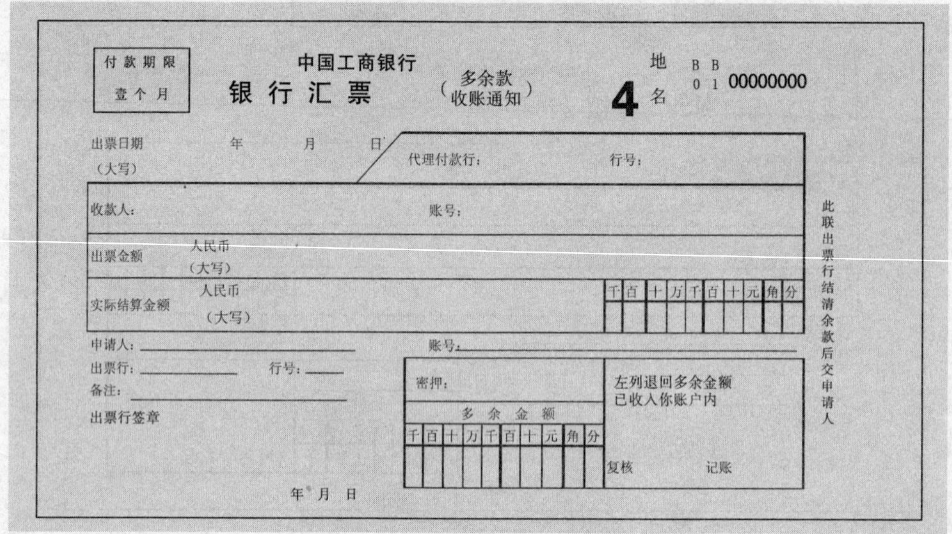

付款期限
壹个月

中国工商银行
银行汇票（多余款收账通知） 4

地名 BB 01 00000000

出票日期（大写） 年 月 日

代理付款行： 行号：

收款人： 账号：

出票金额 人民币（大写）

实际结算金额 人民币（大写）

千	百	十	万	千	百	十	元	角	分

申请人： 账号：

出票行： 行号：

备注：

出票行签章

年 月 日

密押：

多余金额

千	百	十	万	千	百	十	元	角	分

左列退回多余金额已收入你账户内

复核 记账

此联出票行结清余款后交申请人

图 2-8 银行汇票第四联

被背书人：

背书人签章：
年 月 日

被背书人：

背书人签章：
年 月 日

（贴粘单处）

持票人向银行提示付款签字

身份证件名称： 发证机关：

号码

图 2-9 银行汇票背面

(2)业务委托书和银行汇票的填制要求

①业务委托书的填制要求。

填写业务委托书时，按业务委托书规定的要素，依次填写委托日期、委托人全称、收款人全称，以及收付双方的开户行名称、账号，大小写金额。申请银行汇票时,在“业务类型”栏内的“汇票申请书”方框内打“√”。如果申请人在签发银行开立账户,应在业务委托书的指定位置加盖预留银行印鉴。委托人和收款人均为个体经营者或个人时,可申请提取现金的银行汇票,在业务委托书中填写“现金”字样。

②银行汇票的填制要求。

填制及时:收到购买方交来的银行汇票时,按发生业务的内容及时补填银行汇票的第二联和第三联的实际结算金额和多余金额,连同一式三联的银行进账单送交银行,办理进账手续。

书写清楚:补填银行汇票时用蓝色或黑色钢笔或碳素笔填写,不得使用铅笔及圆珠笔填写;字迹端正、易于辨认,做到数字书写符合会计上的技术要求,文字工整,不草、不乱、不“造”、不涂改。

(3)银行汇票的会计控制要求

银行汇票提示付款期限为自出票日起一个月,日期首尾算一天,如遇节假日则顺延。

银行汇票无金额起点及地域的限制,既可用于同一个票据交换区域结算,也可用于异地结算。

银行汇票持有人应认真审查以下内容:

出票日期:必须大写。

收款人名称与账号:用于支取现金的银行汇票,其收款人为个人姓名,收款人在银行汇票背面有关栏目填上身份证号码和发证机关名称,凭身份证和银行汇票签字领款。用于转账的银行汇票,应填写对方单位名称或个人姓名,本单位不在银行汇票背面盖章。收款单位取得银行汇票后,在银行汇票背面“被背书人”栏内加盖收款单位财务专用章和法人代表章,填写好银行进账单后连同该银行汇票交给收款单位的开户银行委托银行收款。收款人名称应与收款人在开户银行开户时预留的单位名称或个人身份证件上的名称相一致,否则银行不予收款。用于转账的银行汇票,应填写收款人的转账账号。

代理付款行名称、行号:收款人开户银行名称、行号。

申请人名称、账号:本单位开户银行名称、账号。

出票行名称、行号:签发银行汇票的银行的名称、行号。

出票金额:银行汇票金额。实际结算金额不得高于银行汇票的出票金额(第一联不填写此栏),否则该银行汇票作废。银行汇票金额是企业在办理银行汇票时机制打印于票面之上的。

签名盖章:①正面应为出票行的汇票专用章。②用于支取现金的银行汇票,应在银行汇票第二联背面填上身份证号码和发证机关名称,凭身份证和有“现金”字样的银行汇票签字领款。③用于背书转让的银行汇票,背书人及被背书人在银行汇票第二联背面的有关“背书人签章”栏和“被背书人签章”栏加盖其公章。

背书:银行汇票的被背书人是否是持票人;背书是否连续;背书的银行汇票是否为填明“现金”字样的银行汇票。

3)托收凭证的填制

(1)托收凭证样表

小微企业选择委托收款和商业汇票等结算方式办理进账手续时,均需填制托收凭证。托收凭证具体格式如表2-11所示。

表2-11 托收凭证(受理回单) 1

委托日期 年 月 日

<table>
<tr><td>业务类型</td><td colspan="7">委托收款(邮划□ 电划□) 托收承付(邮划□ 电划□)</td></tr>
<tr><td rowspan="3">付款人</td><td>全称</td><td colspan="2"></td><td rowspan="3">收款人</td><td>全称</td><td colspan="2"></td></tr>
<tr><td>账号</td><td colspan="2"></td><td>账号</td><td colspan="2"></td></tr>
<tr><td>地址</td><td>省 市/县</td><td>开户行</td><td>地址</td><td>省 市/县</td><td>开户行</td></tr>
<tr><td>金额</td><td colspan="4">人民币(大写)</td><td colspan="3">亿 千 百 十 万 千 百 十 元 角 分</td></tr>
<tr><td>款项</td><td colspan="3">托收凭证名称</td><td colspan="4">附寄单证张数</td></tr>
<tr><td>商品发运情况</td><td colspan="3"></td><td colspan="4">合同名称及号码</td></tr>
<tr><td>备注:
复核 记账</td><td colspan="3">款项收妥日期
年 月 日</td><td colspan="4">收款人开户银行签章
年 月 日</td></tr>
</table>

此联作收款人开户银行给收款人的受理回单

注:托收凭证一般为一式五联,其中,第一联为回单,第二联为贷方凭证,第三联为借方凭证,第四联为收账通知,第五联为承付支款通知。

(2)托收凭证的填制要求

①基本要求。

真实可靠:托收凭证上的记载事项应当真实,不得伪造、变造。伪造、变造票据上的签章和其他记载事项的,应当承担法律责任。

内容完整:将托收凭证各联所列项目逐项填写,不可缺漏。

填制及时:按合同规定,发货后,收款方取得相应的付款人债务证明时到开户银行办理委托收款手续,做到不积压、不误时。

书写清楚:托收凭证一般为机制票,也可用蓝色或黑色钢笔或碳素笔手工填写,不得使用铅笔及圆珠笔填写;字迹端正、易于辨认,做到数字书写符合会计上的技术要求,文字工整,不草、不乱、不"造"、不涂改。

②具体要求。

业务类型选择:托收凭证上有邮划、电划两种方式,根据具体情况,在其后面的方框内打"√"。

委托日期:按发出商品办理委托业务发生或完成的日期填写。

付款人全称、账号、地址、开户行情况:托收凭证记载的付款人名称,其在银行开立存款账户的,必须记载其账号,账户名与付款人名称必须一致。填写付款人地址,记载明确省市(县)名。填写开户行名称,以银行以外的单位为付款人的,委托收款凭证必须记载付款人开户银行名称。

收款人全称、账号、地址、开户行情况:托收凭证记载的收款人名称,其在银行开立存款账户的,必须记载其账号,账户名与收款人名称必须一致。填写收款人地址,记载明确省市(县)名。填写开户行名称,以银行以外的单位或在银行开立存款账户的个人为收款人的,委托收款凭证必须记载收款人开户银行名称;以未在银行开立存款账户的个人为收款人的,委托收款凭证必须记载被委托银行名称。

金额:同其他结算凭证的填制要求一致。

款项:填明委托收款业务的内容,如货款等。

托收凭证名称:填写办理委托收款手续的债务证明单据的名称,如发票、合同、商业承兑汇票。

附寄单证张数:填写附寄单证的张数,应与所附单证数相符。

商品发运情况:填写商品发运的方式、地点及结算情况。

合同名称及号码:填写托收所依据的合同的名称及号码。

签名盖章:托收凭证的第一联应由被委托银行受理后加盖其业务公章,退回给委托人。委托人可根据回单作应收款项的核算,但不能作为款项收到的依据。委托收款人应在托收凭证的第二联签章,签章应为该单位的财务专用章或者公章加其法定代表人或其授权的代理人的签名或印章。收款人开户银行收到托收款项后应在托收凭证的第三联和第四联上加盖"收讫"章并退给付款人开户银行及收款人,作为收账通知。付款人开户银行在付出款项后应在托收凭证的第五联加盖"付讫"章,作为对付款人的付款通知。

(3)托收凭证的会计控制要求

付款规定:以银行为付款人的,银行应在当日将款项主动支付给收款人。以单位为付款人的,银行应及时通知付款人。按照有关办法规定,需要将有关债务证明交给付款人的,应交给付款人,并签收,付款人应于接到通知的当日书面通知银行付款。如果付款人未在接到通知日的次日起3日内通知银行付款,银行视同付款人同意付款,并于付款人接到通知日的次日起第4日上午开始营业时,将款项划给收款人。付款人提前收到由其付款的债务证明,应通知银行于债务证明的到期日付款。如果付款人未在接到通知日的次日起3日内通知银行付款,银行也应于债务证明到期日将款项划给收款人。银行在办理划款时,付款人存款账户不足支付的,由被委托银行向收款人发出未付款项通知书。按照有关办法规定,债务证明留存付款人开户银行的,应将其债务证明连同未付款项通知书邮寄给被委托银行,转交收款人。

拒付规定:付款人审查有关债务证明后,对收款人委托收取的款项需要拒绝付款的,可以办理拒绝付款手续。以银行为付款人的,应自收到委托收款凭证及债务证明的次日起3日内出具拒绝证明,并连同有关债务证明、凭证寄给被委托银行,转交收款人。以单位为付款人的,应在付款人接到通知日的次日起3日内出具拒绝证明,持有债务证明的,应将其送交开户银行。银行将拒绝证明、债务证明和有关凭证一并寄给被委托银行,转交收款人。

其他规定:在同城范围内,收款人收取公用事业费或根据国务院的规定可以使用同城特约委托收款。收取公用事业费,必须具有收付双方事先签订的经济合同,由付款人向开户银行授权,并经开户银行同意,报经中国人民银行当地分支行批准。

4)商业汇票的填制

(1)商业汇票票样

商业汇票是由付款人或存款人签发,由承兑人承兑,并于到期日无条件地支付确定金额给收款人或持票人的一种票据。按承兑人不同,商业汇票分为商业承兑汇票和银行承兑汇票。具体格式如表2-12至表2-18所示。

表 2－12　　　　商业承兑汇票(卡片)　1　　　$\frac{A\ B}{0\ 1}$ 00000000

出票日期(大写)　　年　　月　　日

<table>
<tr><td rowspan="3">付款人</td><td>全　称</td><td></td><td rowspan="3">收款人</td><td>全　称</td><td colspan="3"></td></tr>
<tr><td>账　号</td><td></td><td>账　号</td><td colspan="3"></td></tr>
<tr><td>开户银行</td><td></td><td>开户银行</td><td colspan="3"></td></tr>
<tr><td colspan="2">出票金额</td><td colspan="5">人民币
(大写)</td><td>亿千百十万千百十元角分</td></tr>
<tr><td colspan="2">汇票到期日(大写)</td><td></td><td rowspan="2">付款人
开户行</td><td>行号</td><td colspan="3"></td></tr>
<tr><td colspan="2">交易合同号码</td><td></td><td>地址</td><td colspan="3"></td></tr>
<tr><td colspan="3">出票人签章</td><td colspan="5">备注:</td></tr>
</table>

此联承兑人留存

表 2－13　　　　商业承兑汇票　2　　　$\frac{A\ B}{0\ 1}$ 00000000

出票日期(大写)　　年　　月　　日

<table>
<tr><td rowspan="3">付款人</td><td>全　称</td><td></td><td rowspan="3">收款人</td><td>全　称</td><td colspan="3"></td></tr>
<tr><td>账　号</td><td></td><td>账　号</td><td colspan="3"></td></tr>
<tr><td>开户银行</td><td></td><td>开户银行</td><td colspan="3"></td></tr>
<tr><td colspan="2">出票金额</td><td colspan="5">人民币
(大写)</td><td>亿千百十万千百十元角分</td></tr>
<tr><td colspan="2">汇票到期日(大写)</td><td></td><td rowspan="2">付款人
开户行</td><td>行号</td><td colspan="3"></td></tr>
<tr><td colspan="2">交易合同号码</td><td></td><td>地址</td><td colspan="3"></td></tr>
<tr><td colspan="3">本汇票已经承兑,到期无条件支付票款。

承兑人签章
承兑日期　　年　　月　　日</td><td colspan="5">本汇票请予以承兑,于到期日付款。

出票人签章</td></tr>
</table>

此联持票人开户行随托收凭证寄付款人开户行作借方凭证附件

表 2－14　　商业承兑汇票（存根）　3　　$\frac{A\ B}{0\ 1}$ 00000000

出票日期（大写）　　年　　月　　日

<table>
<tr><td rowspan="3">付款人</td><td>全　称</td><td></td><td rowspan="3">收款人</td><td>全　称</td><td colspan="2"></td></tr>
<tr><td>账　号</td><td></td><td>账　号</td><td colspan="2"></td></tr>
<tr><td>开户银行</td><td></td><td>开户银行</td><td colspan="2"></td></tr>
<tr><td colspan="2">出票金额</td><td colspan="4">人民币
（大写）</td><td>亿千百十万千百十元角分</td></tr>
<tr><td colspan="2">汇票到期日（大写）</td><td></td><td rowspan="2">付款人
开户行</td><td>行号</td><td colspan="2"></td></tr>
<tr><td colspan="2">交易合同号码</td><td></td><td>地址</td><td colspan="2"></td></tr>
<tr><td colspan="4">备注：</td><td colspan="3"></td></tr>
</table>

此联由出票人存查

表 2－15　　银行承兑汇票（卡片）　1　　$\frac{B\ B}{O\ J}$ 00000000

出票日期（大写）　　年　　月　　日

<table>
<tr><td>出票人全称</td><td></td><td rowspan="3">收款人</td><td>全　称</td><td colspan="2"></td></tr>
<tr><td>出票人账号</td><td></td><td>账　号</td><td colspan="2"></td></tr>
<tr><td>付款行全称</td><td></td><td>开户银行</td><td colspan="2"></td></tr>
<tr><td>出票金额</td><td colspan="4">人民币
（大写）</td><td>亿千百十万千百十元角分</td></tr>
<tr><td>汇票到期日（大写）</td><td></td><td rowspan="2">付款人</td><td>行号</td><td colspan="2"></td></tr>
<tr><td>承兑协议编号</td><td></td><td>地址</td><td colspan="2"></td></tr>
<tr><td colspan="2">本汇票由你行承兑，此项汇票款我单位按承兑协议于到期日前定额交存你行，到期请予以支付。

出票人签章</td><td colspan="3">备注：</td><td>复核　　记账</td></tr>
</table>

此联承兑行留存备查，到期支付票款时作付出传票

表 2－16　　　　**银行承兑汇票　2**　　　　$\frac{B}{O}\frac{B}{J}$ 00000000

出票日期(大写)　　年　　月　　日

出票人全称		收款人	全　　称											
出票人账号			账　　号											
付款行全称			开户银行											
出票金额	人民币 (大写)				亿	千	百	十	万	千	百	十	元	角	分
汇票到期日(大写)		付款人	行号											
承兑协议编号			地址											
本汇票请你行承兑，到期无条件付款。 出票人签章	本汇票已经承兑，到期日由本行付款。 承兑行签章 承兑日期　　年　月　日													
	备注：		复核　　记账											

此联收款人开户行随托收凭证寄付款行作借方凭证附件

表 2－17　　　　**银行承兑汇票背面**

被背书人	被背书人	
背书人签章 年　月　日	背书人签章 年　月　日	(粘贴单处)
持票人向银行 提示付款签章：	身份证件名称：　　发证机关： 号码	

表 2－18 **银行承兑汇票(存根)** 3 $\frac{B\ B}{O\ J}$00000000

出票日期(大写)　　年　　月　　日

<table>
<tr><td>出票人全称</td><td></td><td rowspan="3">收
款
人</td><td>全　　称</td><td colspan="2"></td></tr>
<tr><td>出票人账号</td><td></td><td>账　　号</td><td colspan="2"></td></tr>
<tr><td>付款行全称</td><td></td><td>开户银行</td><td colspan="2"></td></tr>
<tr><td>出票金额</td><td colspan="3">人民币
(大写)</td><td colspan="2">亿 千 百 十 万 千 百 十 元 角 分</td></tr>
<tr><td>汇票到期日(大写)</td><td></td><td rowspan="2">付款人</td><td>行号</td><td colspan="2"></td></tr>
<tr><td>承兑协议编号</td><td></td><td>地址</td><td colspan="2"></td></tr>
<tr><td colspan="2"></td><td colspan="3">备注:</td><td></td></tr>
</table>

此联由出票人存查

(2)商业汇票的填制要求

①基本要求。

真实可靠:商业汇票上的记载事项应当真实,不得伪造、变造。伪造、变造票据上的签章和其他记载事项的,应当承担法律责任。商业汇票的出票人必须与付款人具有真实的委托付款关系,并且具有支付汇票金额的可靠资金来源。出票人不得签发无对价的商业汇票用以骗取银行或者其他票据当事人的资金。

要素齐全:将商业汇票各联所列项目逐项填写,不可缺漏;手续齐备。

填制及时:在与其他单位发生经济往来或存在债权债务关系,并规定采用商业汇票结算方式时,应按规定及时签发并承兑后给收款人,做到不积压、不误时。

书写清楚:商业汇票一般为机制打印,也可用蓝色或黑色钢笔或碳素笔手工填写,不得使用铅笔及圆珠笔填写;字迹端正、易于辨认,做到数字书写符合会计上的技术要求,文字工整,不草、不乱、不“造”、不涂改。

②具体要求。

出票日期:按付款业务发生或完成的日期填写。出票日期必须大写。

付款人全称、账号、开户银行情况:付款人全称应填写其在开户银行开户时预留的单位名称,否则银行不予付款;填写付款人开户账号;填写付款人开户银行名称及行号。

收款人全称、账号、开户银行情况:收款人全称应填写其在开户银行开户时预留的单位名称,否则银行不予收款;填写收款人开户账号;填写收款人开户银行名称及行号。

出票金额:与其他结算凭证填制要求相同。

汇票到期日:按双方协议的付款日填写汇票到期日,具体要求与出票日期的填制要求相同。此栏填写的关键是正确计算到期日。到期日可以按月计算,也可以按日计算。按月计算时,到期日为到期月的对日,如1月31日出票,期限为一个月的商业汇票,到期日为2月28日;按日计算时,以实际经过的天数计算,且首尾各算半天,如1月31日出票,期限为30天的商业汇票,到期日为3月2日。

交易合同号码:由于商业承兑汇票结算形式必须以真实的交易或者债务关系为前提,因此应按实际情况填写交易合同号码。

签名盖章:商业承兑汇票由付款单位承兑。付款单位承兑时,应在商业承兑汇票的第二联正面签署"承兑"字样并加盖预留银行的印鉴后,交给收款单位。银行承兑汇票由付款单位的开户银行承兑。开户银行承兑时,应在银行承兑汇票的第二联正面签署"承兑"字样并加盖承兑银行的印鉴后,交给收款单位。由收款人签发的商业承兑汇票,应先交付款单位承兑,再交收款单位专类保管。

(3)商业汇票的会计控制要求

收款单位应计算从本单位至付款人开户银行的邮程,在汇票到期前,提前委托银行收款。委托银行收款时,应填写一式五联的托收凭证,在托收凭证的"名称"栏内注明"商业承兑汇票"或"银行承兑汇票"字样及汇票号码,在商业汇票第二联背面加盖收款单位公章后,一并送交开户银行。开户银行审查后办理有关收款手续,并将盖章后的托收凭证第一联退回给收款单位保存。商业汇票的提示付款期限是自汇票到期日起10日。持票人应在提示付款期限内通过开户银行委托收款或直接向付款人提示付款。对异地委托收款的,持票人可匡算邮程,提前通过开户银行委托收款。持票人超过提示付款期限提示付款的,持票人开户银行不予受理。商业汇票的付款人开户银行收到商业汇票后,将商业汇票留存,并及时通知付款人。付款人收到开户银行的付款通知,应在当日通知银行付款。付款人提前收到由其承兑的商业汇票,应通知银行于汇票到期日付款。银行在办理划款时,付款人存款账户不足支付的,应填制付款人未付票款通知书,连同商业承兑汇票邮寄持票人开户银行,转交持票人。付款人存在合法抗辩事由拒绝支付的,应自接到通知日的次日起3日内,做成拒绝付款证明送交开户银行,银行将拒绝付款证明和商业承兑汇票邮寄持票人开户银行，转交持票人。

5）商业汇票贴现凭证的填制

（1）贴现凭证样表

贴现凭证格式如表2－19所示。

表2－19　　　　**贴现凭证（收账通知）**　4

申请日期　　年　　月　　日　　　　　　　　第　　号

<table>
<tr><td rowspan="3">贴现汇票</td><td>种类</td><td></td><td>号码</td><td></td><td rowspan="3">持票人</td><td>名称</td><td></td><td rowspan="3"></td></tr>
<tr><td>出票日</td><td colspan="3">年　月　日</td><td>账号</td><td></td></tr>
<tr><td>到期日</td><td colspan="3">年　月　日</td><td>开户银行</td><td></td></tr>
<tr><td colspan="2">汇票承兑人</td><td>名称</td><td></td><td>账号</td><td></td><td>开户银行</td><td></td></tr>
<tr><td colspan="2">汇票金额</td><td colspan="4">人民币
（大写）</td><td colspan="3">亿千百十万千百十元角分</td></tr>
<tr><td>贴现率</td><td></td><td>贴现利息</td><td>十万千百十元角分</td><td colspan="2">实付贴现金额</td><td colspan="3">千百十万千百十元角分</td></tr>
<tr><td colspan="5">贴现款项已入你单位账户。

银行签章
年　月　日</td><td colspan="4">备注：</td></tr>
</table>

此联银行给贴现申请人的收账通知

（2）贴现凭证的填制要求

申请日期：填写办理贴现业务的时间。

第　号：填写贴现业务的流水号。

贴现汇票：填列有关贴现汇票的各项信息，包括种类、号码、出票日、到期日等。

持票人：填列持票人的名称、账号、开户银行。

汇票承兑人：填列汇票承兑人的名称、账号、开户银行。

汇票金额：按规定分别填列大小写金额。

贴现率：填列贴现银行规定的利率。

贴现利息：按到期值×贴现率×贴现期计算得出的值填列。

实付贴现金额：以到期值减去贴现利息后的差额填列。

银行签章：贴现业务办理完毕，贴现银行应加盖“转讫”章。

备注：一般填列票面年利息率、年贴现率、到期值、实际贴现利息、实付贴现金额等内容。

【小贴士】

①贴现凭证一式五联，第一联为申请书，与其他联次不同之处是，凭证下方需要申请人、贴现银行负责人和信贷员签章；第二联和第三联为贷方凭证；第四联为收账通知；第五联为到期卡。②持票人向银行申请办理贴现业务时，应签订贴现协议。贴现协议内容主要有贴现申请人（甲方）及其法定代表人（或授权代理人）、开户银行、账号、企业（法人）营业执照号码，贴现人（乙方）、银行名称、法定代表人（或授权代理人）、地址，申请贴现理由、申请贴现汇票情况、贴现情况，以及甲乙双方权利义务等。本协议一式三份，贴现申请人及其法定代表人和贴现人及其法定代表人加盖公章后，一份交给甲方，其余两份交给乙方。

6）汇兑凭证的填制

（1）汇兑凭证样表

汇兑是由汇款人委托银行将款项支付给收款人的一种结算方式，包括信汇和电汇两种方式。其中，信汇凭证一式四联，电汇凭证一式三联。汇兑凭证具体格式如表2－20所示。

表2－20　　××银行 电汇凭证（回单）　1

□普通　□加急　　委托日期　年　月　日

<table>
<tr><td rowspan="3">汇款人</td><td>全　称</td><td colspan="2"></td><td rowspan="3">收款人</td><td>全　称</td><td colspan="11"></td><td rowspan="8">此联为汇出行给汇款人的回单</td></tr>
<tr><td>账　号</td><td colspan="2"></td><td>账　号</td><td colspan="11"></td></tr>
<tr><td>汇出地点</td><td colspan="2">省　市/县</td><td>汇入地点</td><td colspan="11">省　市/县</td></tr>
<tr><td colspan="2">汇出行名称</td><td colspan="2"></td><td colspan="2">汇入行名称</td><td colspan="11"></td></tr>
<tr><td rowspan="2">金额</td><td rowspan="2" colspan="4">人民币
（大写）</td><td rowspan="2"></td><td>亿</td><td>千</td><td>百</td><td>十</td><td>万</td><td>千</td><td>百</td><td>十</td><td>元</td><td>角</td><td>分</td></tr>
<tr><td></td><td></td><td></td><td></td><td></td><td></td><td></td><td></td><td></td><td></td><td></td></tr>
<tr><td colspan="4" rowspan="2">汇出行签章</td><td colspan="13">支付密码</td></tr>
<tr><td colspan="13">附加信息及用途
复核：　记账：</td></tr>
</table>

（2）汇兑凭证的填制要求

①基本要求。

真实可靠：汇兑凭证上记载的事项应当真实，不得伪造、变造。伪造、变造汇兑凭证上的签章和其他记载事项的，应当承担法律责任。

内容完整：将汇兑凭证各联所列项目逐项填写，不可缺漏；手续齐备。

填制及时:按照合同规定及时汇款给收款人,做到不积压、不误时。

书写清楚:汇兑凭证用蓝色或黑色钢笔或碳素笔填写,不得使用铅笔及圆珠笔填写;字迹端正、易于辨认,做到数字书写符合会计上的技术要求,文字工整,不草、不乱、不"造"、不涂改。

②具体要求。

委托日期:委托日期是指汇款人向银行提交汇兑凭证的当日。

汇款人全称、账号、汇出地点:A. 汇兑凭证的汇款人可以为单位或个人。B. 汇兑凭证记载的汇款人名称,其在银行开立存款账户的,必须记载其账号,账户名与汇款人名称必须一致。C. 汇出地点应填写汇款人所在省、市/县。

收款人全称、账号、汇入地点:A. 汇兑凭证的收款人可以为单位或个人。B. 汇兑凭证记载的收款人名称,其在银行开立存款账户的,必须记载其账号,账户名与收款人名称必须一致。C. 汇兑凭证上记载收款人为个人的,收款人需要到汇入银行领取汇款,此时应在汇兑凭证上注明"留行待取"字样。留行待取的汇款,需要指定单位的收款人领取汇款的,应注明收款人的单位名称。D. 汇入地点应填写收款人所在省、市/县。

汇出行、汇入行名称:填写汇款人的汇出行名称和收款人的汇入行名称。

金额:与其他结算凭证填制要求相同。

支付密码:会计人员输入汇兑凭证编号、金额等信息后由密码机自动产生支付密码,将该密码填入"支付密码"栏,银行核对相符后方可办理款项汇兑业务。

签名盖章:A. 汇兑凭证第一联(回单联),应由汇出行受理该汇兑业务后在"汇出行签章"栏加盖该银行的"转讫"章,并向汇款人签发该联汇款回单。汇款回单只能作为汇出银行受理汇款的依据,不能作为该笔汇款已转入收款人账户的证明。B. 汇兑凭证第二联,由汇款人签章,签章应为该单位的财务专用章或者公章加其法定代表人或者其授权的代理人的签名或者盖章。C. 汇兑凭证上记载收款人为个人,信汇凭收款人签章支取的,应在信汇凭证上预留其签章。

备注(此栏在汇总凭证的第三联):不得转汇的,应在汇兑凭证"备注"栏注明"不得转汇"字样。

(3)汇兑凭证的会计控制要求

未在银行开立存款账户的收款人,凭信汇、电汇的取款通知,或持"留行待取"的汇总凭证向汇入银行支取款项时,必须交验本人的身份证件,在信汇、电汇凭证上注明证件名称、号码及发证机关,并在"收款人签章"处签章;信汇凭收款人签章支取的,收款人的签章必须与预留信汇凭证上的签章相符。

支取现金的信汇、电汇凭证上必须有按规定填明的"现金"字样,才能办理。未填明"现金"字样,需要支取现金的,由汇入银行按照国家现金管理规定审核批准。

收款人需要委托他人向汇入银行支取款项的,应在取款通知上签章,注明本人身份证件名称、号码、发证机关和“代理”字样以及代理人姓名。代理人代理取款时,也应在取款通知上签章,注明其身份证件名称、号码及发证机关,并同时交验代理人和被代理人的身份证件。

转账支付的,应由原收款人向银行填制支款凭证,并由本人交验其身份证件办理支付款项。该账户的款项只能转入单位或个体工商户的存款账户,严禁转入储蓄和信用卡账户。

转汇的,应由原收款人向银行填制信汇、电汇凭证,并由本人交验其身份证件。转汇的收款人必须是原收款人。原汇入银行必须在信汇、电汇凭证上加盖“转汇”戳记。

2.2 原始凭证的审核

2.2.1 真实性审核

真实性审核主要审查原始凭证中所记录的经济业务是否同实际情况相符,具体主要有以下几个方面:

(1)经济业务的双方责任人和责任单位是否真实;

(2)经济业务发生的时间、地点和填制日期是否真实;

(3)经济业务的内容是否真实;

(4)经济业务的实物量和价值量是否真实;

(5)原始凭证本身是不是真的原始凭证,有无假发票、假收据,要注意审核发票有无加盖税务局的监制章,收据有无加盖税务部门、财政部门的监制章,是不是已过期或停止使用的凭证;

(6)原始凭证是否无污染、抹擦、刀刮和挖补痕迹。

2.2.2 合法性审核

合法性审核以国家制定的各项财经法令、政策、制度和单位编制的计划、预算为依据,主要从以下几个方面进行:

(1)原始凭证所反映的经济业务是否符合国家法令、政策、制度和单位计划、预算;

(2)经济业务是否按规定的程序办理,有无违反制度、手续的现象,有无虽真实但不符合报销比例的情况等;

(3)经济业务是否符合成本开支范围,是否贯彻增产节约、增收节支的原则,有无贪污盗窃、虚报冒领、假造凭证等行为。

2.2.3 完整性审核

(1)原始凭证中所有项目内容是否全部填写;

(2)手续是否完备;

(3)编号是否连续;

(4)有关人员及单位是否签名、盖章;

(5)附件是否齐全。

2.2.4 准确性审核

(1)凭证中单价、金额填写及其计算是否正确;

(2)小计和总计的加总数是否准确;

(3)大小写金额是否一致;

(4)数字和文字是否填写清楚。

2.3 原始凭证误票、错票及其处理

2.3.1 误票、错票现象

误票与错票现象很多,但归纳起来主要表现为不真实、不准确和不完整。

(1)签章不清、错误。首先是单位签章错误,单位在票据和结算凭证上误盖营业专用章、工程专用章,甚至发票专用章;其次是银行签章错误,银行承兑商业汇票,办理商业汇票转贴现、再贴现时误盖财务专用章,或者误盖单位公章,甚至业务公章。

(2)填写错误,包括日期、金额、收付双方信息等填写错误。

(3)背书不连续。已背书转让的票据,背书应当连续。但实际中存在四种情况:第一种情况是背书人不是受票人。第二种情况是再次背书人不是前次背的被背书人。第三种情况是背书日期错误。背书日期为任意记载事项,既可以记载,也可以不记载。但如果后手背书人记载的背书日期在前手背书人的背书日期之前,出现明显的逻辑错误,就会造成背书不连续。第四种情况是粘贴单使用错误。票据凭证不能满足背书人记载事项的需要,可以加附粘贴单,粘附于票据凭证上。粘贴单上的第一记载人应当在汇票和粘贴单的粘接处签章。如果出现不是粘贴单上的第一记载人签章,而是粘贴单上第一记载人的前手签章,就会造成背书不连续。

(4)票据超过提示付款期。

2.3.2 误票、错票的处理

总体而言,会计人员对不真实的原始凭证,有权不予接受,并向单位负责人报告。对记载不完整的原始凭证予以退回,并要求按照国家统一的会计制度的规定更正、补充。如果原始凭证金额填写错误,不得在原始凭证上进行更正,必须由原

开具单位重新开具，将错误凭证加盖“作废”戳记并与相应的存根一起保存。如果原始凭证不是金额发生错误，应由原开具单位重开或更正。更正的原始凭证，应在更正处加盖更正单位公章及经办人员签章；单位自行填制的提交银行的各种结算凭证，其填制错误一律不得更改，应加盖“作废”戳记后与相应的存根一起保存，并重新填写正确的结算凭证。

1）裁剪发票的误票与错票

（1）发生裁剪错误，应作废并全套保存。

（2）填写有误，应另行开具发票，并在误填的发票上注明“误填作废”字样。发票开具后因购货方不索取而成为废票也应按填写有误处理。

2）增值税专用发票的误票与错票

根据《国家税务总局关于修订〈增值税专用发票使用规定〉的补充通知》（国税发〔2007〕18 号）第一条第三项和第四项的有关规定，视下列不同情形分别处理：因开票有误购买方拒收专用发票的，销售方须在专用发票认证期限内向主管税务机关填报申请单，并在申请单上填写具体原因以及相对应蓝字专用发票的信息，同时提供由购买方出具的写明拒收理由、错误具体项目以及正确内容的书面材料，主管税务机关审核确认后出具通知单。销售方凭通知单开具红字专用发票。因开票有误等原因尚未将专用发票交付购买方的，销售方须在开具有误专用发票的次月内向主管税务机关填报申请单，并在申请单上填写具体原因以及相对应蓝字专用发票的信息，同时提供由销售方出具的写明具体理由、错误具体项目以及正确内容的书面材料，主管税务机关审核确认后出具通知单。销售方凭通知单开具红字专用发票。具体情况如下：

（1）金额或税额多开或少开，同时购销双方未作账务处理，购货方可将原发票联和抵扣联退回（商品销售发票退回发票联），由销货方重新开具正确的发票，销售方将原发票联、抵扣联和记账联加盖“作废”戳记，粘贴在原存根联后面，注明原因。

（2）金额、税额少填，同时一方或双方已作账务处理，可由销货方按少开的差额，补开一张蓝字专用发票，并在“备注”栏说明情况，同时对少开的金额应进行纳税申报。

（3）金额、税额多填，同时一方或双方已作账务处理：①销货方已作账务处理，而购货方未作账务处理，可由购货方将原发票联、抵扣联退回销货方，销货方凭以作销货退回处理，然后重新开具，开票日期填写重新开具的日期，并重新申报纳税。销货方作销货退回处理，可凭购货方退回的发票联和抵扣联填开相同的红字专用发票，将记账联撕下，作冲减销项税额的凭证，红字专用发票发票联和抵扣联不得取下，将退回的蓝字专用发票发票联和抵扣联粘贴在红字专用发票发票联和抵扣联后面，并在上面注明蓝字，放在红字专用发票记账联的存放地点。②购销双方均已作账务处理，可由购货方比照《增值税专用发票使用规定》就其多开的部分差额，向税务机关申请办理销货退回折让手续，取得红字发票，各自冲减销售金额、销项税额和购货金额、进项税额。

(4)票面填写不符合规定：如开错的专用发票只是票面填写不符合规定，并不影响金额和税额，无论双方是否已作账务处理，一律采取换票方式，由购货方将原票退回，销货方重新开具符合规定的专用发票；开票日期按重新开具的日期填写，并注明“换票重开”字样；退回的发票联和抵扣联加盖“作废”戳记，粘贴在新开的专用发票存根联后；在填报发票使用手册时，只填发票号码，在“销货金额”或“购货金额”栏注明“换票”字样。

3)票据和有关结算凭证的误票与错票

(1)签章不清、填写错误的票据，应作废处理；如为多联次票据，应一同保存，并重新开具。

(2)背书不连续的，付款人可以拒绝向持票人付款，否则付款人得自行承担责任。

(3)票据超过提示付款期的，申请人因银行汇票超过提示付款期或其他原因要求退款，需持汇票和解讫通知联到原出票行办理退款手续；无解讫通知联的，应在银行汇票提示付款期满一个月后(即签发日开始两个月后)到银行办理退款；若因银行汇票丢失，要求退款的，应在提示付款期满一个月后持人民法院出具的有效证明到银行办理退款。

2.4 记账凭证的填制与审核

2.4.1 记账凭证的填制

记账凭证的填制是会计核算的基础环节之一，正确、及时、完整地填制记账凭证是正确、及时地提供会计信息的保证。记账凭证的填制要注意以下几个方面：

1)记账凭证的填制要求

记账凭证填制的总体要求是记录真实，内容完整，填制及时，书写清楚。具体而言，主要注重以下几个方面：

(1)摘要是对经济业务的简要说明，要求文字简练、概括，能满足登记账簿的要求；

(2)应当根据经济业务的内容，按照会计制度的规定，确定借方科目与贷方科目；

(3)记账凭证中，借方科目与贷方科目必须保持清晰的对应关系；

(4)每张凭证都要注明附件张数,以备查考。

2)记账凭证填制实务指南

(1)通用记账凭证格式。

对于小微企业而言,因其规模小、业务较为简单,所以在实务中选择通用记账格式即可,具体为如表 2－21 所示的双科目栏、单金额栏的通用记账凭证格式。

表 2－21

记账凭证

2013 年 6 月 10 日　　　　记字第 6 号

摘要	借方科目			贷方科目		金额										
	总账科目	明细科目	√	总账科目	明细科目	千	百	十	万	千	百	十	元	角	分	
车间领料作一般耗用	制造费用										7	0	0	0	0	附单据1张
				原材料							7	0	0	0	0	
合计										¥	7	0	0	0	0	

财务主管(签章)　　记账:李跃平　　复核:孙少花　　制单:马东

(2)记账凭证填写指南。

日期:一般应按记账凭证的编制日期填写。其中,收、付款凭证应按收、付款业务发生的日期填写,以保证库存现金日记账、银行存款日记账的登记;期末结账业务应填写期末日期。

编号:记账凭证应以月为单位从自然数 1 起开始编号,一张记账凭证编一个号,对一项业务需要编写两张以上凭证的,以分数的方法进行编号,如为本月的第 5 号,且需要编写两张时,编号为 $5\frac{1}{2}$ 和 $5\frac{2}{2}$;在编号时,不得重号、漏号、错号。每月最后一张记账凭证编号的后面应加注“全”字。

摘要:摘要是对经济业务作简要说明,因此,在填写时要抓住经济业务的要点,文字要简练明确,不可漏填或错填。

会计科目:应按记账凭证格式所设计的会计科目栏,正确填写科目的全称,不得只填写科目代码。

记账金额:正确填写应记账户的“借”、“贷”方向,并按格式中显示的“金额”栏填写业务所反映的金额。数字的填写应准确规范,不得连写,不得空栏,角位与分位没有具体数字时,在“角”、“分”栏内写“0”;数字书写应占行高的 1/2;填写金额

"合计"栏时,应在第一位数字前加相应的货币符号,如人民币符号"￥";应按行从上到下逐行填写,不得空行、跳行;各行填写完,应在"合计"栏填写经济业务的合计数额;如果在最后一笔数字和合计数之间有空行,应在"金额"栏从左下角向右上角划斜线或"S"线注销。对于凭证中设有"大写金额"栏的凭证,应按凭证格式所设的"大写金额"栏正确、规范地书写;大写金额数字前未印有货币名称的,应当填写货币名称,如"人民币";货币名称与金额数字之间不得留有空白;大写金额到元或角为止的,在"元"或者"角"字之后应写"整"或者"正"字;大写金额有分的,"分"字后面不写"整"或者"正"字;大小写金额应相符。

附件张数:应在记账凭证上以阿拉伯数字或大写数字注明所附原始凭证的张数;附件的张数不仅包括最原始的单据,而且包括汇总的原始凭证。

原始凭证的粘贴:原始凭证应附在记账凭证后面,要求粘贴的原始凭证应真实、合法、完整、正确,粘贴要干净整洁、排列有序。对于纸张面积过小的原始凭证,可先按一定次序和类别排列,再粘在一张同记账凭证大小相同的白纸上,粘贴时宜用胶水。证票应分张排列,同类、同金额的单据尽量粘在一起,并在一旁注明张数和合计金额。如果是板状票证,可以将票面、票底轻轻撕开。对于纸张面积略小于记账凭证的原始凭证,可先用回形针或大头针别在记账凭证后面,待装订时再抽去回形针或大头针。对于纸张面积大于记账凭证的原始凭证,可按记账凭证的尺寸,先自右向后,再自下向后两次折叠。注意应把凭证的左上角或左侧面让出来,以便装订后,还可以展开查阅。如果根据同一张原始凭证编制两张或两张以上的记账凭证,可将这张原始凭证附在主要记账凭证的后面,并在未附有原始凭证的记账凭证上注明"单据×张,附在第×号记账凭证后",以便复核和查阅。如有重要资料或原始凭证过多,需要另行保管,也应在记账凭证中加以说明。如果原始凭证上所列费用应由两个以上单位共同负担,应开给其他应负担部分费用支出的单位原始凭证分割单。

签名:记账凭证应按照制单、审核、出纳(收付款业务)、记账、会计主管的顺序传递,每一个经手记账凭证的人员都应在记账凭证的相关栏目中签名或盖章,出纳办妥收付款业务后应在"出纳"栏内加盖"收讫"或"付讫"章。

2.4.2 记账凭证的会计控制要求

记账凭证填制后,必须经过审核无误后,才能据以登记账簿。记账凭证审核的主要内容有:

1)审核记账凭证是否附有原始凭证

审核记账凭证所附原始凭证是否存在,所附原始凭证的张数、经济内容、金额是否与记账凭证一致。

2) 审核会计分录是否正确

在实际工作中,所有的会计分录都是通过编制记账凭证进行的,因此,审核时应注意记账凭证中应借、应贷科目的应用是否正确,账户对应关系是否清楚,借贷双方是否平衡。

3) 审核记账凭证中的有关项目是否填列齐全

审核记账凭证有关项目是否正确填写,如摘要是否填写清楚,日期、凭证编号、二级和明细会计科目、附件张数以及有关人员签章等有无错误,有关人员是否签名或盖章。对手续不完备的应补办手续,方可入账。

4) 审核记账凭证书写是否规范

记账凭证中的文字和数字,要按规定使用蓝黑或碳素墨水书写,不得使用圆珠笔或铅笔书写;书写要正确、清楚,不准涂改、挖补、刮擦或用退色药水消除字迹。同时还要注意,用来更正差错的红字凭证只在“金额”栏内填写红字,不要将整张凭证都用红字书写。

另外,实行会计电算化的单位,对于机制记账凭证,要认真审核,做到会计科目使用正确,数字准确无误。打印出的机制凭证要加盖制单人员、审核人员、记账人员及会计机构负责人印章或由其签字。

2.4.3 记账凭证错票处理

1) 未入账,重新填写

如果在填制记账凭证时发生错误,应当重新填制。

2) 已入账,年内发现

(1) 如果金额正确,但所记科目或方向错误,用红字编制一张与原内容相同的记账凭证,在“摘要”栏注明“注销某月第 × 号凭证”字样,同时再用蓝字重新填制一张正确的记账凭证,注明“更正某月第 × 号凭证”字样。

(2) 如果所记科目、方向正确,金额多记,用红字编制一张冲销多记金额的记账凭证。

(3) 如果所记科目、方向正确,金额少记,用蓝字编制一张补记少记金额的记账凭证。

3) 已入账,以后年度发现

已入账,以后年度发现错票,应用蓝字编写正确的更正凭证,通过“以前年度损益调整”等账户进行记录。

第3章　建账与登账

3.1 账簿的建立

3.1.1 建立账簿的依据

小微企业根据《中华人民共和国会计法》、《会计基础工作规范》和《小企业会计准则》的规定，结合自身会计核算的需要，选择有关账簿，进行会计账簿的设置。建立有关的会计账簿体系，是小微企业会计核算体系的中心环节。

3.1.2 建立账簿的基础工作

1）准备各种账册

一般而言，企业建立哪些种类的账簿，主要根据企业规模和管理要求而定。但对于小微企业而言，它们有着天然的相似性，即规模小、经济业务较为简单。因此，在账册类型方面，小微企业应建立库存现金日记账、银行存款日记账、总账和明细账及备查账等账册。每个独立核算的单位都应建立日记账、总账和明细账，但账册数目由小微企业业务的繁杂程度决定。相对而言，规模大、业务多的小微企业，账册多且细；规模小、业务少的小微企业，账册少且粗。在账簿格式方面，日记账与总账为订本账，其中，日记账为独立账册，总账小微企业一般采用分户式，但也可以采用非分户式；明细账为各种活页账；备查账无固定格式，所以在实际中可根据需要备查的业务内容自行设计。实际中，在建账环节还应准备账夹、凭证及凭证封面、报表及报表封面等。

2）启用账簿

在启用新账簿时，应在账簿封面上写明单位名称和账簿名称；在账簿的扉页上填写“账簿启用及交接表”，如表3-1所示。该表有两个部分，第一部分是启用说明部分，包括单位名称、账簿名称、账簿编号、账簿页数、启用日期、单位负责人、会计机构负责人、记账人员和审核人员等项目，并加盖单位的公章；第二部分是经管人员交接记录部分，记账人员或会计主管人员在本年度调动工作时，应于办理交接手续时填写，其内容包括交接日期、交出人员和接管人员姓名，由交接双方签名或盖章后，由会计机构负责人签名或盖章，证明交接手续完成，以明确经济责任。账簿启用应注意如下问题：

(1)启用与建账时间。小微企业新建或每年年初更换新账时，按实际需要开设账户。

(2)账簿封面的颜色。同一会计年度账簿封面的颜色应力求统一，每年应更换一色，以便于区别。

(3)账簿封面、封底。除订本式账簿不另设封面外，各种活页式账簿均应设置与账页大小一致的账夹做封面、封底，并在封面正中部分设置封签。在启用账簿时，用蓝(黑)墨水笔在其封面上写明单位名称、账簿名称以及所属会计年度。

表 3－1　　　　　　　　　账簿启用及交接表

<table>
<tr><td colspan="2">单位名称</td><td colspan="4"></td><td colspan="2" rowspan="5">印鉴</td></tr>
<tr><td colspan="2">账簿名称</td><td colspan="4"></td></tr>
<tr><td colspan="2">账簿编号</td><td colspan="4"></td></tr>
<tr><td colspan="2">账簿页数</td><td colspan="4">本账簿共计　　页</td></tr>
<tr><td colspan="2">启用日期</td><td colspan="4">年　　月　　日</td></tr>
<tr><td colspan="2">单位负责人</td><td colspan="2">会计机构负责人</td><td colspan="2">记账人员</td><td colspan="2">审核人员</td></tr>
<tr><td>姓名</td><td>盖章</td><td>姓名</td><td>盖章</td><td>姓名</td><td>盖章</td><td>姓名</td><td>盖章</td></tr>
<tr><td></td><td></td><td></td><td></td><td></td><td></td><td></td><td></td></tr>
<tr><td rowspan="4">经管人员交接记录</td><td>年</td><td>月</td><td>日</td><td>交出人员盖章</td><td>接管人员盖章</td><td colspan="2">会计机构负责人盖章</td></tr>
<tr><td></td><td></td><td></td><td></td><td></td><td colspan="2"></td></tr>
<tr><td></td><td></td><td></td><td></td><td></td><td colspan="2"></td></tr>
<tr><td></td><td></td><td></td><td></td><td></td><td colspan="2"></td></tr>
<tr><td>备注</td><td colspan="7"></td></tr>
</table>

3)粘贴印花税票

税法规定，小微企业书立账簿、签订合同(小微企业的借款合同实行免税政策)等行为应缴纳印花税。账簿有两种完税方式：①使用缴款书缴纳印花税的，在账簿启用及交接表右上角(或指定位置)注明印花税已缴及缴款金额，缴款书作为××××年××月××日第×号记账凭证的原始凭证。②粘贴印花税票的账簿，印花税票一律粘贴在账簿启用及交接表的右上角(或指定位置)，并在印花税票中间划两条出头的平行线注销，以示完税(如图 3－1 所示)。记载资金的账簿，按实收资本和资本公积总额的万分之五贴花，其他账簿按件贴花五元。

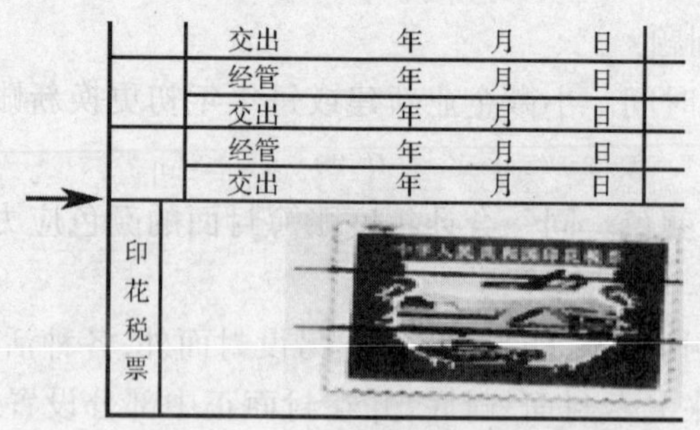

图3-1 印花税票粘贴图示

4)登记各种账簿期初数

账簿启用后,账簿登记实行专人负责制。小微企业应按《小企业会计准则》规定的会计科目,拟定适合本企业的会计科目制度,按照会计科目制度中的会计科目表的顺序、名称,在总账账页上建立总账账户,并根据总账账户明细核算的要求,在各个所属明细账户上设置相应级次的明细账户。对于已设立的小微企业,应根据上年的年末数分别登记本年度的总分类账户和明细分类账户(包括库存现金日记账和银行存款日记账)的期初余额,在"摘要"栏内填写"上年结转";对于一些可以连续使用的账簿,只需要在每个账户的最后一笔业务下方通栏划双红线,以示结账,并在下面的"日期"栏填写新年度的时间,在"摘要"栏填写"上年结转"字样,在"余额"栏内将上年期末余额照抄即可。对于上下两年中有科目变动的,则应按《小企业会计准则》规定进行调整和归并后,将余额记入年初数。下面以日记账、总账和明细账为例具体说明期初数的登记流程。

(1)日记账期初数的登记流程。

①在日记账的开户页上端填写日记账账户的名称,如库存现金日记账、银行存款日记账。

②在"日期"栏内填写"××××年1月1日"。

③在"摘要"栏内填写"上年结转"字样。

④在第一行的"余额"栏内,将上年期末余额同方向记入,并注明余额方向"借"或"贷"。

(2)总账期初数的登记流程。

①在总账的开户页上端填写总账账户的名称,如库存现金、银行存款、原材料等。因为总账一般选择分户式结构,所以每个账户间应预留空白页,如第一页设计的账户为库存现金,银行存款账户就不应设在第二页。各账户间预留多少空白页,主要考虑年内业务发生情况,以及企业选择的账务处理程序对该账户登记的要求。

②在“日期”栏内填写“××××年 1 月 1 日”。

③在“摘要”栏内填写“上年结转”字样。

④在第一行的“余额”栏内,将上年期末余额同方向记入,并注明余额方向“借”或“贷”。

(3)明细账期初数的登记流程。

①在各明细账的开户页上端填写明细账账户的名称,如甲材料明细账、A 产品明细账、应收账款——××单位明细账等。因明细账为活页账,每一账页可开设一个账户;平时可用账夹装订成册,以便于使用和保管。

②在“日期”栏内填写“××××年 1 月 1 日”。

③在“摘要”栏内填写“上年结转”字样。

④在第一行的“余额”栏内,将上年期末余额同方向记入,并注明余额方向“借”或“贷”;如果为数量金额式明细账,应将数量同方向记入明细账“余额”栏的“数量”栏内。

5)填写账户目录表

为了便于检查账目,通常要求在账簿的指定位置填写账户目录,具体格式如表 3-2 所示。①总分类账簿,应按账簿中开立账户的顺序填写会计科目名称及账户启用页码。②活页式明细账在启用时,按其所属的会计科目填写会计科目名称。如果一本账簿只登记一个会计科目的子目、细目或分户明细账,会计科目名称填写方法比照总分类账的填写方法办理。至于活页账中每一账户的页号码,于年度结账后,撤去空白账页,按子目、细目或户名使用页数,填写“第×页至第×页”。

表 3-2　账户目录表

科目索引							
页数	会计科目	页数	会计科目	页数	会计科目	页数	会计科目

6)粘贴口取纸

为查找方便,提高登记账簿的速度,可以在账簿上方或右面按“蛇形”方式粘贴口取纸(如图 3-2 所示),口取纸上竖写会计科目。粘贴口取纸的标准为,打开账本封面,可看到口取纸上会计科目名称;合上账本封面,不露口取纸。

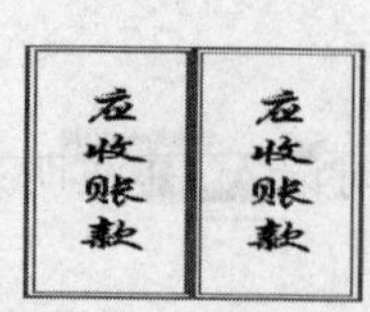

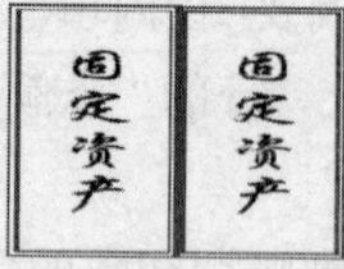

图 3－2　口取纸会计科目书写规范样图

3.2 电算化会计下的建账流程

3.2.1 安装会计软件

1)运行环境

(1)客户端:内存 512MB 以上、CPU 2GHz 以上、磁盘空间 4GB 以上;

(2)数据服务器: 内存 2GB 以上、CPU 2GHz 以上、磁盘空间 20GB 以上;

(3)发布服务器:内存 2GB 以上、CPU 2GHz 以上、磁盘空间 10GB 以上。

2)安装步骤(以用友 U8 软件为例)

(1)运行安装盘下的 Setup. exe;

(2)提示安装用友 ERP－U8 普及版 V3.0 需要的系统补丁;

(3)点“确定”,进入安装界面;

(4)单击“下一步”,进入“许可证协议”界面;

(5)如果同意许可证协议选择“是”,进入“客户信息”界面,输入用户和公司名称;

(6)单击“下一步”,进入“选择目的地位置”界面;

(7)单击“下一步”,进入“安装类型”界面;

(8)单击“下一步”,进入“选择程序文件夹”界面,定义程序组名称;

(9)单击“下一步”,复制文件前查看相关信息;

(10)单击“下一步”,进入产品文件的安装过程;

(11)在“安装完成”对话框中选择“是,立即重新启动计算机”。

3.2.2 软件数据初始化

(1)系统注册。

①单击“开始”,选中“程序”,选中用友 U8 软件中的“系统服务”后单击“系统管理”。

②以系统管理员(admin)的身份进入系统,第一次进入没有密码,单击“确定”即可。如果想设置密码,则用鼠标单击“改密码”前面的空白框,打上对钩后单击“确定”,输入两次密码后单击“确定”即可,如图 3－3 所示。

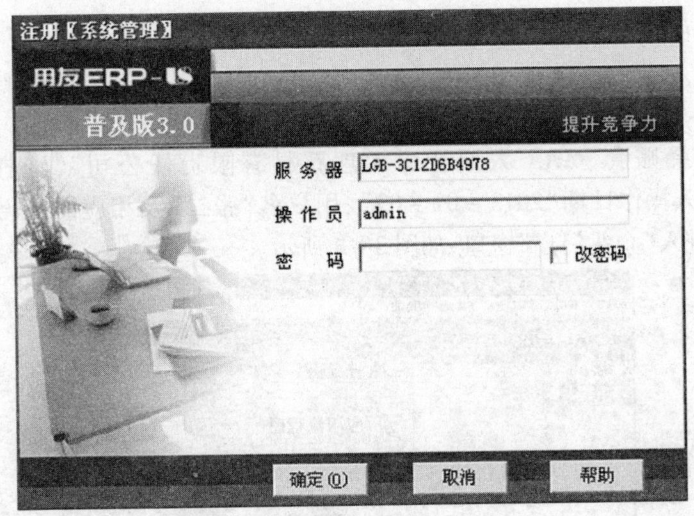

图3-3　“注册【系统管理】”界面

(2)建立账套。

①单击“账套”,选中“建立”单击,进入创建账套界面。输入账套号“AAA”,输入账套名称“太原晋源大理石材有限责任公司”,输入启用会计期间“2013年1月”,单击“下一步”。

②输入单位名称“太原晋源大理石材有限责任公司”,输入单位简称“晋源”,输入单位地址“太原晋祠路26号”,输入法人代表“张二”,输入电话“0351-12345678”,输入税号“140110196703451”,单击“下一步”。

③输入本币代码“RMB”,输入本币名称“人民币”,选择企业类型“工业”,选择行业性质“2013年新会计准则科目”,选定“按行业性质预置科目”选项,单击“下一步”。

④根据单位的实际情况决定选中某些项。在本例中分别选中“存货是否分类”、“客户是否分类”、“供应商是否分类”、“有无外币核算”。如果不能确定是否进行分类核算,在此可以不进行设置,等分销软件启用时再进行设置。

⑤单击“完成”,在“可以创建账套了吗?”下选择“是”。

⑥在“分类编码方案”对话框中,根据单位制定的编码方案设置存货分类编码级次、客户分类编码级次、供应商分类编码级次以及科目编码级次,单击“确认”。

⑦根据单位的要求确定所有的小数位,单击“确认”,新账套“太原晋源大理石材有限责任公司账套”创建成功。

3.2.3 总账系统启动

(1)进入操作系统之后,单击"开始"→"程序"→"用友 ERP - U8 普及版 V3.0"→"企业门户"。

(2)选择账套"AAA 太原晋源大理石材有限责任公司",选择会计年度"2013",输入操作日期"2013 - 01 - 03"、用户名"张二"及相应的密码,然后单击"确定"。进入"企业门户"窗口,如图 3 - 4 所示。

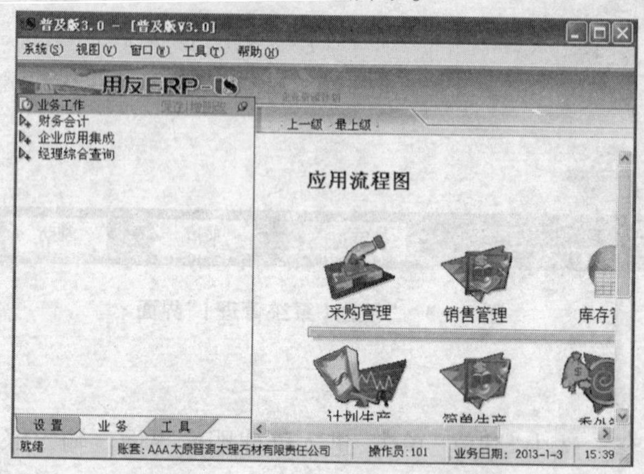

图 3 - 4　用友 U8 企业门户界面

(3)增加会计科目。

①在"企业门户"窗口选择"设置"页签,执行"基础档案"→"财务"→"会计科目"命令,打开"会计科目"窗口,如图 3 - 5 所示。单击"增加"按钮,进入"会计科目_新增"对话框。

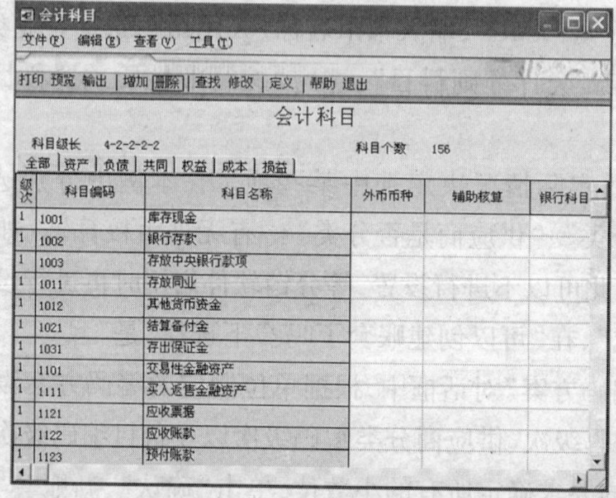

图 3 - 5　"会计科目"界面

②输入科目编码。一般地,会计科目的编码“1”代表资产类,“2”代表负债类,“3”代表权益类,“4”代表成本费用类,“5”代表损益类,且由财务软件规定,不需要设置。一级科目有四位数,例如“1001”表示库存现金,“1002”表示银行存款。一级科目必须是四位数,由财务软件规定。财务软件没有的科目可以自己设置,但是类别必须符合规定,如“100201”,输入科目中文名称“工行存款”,选择账页格式“金额式”。有辅助核算的科目,可以选择辅助核算选项,如图3-6所示,单击“确定”。

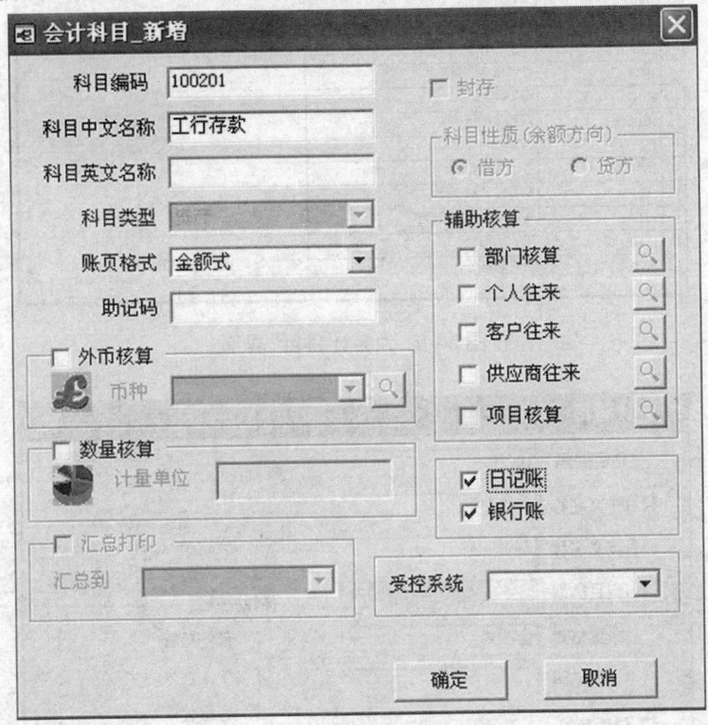

图3-6 “会计科目_新增”界面

(4)复制会计科目。

为了加快建立会计科目的速度和准确性,我们可以对下级科目或者同级性质相近的科目进行复制,这样只需稍作改动即可完成科目增加工作。具体操作步骤如下:在“会计科目”窗口中,选择“100201 工行存款”后,在“编辑”菜单中单击“复制”,如图3-7所示,进入“会计科目_新增”界面。如果企业新增会计科目为“100202 中行存款”,将科目编码和科目中文名称分别改为“100202”和“中行存款”,单击“确定”即可,如图3-8所示。

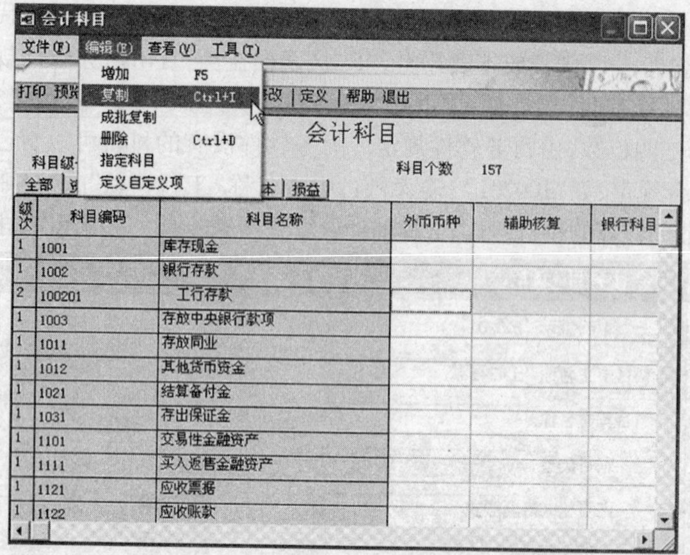

图 3-7 “会计科目”界面

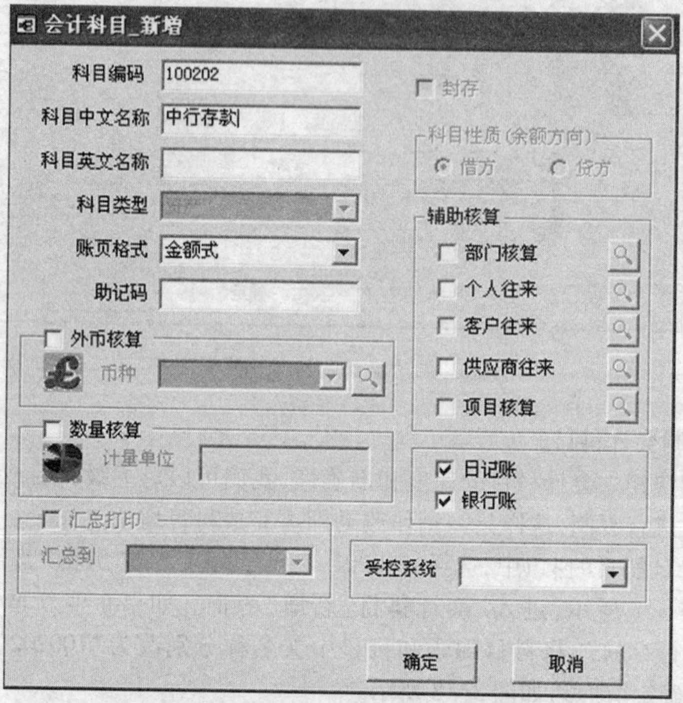

图 3-8 “会计科目_新增”界面

(5)修改会计科目。

如果要对已设置完成的会计科目的名称、编码及辅助项目等内容进行修改,应在会计科目未使用之前在会计科目的修改功能中完成。但需要注意的是,已经使用的末级会计科目不能修改科目编码,非末级会计科目的编码不能修改或删除;已有数据的会计科目,应先将该科目及下级科目余额清零后再修改;被封存的科目在制单时不可以使用;只有处于修改状态才能设置汇总打印和封存。

(6)删除会计科目。

如果科目已制单或已录入期初余额,则不能删除。被指定为"现金、银行"科目的会计科目不能被删除,如果想删除必须先取消指定。"删除将不能恢复"是指不能自动恢复,以后如需恢复该科目可通过"增加"功能来完成。

3.2.4 录入期初余额

如果从当年1月1日开始录入,则将1月1日的手工账的各明细科目的余额录入计算机。录入期初余额后软件会试算平衡,平衡后启用账套,不平衡则无法启用账套。录入期初余额类似于手工账建账中的过账,将上年度的科目余额过到本年度的账上。

提示:初始化工作非常重要,账套一经启用,初始化的数据将不允许再修改。初始化时必须将本单位的账全盘考虑,以利于以后的使用。

3.3 会计账簿的登记

3.3.1 账簿设置的依据

会计凭证是会计信息的载体,而会计账簿是根据记账凭证所提供的会计信息分类汇总、系统地反映企业经济活动的另一信息载体,也是编制会计报表的主要依据。《中华人民共和国会计法》第三条和第十六条规定,各单位必须依法设置会计账簿,并保证其真实、完整;各单位发生的各项经济业务事项应当在依法设置会计账簿的基础上统一登记、核算,不得违反本法和国家统一的会计制度的规定私设会计账簿登记、核算。

3.3.2 提供会计信息的要求

会计凭证详细、具体地反映了企业的经济活动,但毕竟是零星的、分散的、不系统的。要全面、综合、系统地反映企业的经济活动,就必须设计另一种信息载体——会计账簿。它是以会计凭证为依据,分类而系统地积累会计资料的重要工具,也是编制会计报表的主要依据。

3.3.3 登记账簿的意义

会计账簿是由具有一定格式的账页组成的,以会计凭证为依据,用以全面、系统、连续、分类地记录各项经济业务的簿籍。登记账簿是会计核算方法之一,在小微企业会计核算中具有重要意义。

(1)可以将会计凭证所记录的经济业务分类、序时地记入有关账簿,全面、系统、连续地反映会计主体在一定时期内所发生的各项资金运动过程和结果,反映各项资产、负债、所有者权益的增减变化情况,为改善小微企业经营管理、加强经济核算,提供总括的和明细的核算资料。

(2)可以正确地归集费用,计算成本,确定财务成果,提供各项成本、利润指标,便于评价小微企业的经营成果,为编制会计报表提供系统的会计核算资料。

(3)通过账簿记录所提供的各项财产物资的增减变动及结存情况,可以监督检查各项财产物资的保管及使用情况,有利于保护各项财产物资的安全与完整,合理有效地使用各项资产。

3.3.4 小微企业的账簿种类

不同企业所需的会计账簿不同。一般而言,企业可以根据其经济业务类型、经济管理要求以及会计核算形式所引起的会计工作分工情况来确定账簿种类。从小微企业实际出发,按用途可将会计账簿分为序时账簿、分类账簿、备查账簿和联合账簿。

(1)序时账簿,又称日记账,是按照经济业务发生或完成时间的先后顺序逐日逐笔进行登记的账簿。在实务中,该类账簿是按照业务发生的时间先后顺序逐笔进行登记的,其作用是为小微企业的经济管理提供及时、完整的记录,保证会计资料的及时性、正确性和完整性。对于小微企业来说,较为常见的序时账簿有库存现金日记账和银行存款日记账。

(2)分类账簿。分类账簿是对小微企业全部经济业务按照总分类账户和明细分类账户进行分类登记的账簿。按其反映经济业务指标的详细程度分为总分类账簿和明细分类账簿两种。总分类账簿即平常所说的总账,是按照《小企业会计准则》规定的一级科目开设的,用来总括反映全部经济业务和资金状况,为编制会计报表提供总括资料的分类账簿。明细分类账簿即平常所说的明细账,它是根据某个总分类科目所属的二级科目或者明细科目开设账户,用来详细反映各会计要素具体项目增减变动情况及结果,为编制会计报表提供详细资料的分类账簿。总分类账簿是小微企业账簿体系中重要的组成部分,明细分类账簿是对总分类账簿的补充说明,并受总分类账簿的控制与统御。

(3)备查账簿,又称辅助账簿,是对那些在序时账簿和分类账簿中不能记载或记载不全的经济业务进行补充登记的一种账簿,如应收票据备查簿、应付票据备查簿、委托加工物资登记簿、经营性租入固定资产登记簿等。备查账簿只是对账簿记录的一种补充,属于备查性质的辅助账,与其他账簿之间不存在严密的依存、钩稽关系。与前两种账簿相比,备查账簿不是根据记账凭证登记的,它注重用文字记叙某项经济业务的发生和注销,而且没有固定的格式,各单位可以根据实际需要自行加以开设。

(4)联合账簿,简称联合账,是将序时账簿与分类账簿相结合设置的账簿,它兼有序时账簿和分类账簿的作用,如将日记账与总账结合设置的日记总账,其特点是该种账簿的账页格式兼具不同用途账页的内容。与一般账页格式不同的是,在一张账页上,将所有分类科目集中在一张总分类账页上,对所有经济业务按业务发生时间的先后顺序进行序时登记,按科目间的对应关系进行总分类核算;当库存现金日记账和银行存款日记账为三栏式时,按记账凭证进行登记;当二者为多栏式日记账时,平时根据转账凭证登记日记总账,月末根据多栏式库存现金、银行存款日记账登记日记总账。联合账簿主要适应于经济业务单一和不多的小微企业。

3.3.5 登记账簿的规则

1)登记账簿的依据

任何账簿必须根据审核无误的记账凭证以及所附的原始凭证登记。

2)登记账簿的书写要求

登记会计账簿时,应将会计凭证的日期、种类、编号、业务内容摘要、金额和其他有关资料逐项记入账簿内,做到数字准确、摘要清楚、登记及时、字迹工整。账簿中的文字和数字书写要符合规范,易于辨认。

3)登记账簿的用笔要求

登记账簿必须使用蓝黑墨水或者碳素墨水书写,不得用圆珠笔(银行的复写账簿除外)或者铅笔书写。

4)登记账页的要求

(1)记账时,必须按账户页次顺序逐页、逐行连续登记,不得跳行、隔页。

(2)每一张账户页登记完毕需要结转下页继续登记时,要在该页最末一行的"摘要"栏内填写"过次页"字样,在借、贷方栏内登记本账页的发生额合计数,"余额"栏内结出余额;在下页第一行的"摘要"栏内填写"承前页"字样,在借、贷方栏和"余额"栏将上页的发生额合计数和余额过入,然后再登记新的经济业务。在实际操作中,需要注意以下几个问题:①"过次页"的借、贷方合计数与本页中间的"本月合计"、"本季合计"、"本年累计"之间没有衔接关系,即"过次页"的借、贷方合计数不应包括本页中间的"本月合计"、"本季合计"、"本年累计"。②"过次页"行正好是"本月合计"、"本季合计"、"本年累计",合计数或累计数不必转入次页,本页末行和次页第一行不用写"过次页"和"承前页"。③"过次页"的前一行是"本月合计”、“本季合计”、“本年累计”，最后一行数字则无须合计，最后一行可不写“过次页”字样，在下页的第一行直接填入上页最后一行数字，在“摘要”栏填写“承前页”字样。④库存现金日记账和银行存款日记账虽然是日清月结，但当日的会计记录超过一页时，同样要“过次页”和“承前页”。⑤对于材料明细账等不需要本月发生额合计数和全年发生额合计数的多栏式明细账，每页末的余额也要“过次页”和“承前页”。⑥费用明细账每月一结，当月记录超过一页的，也要“过次页”和“承前页”。

(3)凡需结出余额的账户，应当定期结出余额。

(4)实行会计电算化的单位，总账和明细账应当定期打印。

(5)在记账过程中，发生账簿记录错误，不得使用刮擦、挖补、涂改、用药水消除字迹等手段更改错账，也不准更换账页重抄，而应根据错误的具体情况，采用规范的更正方法予以更正。

3.4 日记账的选择及登记工作流程

3.4.1 日记账的选择

日记账是专门记录库存现金、银行存款收付业务的特种账，由出纳人员负责登记。对收付业务较多的企业，也可分别设置收入日记账和支出日记账。一般情况下，只设置三栏式日记账即可。库存现金日记账与银行存款日记账的区别在于，银行存款日记账的每笔收支业务需要增加“结算凭证”栏，以便分类提供数据和据以进行查对、汇总。对于那些将日记账既做明细账，又做过账媒介的小微企业，应设置普通日记账，用以记录全部转账业务，逐日逐笔进行登记。普通日记账的账页格式可以采用两栏式普通日记账，也可采用多栏式普通日记账(日常使用的分录簿)，并以此作为登记总账的依据。

另外，小微企业在选择特种日记账时，至少应考虑两个条件：一是满足货币资金核算的要求，详细反映货币资金的变化和结存情况，便于对账，如日清月结；二是满足货币资金在管理上的一些特殊要求，如出纳、银行对账员、资金主管、会计主管的管理需求。小微企业一般应设置库存现金日记账和银行存款日记账，在实际工作中还可设置转账日记账。

1)库存现金日记账

库存现金日记账是用来逐日逐笔记录和反映库存现金的收入、支出及结余情况的特种日记账。从外表形式上，一般采用订本式账簿，其账页格式可选择三栏式，也可选择多栏式。其中，三栏式库存现金日记账的基本格式包括“借方”、“贷方”、“余额”三个栏目，分别用来登记库存现金每日的收入、支出和结余情况，具体格式如表3－3所示。多栏式库存现金日记账是在三栏式库存现金日记账的基础上发展起来的，其格式是：在“借方”栏和“贷方”栏中分别按对应科目分设若干个专栏进行登记，即“借方”栏以每一个相对应的贷方科目设专栏，“贷方”栏以每一个相对应的借方科目设专栏，具体格式如表3－4所示。多栏式账页格式有利于反映每笔现金收支的来源和用途，便于分析和汇总对应科目的金额。如果与库存现金发生对应关系的账户较多，设置的专栏势必会过多，账页就会太大，不便于记账。为解决这一问题，在实际中，可以将多栏式库存现金日记账分设为库存现金收入日记账和库存现金支出日记账两本账，具体格式如表3－5和表3－6所示。

表3－3　　库存现金日记账（三栏式）

2012年		凭证编号		摘要	对应科目	借方									√	贷方									√	余额								
月	日	类别	号数			百	十	万	千	百	十	元	角	分		百	十	万	千	百	十	元	角	分		百	十	万	千	百	十	元	角	分
11	15			承上页			1	1	6	7	8	9	0	0				9	7	6	9	5	5	0				2	3	4	0	0	0	0
	16	收	20	销售学生桌	主营业务收入、应交税费					5	8	5	0	0														2	3	9	8	5	0	0
	16	付	31	预借差旅费	其他应收款														2	0	0	0	0	0				2	1	9	8	5	0	0
				本日合计						5	8	5	0	0					2	0	0	0	0	0				2	1	9	8	5	0	0
	30			本月合计																														

表3－4　　库存现金日记账（多栏式）

年		凭证编号	摘要	贷方科目				借方科目				余额
月	日						收入合计				支出合计	

表3－5　　库存现金收入日记账

年		凭证编号	摘要	贷方科目					支出合计	结余
月	日			银行存款	其他应付款	主营业务收入	…	收入合计		

表 3－6　　库存现金支出日记账

年		凭证编号	摘要	借方科目					支出合计
月	日			银行存款	其他应收款	管理费用	销售费用	…	

2）银行存款日记账

银行存款日记账是用来逐日逐笔记录和反映小微企业银行存款的增减变化以及结余情况的特种日记账。一般情况下，银行存款日记账应按各种存款分别设置，并采用订本式账簿。银行存款日记账的结构与库存现金日记账的结构基本相同，账页格式主要有三栏式和多栏式，具体如表 3－7 和表 3－8 所示。另外，同库存现金日记账一样，银行存款日记账也可以根据需要分设银行存款收入日记账和银行存款支出日记账两本账。

表 3－7　　银行存款日记账（三栏式）

开户行名称：工商银行　　银行账号：

2012 年		凭证编号		摘要	结算凭证		借方	√	贷方	√	余额
月	日	类别	号数		类别	号数	百十万千百十元角分		百十万千百十元角分		百十万千百十元角分
6	1			月初金额							12376800
	8	付	1	返存现金			100000				12476800
				…							
	15										15740000
	16	付	3	支付手续费					5000		
	16	付	4	办理银行本票					3000000		
	16	收	1	收回多余款			75000				12810000
				…							
	24										12000000
	25	收	4	将银行汇票进账			800000				
	25	付	6	退还多收款项					98000		12702000
	30			本月合计			975000		3103000		12702000

表3-8　银行存款日记账(多栏式)

年		凭证编号	摘要	收入(贷方科目)				支出(借方科目)				余额
月	日						收入合计				支出合计	

3.4.2 日记账登记的工作流程

库存现金日记账和银行存款日记账由出纳人员根据审核无误的记账凭证,按照经济业务的时间顺序逐日逐笔进行登记。日记账的“借方”栏一般根据收入业务进行登记,“贷方”栏一般根据支出业务进行登记,具体登记流程如下:

1)审核记账凭证

审核与库存现金或银行存款收付有关的记账凭证,审核无误后,在其所附的原始凭证上加盖“收讫”或“付讫”章,出纳人员在记账凭证下方指定位置签章。

2)根据审核后的记账凭证,登记库存现金日记账或银行存款日记账

(1)“日期”栏:登记现金或银行存款的收付日期;

(2)“凭证编号”栏:登记记账凭证的编号;

(3)“摘要”栏:简要说明收付款业务内容(与记账凭证一致);

(4)“对应科目”栏:登记收入的来源科目或支出的用途科目;

(5)“借方”与“贷方”栏:登记现金或银行存款实际收付金额;

(6)“余额”栏:登记现金或银行存款结余金额。

3)结出当日余额

收付款项逐笔登记后,分别计算借方和贷方合计数,结出当日账面余额。

4)月末结账

(1)在本月最后一笔业务下方通栏划一条红线,以示结账,如表3-9所示;

(2)在本月合计及期末余额下方再通栏划一条红线,代表月结,如表3-9所示;

(3)月末,与库存现金、银行存款总账进行核对。

表 3－9　　　　　　银行存款日记账

2012 年		凭证编号		摘要	结算凭证		借方（百十亿千百十万千百十元角分）	√	贷方（百十亿千百十万千百十元角分）	√	借或贷	余额（百十亿千百十万千百十元角分）
月	日	类别	号数		类别	号数						
12	1			期初余额							借	24600000
12	1	银付	1	购料款	转支	2103			50000000	√		
					以下	省略			8500000	√	借	187500000
12	3	银付	2	支付运杂费					1600000	√	借	185900000
12	10	银付	3	提取现金发工资					58000000			
		银付	4	支付外包费					500000			
		银付	5	支付水电费					2574000	√	借	124826000
12	11	银付	6	支付广告费					1500000	√	借	123326000
12	12	银收	1	销售产品甲			88940000					
							15119800			√	借	227385800
12	13	银收	2	销售产品乙			100128000					
							17021760			√	借	344535560
12	18	银收	3	取得借款			100000000					
12	18	银付	7	用借款购设备					100000000	√	借	344535560
12	26	银收	4	接受投资			400000000			√	借	384535560
12	31	银付	8	支付印花税等					800000	√	借	383735560
12	31			本月合计			2712095600		133474000	√	借	383735560

需要特别说明的是，对库存现金，出纳人员每日应通过盘点，确认库存现金的实有数，并与账面余额相互核对；对银行存款则应定期从银行索取银行对账单，指定专人与银行存款日记账进行核对。通过盘点和核对工作，借以检查每日库存现金和银行存款收支和结存情况，加强现金内部控制和监督，确保货币资金的安全与完整。

3.5 明细账的选择、开设及登记工作流程

3.5.1 明细账的选择

明细账根据总分类科目所属的明细科目来设置，分类登记某一经济业务，提供详细资料，原则上每一个子目设立一个明细账户，但可根据实际情况增设或删减。因此，在建账时至少应考虑以下几方面的问题：

1）明细账的名称

明细账的名称应根据《小企业会计准则》附件“会计科目表”来设置。一般而言，在“会计科目表”中，有些明细科目有明确规定，有些只规定了设置的方法和原则。对于有明确规定的，在建账时应按照规定设置明细账的名称；对于没有明确规定的，建账时应按照规定的设置方法和原则进行设置。

2）明细账的格式

明细账的格式主要有三栏式、数量金额式和多栏式，同大中型企业一样，小微企业也应根据财产物资管理的需要进行选择。

3）明细账的外表形式

明细账核算内容具有灵活性和不固定性，因此明细账应采用活页账，便于账页的重新排列和记账人员的分工；但是活页账的账页容易散失和被随意抽换，因此使用时应顺序编号并装订成册，注意妥善保管。

3.5.2 明细账的开设

明细账的全称是明细分类账，它是按照二级科目或明细科目设置，用以分类、连续记录和反映某一类经济业务的详细核算资料的分类账。各小微企业在设置总分类账的同时，还应根据本单位各项资产、负债、所有者权益、收入、费用和利润的具体情况设置明细账。

1）确定明细账的开设方法

（1）按核算内容的类别和名称开设。如其他货币资金、短期借款、无形资产、原材料、周转材料、库存商品、固定资产等下设的明细科目可以按其类别或名称来开设明细账。

（2）按核算内容的对象或项目名称开设。如债权债务类、生产成本、在建工程、期间费用类等按对象或项目来开设明细账。

（3）按业务部门和业务种类开设。如制造费用、备用金等按业务门部开设，损益类则按业务种类来开设明细账。

（4）综合开设。在实际工作中，出于小微企业管理需要的考虑，明细账的开设往往是结合上述多种标志来进行的，如“原材料”账户下设的明细账，可以按“类别—名

称一仓库”等进行设置，固定资产可以按“类别—名称—使用部门”开设明细账。

2）选择明细账的账页格式

明细账一般采用活页账，但也可根据具体情况采用卡片账，如固定资产明细账。根据小微企业业务特点，明细账的账页格式一般有三栏式、多栏式和数量金额式三种。

（1）三栏式明细账。三栏式明细账的基本格式是设“借方”、“贷方”和“余额”三个栏目，主要针对“应收账款”、“应付账款”、“其他应收款”、“其他应付款”等债权债务类账户，以及“实收资本”、“资本公积”等资本类账户。三栏式明细账适用于只需进行价值核算，不需进行实物数量核算的业务。具体格式如表3－10所示。

表3－10　　三栏式明细账

年		凭证编号	摘要	借方	贷方	借或贷	余额
月	日						

（2）多栏式明细账。多栏式明细账的格式是在“借方”、“贷方”栏目下，根据会计科目所反映的经济业务特点和提供资料的要求，按照明细科目或明细项目分设若干专栏，以反映经济业务的详细情况。多栏式明细账主要适用于收入、费用、利润等账户。具体格式如表3－11、表3－12、表3－13所示。

表3－11　　主营业务收入明细账（贷方多栏式明细账）

年		凭证编号	摘要	借方	贷方（收入项目）				借或贷	余额
月	日				商品销售收入	劳务收入	…	合计		

表 3 – 12　　生产成本明细账(借方多栏式明细账)

产品品种或类别:

年		凭证编号	摘要	借方(成本项目)				余额
月	日			直接材料	直接人工	制造费用	合计	

表 3 – 13　　本年利润明细账(借贷多栏式明细账)

年		凭证编号	摘要	借方(项目)			贷方(项目)			借或贷	余额
月	日			主营业务收入	…	合计	主营业务成本	…	合计		

(3)数量金额式明细账。数量金额式明细账的账页,在“借方”、“贷方”和“余额”(“结存”)三大栏内,再分设“数量”、“单价”、“金额”三小栏。具体格式如表3 – 14 所示。

表 3 – 14　　材料明细账(数量金额式明细账)

计量单位:千克

品名:甲材料　　规格:　　存放地点:一号库

2012 年		凭证编号	摘要	收入			发出			结存		
月	日			数量	单价	金额	数量	单价	金额	数量	单价	金额
10	1		月初结存							100	10	1 000

3.5.3 明细账的登记工作流程

1)三栏式明细账的登记

三栏式明细账适用于只进行金额核算的明细账户,一般根据记账凭证逐笔登记。三栏式明细账的账页中一般设有“日期”、“凭证编号”、“摘要”、“借方”、“贷方”和“余额”栏,登记时根据记账凭证依次填入各栏目内容,并结记余额。

2)多栏式明细账的登记

多栏式明细账可分为借方多栏式明细账、贷方多栏式明细账及借贷多栏式明细账三种。对于借方多栏式明细账，由于只在借方设置多栏，平时在借方登记成本、费用的发生额，贷方登记期末将借方发生额一次转出的数额，因此如果平时发生贷方发生额（即需要冲减有关费用的事项），应该用红字在“借方”栏中登记；对于贷方多栏式明细账，由于只在贷方设置多栏，平时在贷方登记收入类项目的发生额，借方登记的是退货金额和期末将贷方发生额一次转出的数额，因此同借方多栏式明细账的登记方法类似，如果平时发生借方发生额，应该用红字在“贷方”栏中登记。

3）数量金额式明细账的登记

数量金额式明细账用于既要进行金额核算又要进行数量核算的各项财产物资的明细分类账，如原材料、库存商品的明细分类账。数量金额式明细账一般采用简化的账簿登记流程，根据原材料、库存商品等存货的收入、发出原始凭证直接逐笔填列。现以 A 材料明细账（如表 3－15 所示）为例，说明记账凭证账务处理程序下明细账的登记方法（与原材料明细账相比，其他明细账的格式不同，但登记的程序一致，即对于需要进行数量和金额核算的账户选用数量金额式明细账，其他用三栏式明细账或多栏式明细账即可）。

表 3－15　　A 材料明细账

2012年		记账凭证		摘要	借方												√	贷方												√	借或贷	余额											
月	日	类别	号数		单价	数量	亿	千	百	十	万	千	百	十	元	角	分		单价	数量	亿	千	百	十	万	千	百	十	元	角	分			单价	数量	亿	千	百	十	万	千	百	十	元	角	分
12	1			月初结存																													借	25.15	20 000				5	0	3	0	0	0	0	0
12	1	银付	1	材料入库	25	20 000				5	0	0	0	0	0	0	0															√	借		40 000			1	0	0	3	0	0	0	0	0
12	3	转	1	材料入库		40 000			1	0	0	0	0	0	0	0	0																													
		银付	2	支付运杂费	25.23							9	0	0	0	0	0															√	借		80 000			2	0	1	2	0	0	0	0	0
12	30	转	6	生产领用															25.15	51 000			1	2	8	2	6	5	0	0	0	√	借	25.15	29 000				7	2	9	3	5	0	0	0
12	31			本月合计	—	60 000			1	5	0	9	0	0	0	0	0		25.15	51 000			1	2	8	2	6	5	0	0	0	√	借	25.15	29 000				7	2	9	3	5	0	0	0

3.6 总分类账的选择及登记工作流程

3.6.1 总分类账的选择

1）总分类账选择的要求

一般而言，小微企业应根据其经济业务内容，参照《小企业会计准则》中的“会计科目表”,选择总分类账的账户名称,并按每一会计科目依次设立相应账户,在各账户之间按会计核算程序所规定的登账方法预留空白页和选择总账格式。按财政部《会计基础工作规范》的规定,总分类账的格式主要有三栏式、多栏式(日记总账)、棋盘式和汇总式总账等。从外表形式上,总分类账一般应采用订本式账簿。实行会计电算化的单位,用计算机打印的总分类账必须连续编号,经审核无误后装订成册,并由记账人员、会计机构负责人、会计主管人员签字或盖章,以防失散。但汇总式总账可以是活页式。在实际中,小微企业选择的总分类账,必须考虑到:一是对记账凭证中指明的经济业务进行概括反映,保证会计记录的正确性和完整性;二是提供总括会计信息以满足管理需要,对明细账起控制作用,并能为编制会计报表提供基本数据;三是总分类账账页格式的设计与账务处理程序相适应,考虑人员分工。

2)总分类账的外表形式与账页格式

在外表形式上,总分类账应采用订本式账簿;就其账页格式,结合小微企业业务特性,一般选择三栏式,并采取一张账页上开设一个账户的分户式方式,基本格式为设“借方”、“贷方”、“余额”三个栏,具体格式如表3-16所示。由于订本式账簿的页次是固定的,不能随意增添账页,也不能任意撕掉账页,因而在启用时应根据每一个会计科目发生业务的多少适当估计预留账页数。

表3-16　　应收账款总账(三栏式)

年		凭证编号	摘要	借方	贷方	借或贷	余额
月	日						

3.6.2 总分类账的登记工作流程

总分类账可直接根据审核后正确无误的记账凭证逐日逐笔登记,也可根据记账凭证采用一定的方法汇总后进行汇总登记(如科目汇总表),其登记方法取决于单位采用的会计核算形式。由于小微企业业务简单,因此可采用逐日逐笔登记方法,也可采用科目汇总表的方式进行登记。无论选择何种登记方式,月终都要在全部业务登记完毕后,结出各账户的本期发生额和期末余额。

1)记账凭证会计核算形式下的总分类账登记

记账凭证会计核算形式是指根据原始凭证编制记账凭证,再根据记账凭证直接登记总分类账的会计核算形式,具体步骤如图 3 - 9 所示。现以表 3 - 17 应收账款总账和表 3 - 18 原材料总账为例,说明记账凭证会计核算形式下总分类账的登记程序。

(1)根据原始凭证编制记账凭证。

(2)会计主管或总账会计根据审核无误后的记账凭证登记总账(在记账凭证下方指定位置签章)。

(3)将总分类账与日记账核对、总账与所属明细账核对。

①总账资产类科目各账户的余额与负债、所有者权益类科目各账户的余额合计数是否相符。

Σ总账资产类账户余额 = Σ总账负债、所有者权益类账户余额

Σ总账各账户借方发生额(或贷方发生额) = Σ总账各账户贷方发生额(或借方发生额)

②总分类账户与其所属明细账户各项目之和是否相符。

总分类账户与其所属各个明细账户之间的期初、期末余额是否相等。

总分类账户与其所属各个明细账户之间本期发生额的合计数是否相等。

③会计部门的总账、明细账与有关职能部门的账、卡之间是否相符。

会计部门的有关财产物资的明细账的余额同财产物资保管部门和使用部门经管的明细记录的余额定期核对。

各种债权、债务明细账的余额经常或定期同有关的债务人、债权人核对。

库存现金日记账、银行存款日记账余额同总账有关账户的余额定期核对。

已缴国库税费以及其他预算缴款同征收机关按照规定的时间核对。

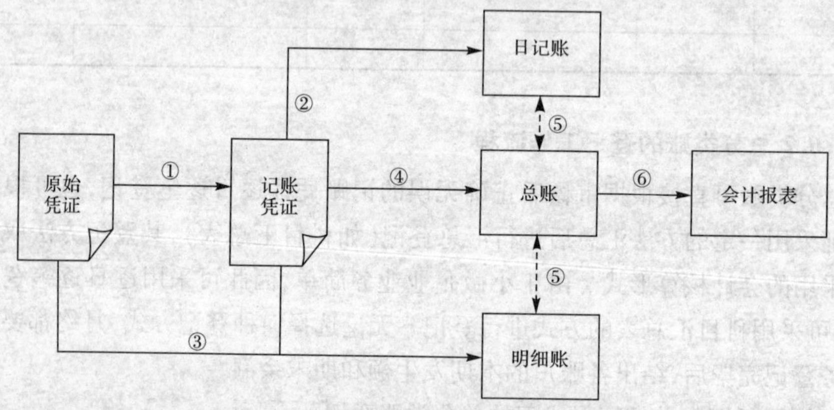

图 3 - 9　记账凭证会计核算形式流程图

表 3－17　　　　记账凭证会计核算形式下总账登记示例 1

总第 4 页
户名或编号：1122

科目名称　应收账款

2012 年		记账凭证		摘要	借方	√	贷方	√	借或贷	余额
月	日	类别	号数		百十亿千百十万千百十元角分		百十亿千百十万千百十元角分			百十亿千百十万千百十元角分
12	1			期初金额					借	2000000
12	15	转	4	甲、乙产品销售	121010760	√			借	123010760

表 3－18　　　　记账凭证会计核算形式下总账登记示例 2

总第 5 页
户名或编号：1403

科目名称　原材料

2012 年		记账凭证		摘要	借方	√	贷方	√	借或贷	余额
月	日	类别	号数		百十亿千百十万千百十元角分		百十亿千百十万千百十元角分			百十亿千百十万千百十元角分
12	1			月初余额					借	130860000
12	1	银付	1	材料入库	50000000	√			借	180860000
	3	转	1	材料入库	110000000	√				
	3	银付	2	交付运杂费	1600000	√			借	292460000
	10	转	6	生产领用			219902000	√	借	72558000
	31			本月合计	161600000		219902000		借	72558000

2）科目汇总表会计核算形式下的总分类账登记

为了减少登记总分类账的工作量，在实际中也可选择科目汇总表会计核算形式。科目汇总表会计核算形式是指对发生的经济业务，首先根据原始凭证或原始凭证汇总表编制记账凭证，然后根据记账凭证定期编制科目汇总表，并据此登记总

分类账的一种会计核算形式,具体步骤如图3－10所示。总分账登记的主要工作过程为:

(1)制单会计根据原始凭证或原始凭证汇总表编制记账凭证;

(2)会计人员根据审核后的记账凭证定期编制科目汇总表,具体格式如表3－19和表3－20所示;

(3)会计主管或总账会计根据审核后的科目汇总表(表3－19)登记总分类账户(以原材料总账为例),具体如表3－21所示(注意观察表3－21与表3－18的区别);

(4)按照对账的要求,定期将总账与日记账、明细分类账相核对(与记账凭证会计核算形式下相同)。

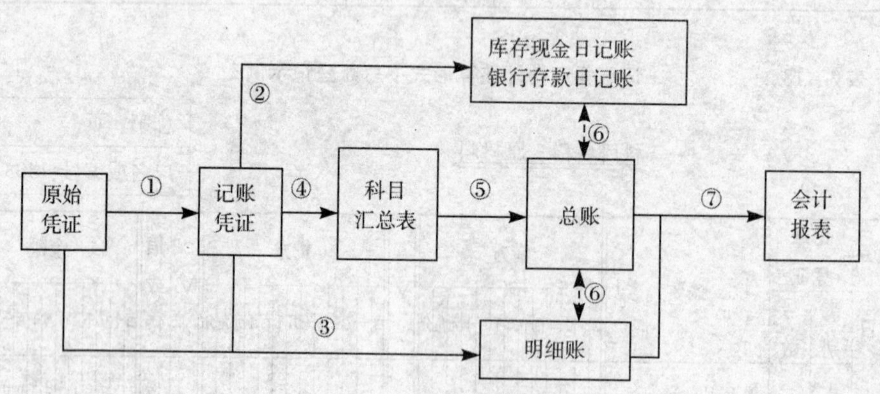

图3－10　科目汇总表会计核算形式流程图

【小贴士】

科目汇总表的编制

1. 编制方法:第一步,根据一定时期内的全部记账凭证,采用T型账户方式汇总每一个会计科目相应期间的借方发生额和贷方发生额;第二步,将发生额填入科目汇总表的相应栏目("本期发生额"栏)内;第三步,将所有科目的借方发生额合计数与所有科目的贷方发生额合计数进行核对,以起到试算平衡的作用。

2. 编制时间:根据业务的多少,小微企业可每月汇总编制科目汇总表一次,也可分5天、10天、半个月等定期汇总编制科目汇总表。

3. 编制要求:完成上述第三步后,核对相符,说明记账凭证和科目汇总表的编制基本正确,可作为登记总分类账户的依据。

表 3－19　　　　按月汇总的科目汇总表

会计科目	总账页	本期发生额		记账凭证起止号
		借方	贷方	
应收账款		1 210 107.60		
原材料	5	1 616 000.00	2 199 020.00	填写汇总凭证的起止号，如转1～6号，付字1～2号
合计				

表 3－20　　　　按旬汇总的科目汇总表

会计科目	1日～10日		11日～20日		21日～31日		合计		总账页数
	借方	贷方	借方	贷方	借方	贷方	借方	贷方	
合计									

表 3－21　　　　科目汇总表核算形式下总账登记示例

总第5页

户名或编号:1403

科目名称　原材料

2012年 月	日	记账凭证 类别	号数	摘要	借方（百十亿千百十万千百十元角分）	√	贷方（百十亿千百十万千百十元角分）	√	借或贷	余额（百十亿千百十万千百十元角分）
12	1			月初余额					借	130860000
	31	科汇	1	生产发生	161600000	√	219902000	√	借	72558000
	31			本月合计	161600000		219902000		借	72558000

3.7 备查账的选择及登记工作流程

3.7.1 备查账的选择

1)备查账的概念

备查账是针对某些在日记账和分类账等主要账簿中未能记载事项进行补充登记的账簿。设置备查账可以对某些经济业务内容提供必要的详细参考资料,可以加强财产物资的管理。

2)备查账反映的主要内容

(1)所有权不属于本单位,而本单位暂时使用或代为保管、代加工、代销的资产;

(2)进行多方登记的大宗或贵重物资,如保管与使用登记卡;

(3)管理上需要而且必须予以反映的重要事项,如空白凭证、经济合同执行情况、还贷记录等的备查记录。

3)备查账的选择要求

(1)企业设置何种备查账,应根据管理的需要来决定。但是对于那些必须通过设置备账记载的事项,如应收票据、应付票据等,必须按照统一会计制度的规定设置备查账。

(2)备查账没有固定的格式,与其他账簿之间也不存在严密的钩稽关系,其格式可由企业根据内部管理的需要自行确定。

(3)为使用方便,备查账一般采用活页式账簿。与明细账一样,为保证账簿的安全、完整,使用时应顺序编号并装订成册,注意妥善保管,以防账页丢失。

3.7.2 备查账的登记工作流程

1)应收票据备查登记簿的登记

企业设置应收票据备查登记簿,如表3-22所示,应逐笔登记每一张应收票据的种类、号码、出票日期、出票人、票面金额、到期日期、利率、付款人、承兑人、背书人、贴现日期、贴现率、贴现额、收回日期、收回金额等。在"备注"栏内可填写交易合同及合同号码;当应收票据到期结清时,应逐笔注销。

表3-22　　应收票据备查登记簿

种类	号码	出票日期	出票人	票面金额	到期日期	利率	付款人	承兑人	背书人	贴现			收回		注销	备注
										日期	贴现率	贴现额	日期	金额		

2）租入固定资产备查登记簿的登记

企业设置租入固定资产备查登记簿，如表 3－23 所示，应逐项登记租入固定资产的名称、规格、租赁合同号、租出单位名称、租入日期、租期、租金、使用单位或部门，以及是否承担日常维修等事项。当租入固定资产租期期满后，应逐项注销。

表 3－23　　租入固定资产备查登记簿

资产名称	规格	合同号	租出单位	租入日期	租期	租金	使用地点	备注

3）受托加工材料备查登记簿的登记

企业接受其他企业委托加工的材料，应设置受托加工材料备查登记簿进行备查登记，如表 3－24 所示。在备查登记簿内登记受托加工材料的名称、规格、委托加工合同号、委托单位、接收数量、加工后的成品名称、加工过程中的消耗定额、预计成品量、接收日、加工日、完工日、完工量、交付日期、加工费用等。

表 3－24　　受托加工材料备查登记簿　　计量单位：

材料名称	规格	合同号	委托单位	接收数量	成品名称	消耗定额	预计成品量
接收日	加工日	完工日	完工量	交付日期	加工费用		备注

4）应付票据备查登记簿的登记

同应收票据一样，在业务往来中，以商业汇票结算方式办理款项支付时，会出现未到期商业承兑汇票或银行承兑汇票，为此，企业应设置应付票据备查登记簿进行备查，如表 3－25 所示。当业务发生时，应逐笔登记商业汇票的种类、号数、出票日期、到期日、票面金额以及交易合同号等事项，当款项支付后应逐笔注销。

表 3－25　　应付票据备查登记簿

种类	号数	出票日期	到期日	票面金额	交易合同号

第4章 结账和对账

4.1 结账

4.1.1 认知结账

1)结账的概念

结账是一项将账簿记录定期结算清楚的账务工作,即定期结算出各账户发生额合计和余额,并将余额结转下期或转入新账簿内。从广义上讲,结账通常包括两个方面的工作:一是结清各资产、负债和所有者权益账户,分别结出本期发生额合计和余额;二是结清各损益类账户,并据以计算确定本期利润。按结账工作的会计期间,结账包括月结、季结和年结三种。结账既为企业管理者提供每个会计期间的经济活动情况及其结果,又为会计人员编制会计报表及时提供资料。

2)结账前的工作

(1)检查本期发生的全部经济业务是否都已编制会计凭证,据以记入有关账簿,并保证其正确性。对于已经发生的各种收入、费用、债权、债务以及财产清查的盘盈、盘亏等,都应在结账前全部登记入账。

(2)检查本期所有的转账业务是否都已编制结转分录,并已调整账簿的记录。例如,共同性制造费用应按一定标准分配结转记入“生产成本”账户;完工入库产品的实际生产成本,应结转记入“库存商品”账户;将应计入本期的成本、费用,按权责发生制原则记入相应的账户中;采用账结法结转利润的,期末,应将各损益类账户的余额转入“本年利润”账户,结平所有损益类账户。

4.1.2 结账操作指南

1)结账的具体工作

做好上述准备工作和核对工作以后,就可以办理结账,结出库存现金日记账、银行存款日记账、总分类账和明细分类账各账户的本期发生额及期末余额。具体结账方法如下:

(1)需要结出当月发生额的,应当在“摘要”栏内注明“本月合计”字样,并在下面通栏划单红线。

(2)需要结出当季发生额的,应当在“摘要”栏内注明“本季合计”字样,并在下面通栏划单红线。

(3)需要结出本年累计发生额的,每月结账时,应在"本月合计"行下结出自年初起至本月末止的累计发生额,在"摘要"栏内注明"本年累计"字样,并在下面通栏划单红线。12 月末的"本年累计"就是全年累计发生额,全年累计发生额下通栏划双红线。

(4)年度终了结账时,所有总账账户都应当结出全年发生额和年末余额。有余额的账户,要将其余额结转下一会计年度,并在"摘要"栏内注明"结转下年"字样;在下一会计年度新建有关会计账户的第一行"余额"栏内填写上年结转的余额,并在"摘要"栏内注明"上年结转"字样。

2)结账实务

以原材料总账全年的账户资料为例说明结账的工作实务,具体如表 4 - 1 所示。

表 4 - 1　原材料总账结账示例

2012 年		凭证	摘要	借方	贷方	借或贷	余额
月	日						
1	1		上年结转			借	20 000
	8		购入	20 000		借	40 000
	19	(略)	领用		30 000	借	10 000
	26		购入	10 000		借	20 000
	31		本月合计	30 000	30 000	借	20 000
2	⋮	(略)	⋮			⋮	
	29		本月合计	20 000	25 000	借	15 000
3	⋮	(略)	⋮	⋮	⋮	⋮	
	31		本月合计	40 000	35 000	借	20 000
3	31	(略)	本季合计	90 000	90 000	借	20 000
⋮	⋮		⋮	⋮	⋮	⋮	⋮
12	31	(略)	本月合计	25 000	20 000	借	15 000
	31		本季合计	100 000	95 000	借	15 000
	31		本年累计	390 000	395 000	借	15 000
	31		结转下年			借	15 000

4.2 对账

4.2.1 对账工作

1)对账的内容

对账就是核对账目,是指在会计核算中,为保证账簿记录正确可靠,对账簿中的有关数据进行检查和核对的工作。应当定期将会计账簿记录的有关数字与库存实物、货币资金、有价证券往来单位或个人等进行相互核对,保证账证相符、账账相符、账实相符。为了保证账簿所记录和反映会计资料的真实性和可靠性,对账工作每年至少进行一次。对账工作的主要内容包括账证核对、账账核对和账实核对三个方面。

(1)账证核对。账证核对是指将总分类账、明细分类账及库存现金日记账和银行存款日记账等各种会计账簿的记录与有关的记账凭证及其原始凭证进行核对。这种核对主要在日常编制凭证和记账过程中进行,做到随时发现错误,随时查明纠正。月末如发现账证不符,应重新进行账证核对,确保账证相符。

(2)账账核对。账账核对是指将各种会计账簿之间有关的数字进行核对,本单位同其他单位的往来账项进行核对。这种核对至少每月月末进行一次,核对内容包括:

①总分类账各账户期末借方余额合计数与期末贷方余额合计数核对是否相符;

②总分类账各账户的期末余额与其所属各明细分类账的期末余额合计数核对是否相符;

③库存现金日记账、银行存款日记账的期末余额分别与总分类账库存现金账户、银行存款账户的期末余额核对是否相符;

④会计部门各种财产物资明细分类账期末余额与财产、物资保管和使用部门的有关财产物资明细分类账期末余额核对是否相符。

(3)账实核对。账实核对是指会计账簿记录与财产物资实有数额核对是否相符。在实务工作中,它一般是通过财产清查进行的。账实核对的具体内容包括:

①库存现金日记账账面余额与库存现金实际数额相核对;

②银行存款日记账账面发生额和期末余额定期与银行对账单相核对;

③各种财产物资明细分类账账面余额与财产物资实存数额相核对;

④各种债权、债务明细账账面余额与有关债务、债权单位或个人的账面记录相核对。

以下以应付账款为例，说明对账规则、对账单的保管及再次对账要求。

2）应付账款的对账规则

（1）对账前，审核对账手续是否经过审批。会计部门的会计人员应对供货商提供的对账资料进行初步审核，不满足条件的对账资料应要求供货商补充完善。

（2）对账中，审核是否存在以下事项：只提供余额，无明细账目的对账资料；直接依据其销售部门往来资料而非会计部门账目提供对账资料；对账资料上未加盖供货商公章（或财务专用章），或者未提供加盖公章的介绍信。如果存在上述事项，则应拒绝对账。以下情况，均应积极予以配合：供货商提供最后一次对账以来的全部账目资料；以前从未进行过对账的，提供自双方有业务往来以后的所有账目资料；供货商提供的是财务部门账目而非销售部门账目的。在对账中，发现下列情形时应采取相应措施：

①供货商账目资料并不齐全，很可能缺失以前年度的账目资料，如果双方有继续合作的意向和可能，应出具"有保留意见"的对账单，即在对账单上标注"由于供货商提供账目不全的原因，只就某年某月以来的账目资料进行对账，以前年度的账目并未核对，暂时以某余额为准出具对账单，以及企业保留根据证据进一步调整账目的权利"等文字性说明。

②供货商账目不全且双方余额不符，当供货商要求暂时以双方较小的余额为准出具对账单时，如果采购企业的余额较小，不要调整应付账款账面余额；如果供货商的余额较小，采购企业应调低应付账款账面余额，凭对账单确认（债务重组）收益，且由供货商在对账单上签字并同时加盖公章。

③对于发票丢失又无法确认是采购企业责任的，采购企业不能在对账单上确认该项债务，应要求供货商调减该债权。

（3）对账后，及时调整账目。对于对账中发现的问题，应及时处理，即对形成的未达账项不得在对账单上长期挂账，一是因为长期挂账可能造成不知道如何进行账务处理，二是因为不调整账目会影响企业应付账款的真实余额。在调整账目时，应以供货商提供的复印件为依据。在处理时应灵活把握，一般而言，对于金额较小的未达账项，凭对账单和企业自制说明作为记账凭证的依据进行账务处理。另外，如果是需要供货商调账的，企业应督促、协助供货商及时调账，以免影响债务的真实余额。

3）应付账款对账单的保管

对账单是重要的会计资料，因此，每年根据对账次序将对账单装订成册。供应商提供的对账资料作为对账单的附件与对账单一并装订保存，且设计一张对账清单目录（包括供货商所属地区、供货商名称、对账日期等信息），注明对账单所属年度、装订会计姓名。装订成册的对账单应按照会计档案的保管规定进行管理。当应付账款会计岗位发生变动时,要做好对账单的移交工作,在会计岗位移交清单上应特别注明。

4)应付账款再次对账要求

当供货商下次对账时,要求供货商下次对账时携带本次的对账单或其复印件。

4.2.2 对账技巧与会计控制

在对账过程中,会出现账实、账账、账证之间不符的现象。对于账实不符的问题,一般借助财产清查方法,通过"待处理财产损溢"账户,并按账实不符的事实和原因进行处理即可;而对于账账不符、账证不符的问题,则需要借助于以下技巧予以辨别,寻找差错根源才能进行恰当处理:

1)认定差错的基本方法

(1)除"2"法。对账时,发现账与账之间、账与证之间的相差数为偶数时,则以其相差数除以"2",来认定差错原因是借、贷方向搞混,或是红、蓝字记反。

(2)除"9"法。在对账工过程中,发现差错数字有颠倒的迹象,则将此差错除以"9",如果能整除,即为"9"的整数倍,则判断出现的问题为两个数字颠倒,或三个数前后颠倒、数字移位等。

(3)差数法。当发现出现的差错不具有上述特征时,则根据错账的差数进行查找,以判断是否出现漏记或重记。

(4)追根法。利用上述方法后未发现差错的原因,此时用追根法,即从检查上期的结转数开始进行核对,从源头上寻找问题的所在。

(5)母子法。当发现总账与明细账不相符时,以总账借贷额为母数,以明细账借贷额为子数,如果子数之和不等于母数,则认定有错账出现。

2)寻找差错的具体方法

(1)逆查法。记账凭证是账户资料的直接源头,尤其是明细分类账一般根据记账凭证逐步登记,而总分类账为减少记账工作量,通常根据汇总记账凭证进行登记。也就是说,从源头上两者应当完全相符。但在实际操作中,由于过账时的种种原因,会出现多记、少记、重记、漏记、错记等会计错弊。因此,逆查法便成为进行账证核对时寻找差错的一种有效方法。

第一步,先用差数法或追根法等一般方法进行判断,确定产生问题的业务。

第二步,将怀疑的业务与记账凭证及其原始凭证进行核对,证实会计错弊。如核对库存现金日记账时,发现某笔业务付款金额较大,而且摘要不清,或者未作摘要,则应根据日记账中该笔业务的日期、凭证号码,寻找对应的记账凭证,并将两者进行核对,核查分析其有无不相符或业务内容不合法的问题。

第三步,通过账证核对后,对出现的会计错弊,按其原因和性质进行相应处理。

(2)关联法。总账余额与所属明细账余额之和必须相符,余额方向必须一致,所有资产总账余额与所有负债和所有者权益总账余额之和必须相符,方向必须一致。这种天然的联系,成为寻找差错的切入点。如在对账中发现"主营业务收入"账户有差错,则应将其与"库存商品"账户进行核对,当发现"库存商品"账户贷方发生额高,期末余额低时,则再与"管理费用"、"在建工程"账户进行核对,看是否有"管理费用"、"在建工程"之间的对应关系存在。如果有,找到了差错的原因,而且需要进一步判断是否存在"压低了销售利润,偷漏了应缴税款"的人为现象。除此之外,对于财产物资类账户,还应从数量、金额、日期、业务内容等方面,核对分析共同反映的经济业务是否合理、合法,是否在表面相符的情况下隐藏着营私舞弊行为。

3)对账中的控制技巧

对账是对账账、账证间书面记录是否一致,以及账面记录与实物之间是否一致的一种验证手段。根据核对内容的不同,在实施核对时,可以由两个人一同进行,也可以由一个人单独进行。从表面上看,两人进行核对时,一般是一个人念,另一个人对,核对效率高;但缺点是因看错、念错或听错而影响核对结果。一人进行核对虽避免了两人核对的缺点和不足,但对账效率低。无论采取何种方法,首先,应看对账的内容和对账的要求。其次,还应把握以下技巧:

(1)核对前,对账人员对各种账面资料的可靠性予以确认。

(2)核对时,对账人员不遗漏任何一个细节,核对的内容一定要全面,避免轻易下结论。例如,银行存款日记账与银行对账单的核对,不能只对余额,而是要逐一核对发生额;对已核对内容运用恰当的标记,识别已经核对、核对次数、有无疑问等,通常用铅笔记在被查资料数字的右边,画"√"表示核对后正确,画"×"表示错误,画"?"表示疑问,画"○"表示已经查证,画"∽"表示已核对两次或该账已核,画"∧"表示需修正后方能接受等;对核对中发现的差异、疑点等,用书面方式加以记载并作出分析,以便进一步核对或查证。

4.3 错账更正

4.3.1 错账的类型

登记账簿难免会发生一些差错,发生错账的情况多种多样,主要表现为:总分类账不平;各明细分类账的余额之和不等于总分类账有关账户的余额;银行存款账户调整后的余额与银行对账单不符等。实际工作中常见的会计记录错误有记账错误和计算错误两种。

1)记账错误

记账错误主要表现为漏记、重记、错记三种。错记表现为错记了会计科目,错记了记账方向,错记了金额,错记了摘要,过账发生错误等。

2)计算错误

计算错误主要表现为确定计量单位错误,选择计算方法错误,运用计算公式错误。

4.3.2 错账更正的方法

发生错账,影响会计信息的准确性和真实性。因此,要采用适当的方法(如顺查法、逆查法、抽查法等),查找错误,及时更正。由于记账差错的具体情况不同,更正错误的方法也不同,一般常用的更正错误的方法有划线更正法、红字更正法和补充登记法等三种。

1)划线更正法

划线更正法是指用划红线注销原有错误记录,然后在错误记录的上方写上正确记录的一种方法。更正的具体方法是,先将错误的文字或数字划上一条单红线注销,然后在红线上方的空白处用蓝字写上正确的文字或数字,并由记账人员及会计机构负责人(会计主管人员)在更正处盖章,以明确责任。划线注销时,对错误的数字一定要全部划去,不得只改个别数字,也不得使被注销的数字难以辨认,以便于审查。例如,会计人员在查账时发现记账凭证中为 34 500 元,但登记在账面上时误将其写成"43 500"。此时,在账面上应将"43 500"用红笔全数划掉,再在上面空白处用蓝笔写上正确的数字"34 500",并在更正处盖章。这种方法主要适用于在结账前发现账簿上所记的文字或数字有误,而记账凭证无误的情形。

2)红字更正法

红字更正法是指用红字冲销原有的错误记录,以更正或调整记账错误的一种方法。

(1)记账后发现记账凭证中借方科目或贷方科目错误,或方向发生错误,从而引起记账错误,用红字更正法进行更正。

【例 4-1】某小企业 2012 年 4 月 18 日领 3 000 元的材料,用于生产车间生产产品直接耗用,但会计人员将其误认为是车间一般消耗制作记账凭证(表 4-2),记账人员按其入账(表 4-3 和表 4-4)。4 月 20 日,会计人员发现记账有误,并采取正确的方法予以更正。

表 4－2　　**记账凭证**

2012 年 4 月 18 日　　记字第 15 号

摘要	借方科目		√	贷方科目		金额（千百十万千百十元角分）	
	总账科目	明细科目		总账科目	明细科目		
车间领用材料	制造费用					300000	附单据1张
				原材料		300000	
合计						¥300000	

财务主管（签章）　记账（签章）　复核（签章）　制单（签章）

表 4－3　　**科目名称　原材料**

总第　页　分第　页

户名或编号：

2012 年 月	日	记账凭证 类别	号数	摘要	对应科目	借方（百十亿千百十万千百十元角分）	√	贷方（百十亿千百十万千百十元角分）	√	借或贷	余额（百十亿千百十万千百十元角分）
4	1			月初余额						借	66624400
	18	记	15	领用材料	制造费用		√	300000		借	66324400
	20	记	18	冲销 4 月第 15 号凭证错误	制造费用			**300000**			
	20	记	19	更正 4 月第 15 号凭证错误	生产成本			300000			

注：表中加黑的数字在实际操作中应为红字，下同。

总第　页　分第　页
户名或编号：

表 4－4　　**科目名称　制造费用**

2012 年		记账凭证		摘要	对应科目	借方	√	贷方	√	借或贷	余额
月	日	类别	号数			百十亿千百十万千百十元角分		百十亿千百十万千百十元角分			百十亿千百十万千百十元角分
4	18	记	15	车间领用材料	原材料	300000	√				
	20	记	18	冲销 4 月第 15 号凭证错误	原材料	**300000**	√				

①用红字填写一张与原错误记账凭证科目、方向完全相同的记账凭证，如表 4－5 所示。在"摘要"栏注明"冲销某月第 × 号凭证错误"；

②根据上述凭证登账，如表 4－3 和表 4－4 所示；

③用蓝（黑）字填制一张正确的记账凭证，在"摘要"栏注明"更正某月第 × 号凭证错误"，如表 4－6 所示；

④根据正确凭证登账，如表 4－3 和表 4－7 所示。

表 4－5　　**记账凭证**

2012 年 4 月 20 日　　记字第 18 号

摘要	借方科目		√	贷方科目		金额	
	总账科目	明细科目		总账科目	明细科目	千百十万千百十元角分	
冲销 4 月第 15 号凭证错误	制造费用					300000	附
				原材料		300000	单据
							张
合计						¥300000	

财务主管（签章）　　记账（签章）　　复核（签章）　　制单（签章）

表 4－6

记账凭证

2012 年 4 月 20 日　　　　记字第 19 号

摘要	借方科目		√	贷方科目		金额（千百十万千百十元角分）
	总账科目	明细科目		总账科目	明细科目	
更正 4 月第 15 号凭证错误	生产成本					300000
				原材料		300000
合计						¥300000

附单据 1 张

财务主管（签章）　　记账（签章）　　复核（签章）　　制单（签章）

表 4－7

科目名称　生产成本

总第　页　分第　页

户名或编号：

2012 年		记账凭证		摘要	对应科目	借方（百十亿千百十万千百十元角分）	√	贷方（百十亿千百十万千百十元角分）	√	借或贷	余额（百十亿千百十万千百十元角分）
月	日	类别	号数								
4	1						√			借	44100000
	20	记	19	更正 4 月第 15 号凭证错误	原材料	300000	√			借	44400000
	30	记	40	入库	库存商品			36000000		借	8400000
	30	记	41	冲销 4 月第 40 号凭证多记金额	库存商品			**32400000**		借	40800000

（2）记账后发现记账凭证和账簿记录中应借、应贷会计科目正确，但所记金额大于应记金额。更正的方法是，将正确数字与错误数字之间的差额用红字填制一张记账凭证，在“摘要”栏注明“冲销某月第 × 号凭证多记金额”，并据以登记入账，

冲销多记金额。

【例 4－2】接【例 4－1】，某小企业 4 月末结转完工产品成本 36 000 元，但会计人员编制如下记账凭证（表 4－8），并登记表 4－7 和表 4－9。

表 4－8

记账凭证

2012 年 4 月 30 日　　　　记字第 40 号

摘要	借方科目		√	贷方科目		金额（千百十万千百十元角分）	
	总账科目	明细科目		总账科目	明细科目		
结转完工产品成本	库存商品					36000000	附单据 1 张
				生产成本		36000000	
合计						¥36000000	

财务主管（签章）　　记账（签章）　　复核（签章）　　制单（签章）

表 4－9

科目名称　库存商品

总第　页　分第　页

户名或编号：

2012 年		记账凭证		摘要	对应科目	借方（百十亿千百十万千百十元角分）	√	贷方（百十亿千百十万千百十元角分）	√	借或贷	余额（百十亿千百十万千百十元角分）
月	日	类别	号数								
4	1	记		上月结存						借	3000000
	15	记	26	销售	主营业务成本			2000000			1000000
	30	记	40	入库	生产成本	36000000					37000000
	30	记	41	冲销 4 月第 40 号凭证多记金额	生产成本	**32400000**					4600000

①编制记账凭证，如表 4－10 所示。

②根据表 4－10，登记生产成本账（表 4－7）和库存商品账（表 4－9）。

表 4－10

记账凭证

2012 年 4 月 30 日　　　　记字第 41 号

摘要	借方科目		√	贷方科目		金额									
	总账科目	明细科目		总账科目	明细科目	千	百	十	万	千	百	十	元	角	分
冲销 4 月第 40 号凭证多记金额	库存商品							3	2	4	0	0	0	0	0
				生产成本				3	2	4	0	0	0	0	0
合计							¥	3	2	4	0	0	0	0	0

附单据　张

财务主管（签章）　　记账（签章）　　复核（签章）　　制单（签章）

3）补充登记法

补充登记法是指用蓝字编制一张补充凭证，补足账户中少记金额的一种方法。

（1）在记账以后，如果发现记账凭证中应借、应贷科目正确，但所记金额小于应记金额时，采用补充登记法。

（2）更正方法是，按照正确数字与错误数字之间的差额用蓝字填一张记账凭证，在“摘要”栏说明“补记某月第×号凭证少记金额”，并据以补充登记入账。

【例 4－3】某企业 4 月 18 日向银行借入 50 000 元三个月期的借款，会计人员编制如下记账凭证（表 4－11），主管会计凭表 4－11 登记入账（表 4－12、表 4－13）。事后在查账时发现有错，并进行更正。

表 4－11

记账凭证

2012 年 4 月 18 日　　　　记字第 16 号

摘要	借方科目		√	贷方科目		金额									
	总账科目	明细科目		总账科目	明细科目	千	百	十	万	千	百	十	元	角	分
取得短期借款	银行存款									5	0	0	0	0	0
				短期借款						5	0	0	0	0	0
合计									¥	5	0	0	0	0	0

附单据 1 张

财务主管（签章）　　记账（签章）　　复核（签章）　　制单（签章）

总第　页　分第　页
户名或编号：

表 4－12　　　科目名称　银行存款

2012 年 月	日	记账凭证 类别	号数	摘要	对应科目	借方（百十亿千百十万千百十元角分）	√	贷方（百十亿千百十万千百十元角分）	√	借或贷	余额（百十亿千百十万千百十元角分）
4	1			期初余额						借	57896430
				…						借	60000000
4	18	记	16	取得借款	短期借款	500000				借	65000000
4	22	记	26	补记 4 月第 16 号凭证少记金额	短期借款	4500000				借	110000000

总第　页　分第　页
户名或编号：

表 4－13　　　科目名称　短期借款

2012 年 月	日	记账凭证 类别	号数	摘要	对应科目	借方（百十亿千百十万千百十元角分）	√	贷方（百十亿千百十万千百十元角分）	√	借或贷	余额（百十亿千百十万千百十元角分）
4	1			上月结存						贷	1000000
4	18	记	16	取得借款	银行存款			500000		贷	1500000
4	22	记	26	补记 4 月第 16 号凭证少记金额	银行存款			4500000		贷	6000000

①编制记账凭证，如表 4－14 所示；

②登记银行存款总账（表 4－12）和短期借款总账（表 4－13）。

表 4－14

记账凭证

2012 年 4 月 22 日　　　　记字第 26 号

摘要	借方科目			贷方科目		金额									
	总账科目	明细科目	√	总账科目	明细科目	千	百	十	万	千	百	十	元	角	分
补记 4 月第 16 号凭证少记金额	银行存款								4	5	0	0	0	0	0
				短期借款					4	5	0	0	0	0	0
合计								¥	4	5	0	0	0	0	0

附单据　张

财务主管（签章）　　记账（签章）　　复核（签章）　　制单（签章）

第5章　编制会计报表

5.1 认知会计报表

5.1.1 会计报表的概念及意义

1)会计报表的概念

会计报表是指小企业对外提供的反映小企业某一特定日期的财务状况和某一会计期间的经营成果、现金流量等会计信息的文件。小企业的会计报表包括资产负债表、利润表和现金流量表。

就会计报表的构成而言,会计报表由表内部分和表外附注两个部分构成,它们共同组成会计报表的整体。其中,表内部分是以统一的货币计量单位,运用表格形式,依据账簿记录及其他有关资料进行编制,总括反映小企业经济活动的书面文件;表外附注是对表内有关项目作出的解释,以及对未能在表内列示的项目的说明等。表外附注可以提高会计报表有关信息的可理解性,增强会计报表内有关信息的可比性。

其他应当在会计报表中披露的相关信息和资料是对财务状况进行分析、评价,对企业未来作出估计判断的书面文件,主要说明小企业的基本生产经营情况、利润实现和利润分配情况,以及对小企业的生产经营有重大影响的其他事项等。

2)会计报表的意义

小企业在日常会计核算中,通过一系列会计核算方法,将原始凭证提供的原始会计信息,应用记账凭证进行整理,然后再利用设置会计账簿的方法,经过登记账簿反映出小企业的财务状况和经营成果。与会计凭证相比,账簿资料所反映的信息更加条理化、系统化,但对于信息使用者而言,这些会计信息资料存在数量较多、不够集中的问题。因此,需要对账簿记录的会计信息资料通过会计报表的方式加以分类、调整、汇总、概括,为投资者、债权人、政府及相关机构、企业管理人员等会计报表的使用者进行决策提供会计信息。归纳起来,编制会计报表的意义主要有:

(1)为小企业加强和改善经营管理提供重要依据。

会计报表通过一定的格式,将小企业生产经营的全貌,尤其是财务收支方面的信息,利用一定的会计核算方法加工成系统的信息资料,披露给小企业内部经营管理者。经营管理者通过会计报表,不仅可以全面、系统、总括地了解小企业生产经营活动情况、财务情况和经营成果,还可以检查、分析财务计划和有关方针政策的执行情况,及时发现经营活动中存在的问题,迅速作出决策,采取有效的措施,改善生产经营管理。会计报表可以为未来的经营计划和经营方针的制定提供准确的依据,使小企业经营计划和经营方针更为合理科学。

(2)为国家经济管理部门进行宏观调控和管理提供依据。

各小企业的会计报表经过逐级上报汇总,可以使国家经济管理部门了解各行业、各地区的经济发展情况,分析和考核国民经济总体的运行情况以及存在的问题,以便采取相应的措施,制定科学合理的经济政策,搞好综合平衡,促进国民经济的健康发展。

(3)为投资者和债权人进行决策提供依据。

筹资、投资活动是小企业财务活动的主要内容,在这些活动中,形成了各种各样的财务关系。对于债权人和投资者来说,他们一般不直接参与小企业的生产经营活动,因此,他们要进行信贷或投资等方面的决策,需要通过对小企业会计报表所提供的信息进行分析,了解其财务状况及生产经营情况,判断其偿债能力和盈利能力,为作出提供信贷或进一步投资等决策提供依据;同时,会计报表也是少数投资者了解小企业的情况,监督其生产经营管理,保护自身的合法权益的信息源泉。

(4)为财政、税务部门实施管理提供依据。

财政、税务部门可以利用小企业报送的会计报表,掌握小企业利润、税金的计算和上缴情况,以及资金的使用情况和财务管理状况,为确保税款及时足额入库和全面贯彻财经方针、政策提供依据。

5.1.2 会计报表的编制要求及编制前的工作

编制会计报表的基本目的是向信息使用者提供有关财务方面的信息资料,保证会计报表提供的信息能及时、准确、完整地反映小企业的财务状况和经营成果。因此,编制会计报表的基本要求就是便于理解、真实可靠、相关可比、全面完整和编报及时。

1)会计报表的编制要求

(1)便于理解。便于理解就是清晰明了、通俗易懂,向使用者提供可以理解与掌握的信息。这一要求建立在会计报表信息使用者具有一定阅读能力的基础之上。

(2)真实可靠。会计是一个信息管理系统,真实反映小企业的财务状况和经营成果是信息管理系统的基本要求。因此,会计报表所提供的信息必须真实可靠,便于使用者根据所提供的财务信息作出决策。

(3)相关可比。相关可比是指会计报表提供的信息应与使用者的决策需要相关并且可比,即会计报表提供的信息资料对决策者作出决策有用,并且能够让使用者了解过去、现在及未来事项的影响及其变化趋势。

(4)全面完整。会计报表只有全面反映小企业的财务状况和经营成果,提供完整的会计信息资料,才能满足各方面对财务信息资料的需要。为了保证会计报表的全面完整,小企业在编制会计报表时,应该按照规定的种类、格式和内容进行编报,不得漏编漏报,对于企业某些重要的会计事项,还应在会计报表附注中加以说明。

(5)编报及时。编报及时是指编制及时和报送及时。会计报表只有及时编制和报送,才能有利于信息需求者使用。

2)会计报表编制前的工作

(1)填制和审核原始凭证;

(2)编制记账凭证;

(3)登记账簿;

(4)进行账项调整;

(5)结账;

(6)对账,包括账证核对、账账核对和账实核对;

(7)试算平衡;

(8)编制会计报表。

5.2 资产负债表

5.2.1 资产负债表的概念及格式与结构

1)资产负债表的概念

资产负债表是指反映小企业某一特定日期财务状况的会计报表。从性质上看,资产负债表是静态报表,它是依据"资产 = 负债 + 所有者权益"的会计等式,按照一定的分类标准和排列顺序,把小企业在某一特定日期的资产、负债和所有者权益项目进行排列编制而成的。利用资产负债表,人们可以了解小企业在某一特定日期所拥有或控制的经济资源、所承担的现有债务和所有者对净资产的要求权,可以预测小企业财务状况的发展趋势,可以了解权益的构成情况等。

2)资产负债表的格式与结构

资产负债表由表头和正表构成。其中,表头部分应填写报表名称(资产负债表)、编制单位(编制报表单位的全称)、编制时间(××××年××月××日)、报表编号(会小企 01 表)和单位(如元、万元)等内容。正表部分,按《小企业会计准则》规定,我国小企业的资产负债表选择账户式结构,具体格式如表 5-2 所示,即左边列示资产项目，按其流动性从强到弱进行排列，反映全部资产的分布存在形态；右边列示负债及所有者权益项目，其中，负债按到期日的长短，由短到长进行排列，所有者权益则按其永久性程度，从永久到一般进行排列，负债及所有者权益共同反映小企业权益的内容及构成情况。另外，为披露有关项目，在编制资产负债表时，以附注的形式，对正表中需要说明的事项或正表不能披露的事项按规定加以补充。

5.2.2 资产负债表的编制方法

1）“年初数”与“期末数”的填列方法

小企业资产负债表是一种比较资产负债表，因此在设计报表时，报表中每一项目的金额分为“年初数”和“期末数”两栏。

（1）“年初数”各项目填列的一般方法。“年初数”栏内各项数字，应根据上年年末资产负债表“期末数”栏内所列数字填列。如果本年资产负债表规定的各项目的名称和内容同上年不一致，应对上年年末资产负债表各项目的名称和数字按照本年的规定进行调整，填入本年资产负债表“年初数”栏内。

（2）“期末数”各项目填列的一般方法。“期末数”栏内各项数字，一般应根据资产、负债及所有者权益类科目的期末余额填列。其具体情况如下：

①直接根据有关总账账户的期末余额填列；

②根据有关总账账户期末余额分析计算填列；

③根据有关明细账户期末余额分析计算填列；

④根据有关总账账户及相关明细账户期末余额分析计算填列；

⑤综合运用上述填列方法分析填列；

⑥根据科目余额减去其备抵项目后的净额填列；

⑦根据有关项目的金额计算填列。

2）资产负债表中各项目“期末数”的具体填列方法

（1）“货币资金”项目，反映小企业库存现金、银行存款和其他货币资金的合计数。本项目应根据“库存现金”、“银行存款”、“其他货币资金”账户的期末余额合计数填列。

（2）“短期投资”项目，反映小企业购入的能随时变现的且持有时间不准备超过1年的债券投资、股票投资、基金投资的余额。本项目应根据“短期投资”账户的期末余额填列。

（3）“应收票据”项目，反映小企业收到的未到期收款而且也未向银行贴现的商业承兑汇票和银行承兑汇票等应收票据的余额。本项目应根据“应收票据”账户的期末余额填列（已贴现和已背书的汇票不应包括在内）。

(4)“应收账款”项目，反映小企业因销售商品、提供劳务等而应向购买单位收取的各种款项。本项目应根据“应收账款”和“预收账款”账户所属各明细账户的期末借方余额合计填列。如果“应收账款”账户贷方有余额,应列入“预收账款”项目。

(5)“预付账款”项目,反映小企业预付的款项。本项目应根据“预付账款”和“应付账款”账户所属各明细账户的期末借方余额合计填列。如果“预付账款”账户贷方有余额,应列入“应付账款”项目。

属于超过1年期以上的预付账款的借方余额应当在“其他非流动资产”项目列示。

(6)“应收利息”项目，反映小企业因债券投资应收取的利息(一次还本付息的不包括在内)。本项目应根据“应收利息”账户的期末余额填列。

(7)“应收股利”项目,反映小企业应收取的现金股利和应收取的其他单位分配的利润。本项目应根据“应收股利”账户期末余额填列。

(8)“其他应收款”项目，反映小企业对其他单位和个人的应收和暂付的各种款项。本项目应根据“其他应收款”账户的期末余额填列。

(9)“存货”项目,反映小企业期末在库、在途和在加工中的各项存货的成本,包括各种原材料、商品、在产品、半成品、发出商品、包装物、低值易耗品和委托代销商品等。本项目应根据“原材料”、“在途物资(材料采购)”、“库存商品”、“周转材料”、“委托加工物资”、“生产成本”和“劳务成本”等账户的期末余额合计填列。材料采用计划成本核算以及库存商品采用计划成本或售价核算的小企业,应按加或减材料成本差异、商品进销差价后的金额填列。

(10)“其他流动资产”项目,反映小企业除以上流动资产项目外的其他流动资产(含1年内到期的非流动资产)。本项目应根据上述账户分析计算后填列。

(11)“长期债券投资”项目,反映小企业准备长期持有的债券投资的本息。本项目应根据“长期债券投资”账户期末余额填列。

(12)“长期股权投资”项目,反映小企业准备长期持有的权益性投资的成本。本项目应根据“长期股权投资”账户的期末余额填列。

(13)“固定资产原价”项目,反映小企业固定资产的原价。本项目应根据“固定资产”账户期末余额填列。

(14)“累计折旧”项目,反映小企业固定资产累计折旧。本项目应根据“累计折旧”账户期末余额填列。

(15)“固定资产账面价值”项目,反映小企业固定资产原价减去累计折旧后的余额。本项目应根据固定资产原价减去累计折旧后的余额填列。

(16)“在建工程”项目,反映小企业尚未完工或虽已完工,但尚未处理竣工决算的工程成本。本项目应根据“在建工程”账户期末余额填列。

(17)“工程物资”项目,反映小企业为在建工程准备的各种物资的成本。本项目应根据“工程物资”账户期末余额填列。

(18)“固定资产清理”项目,反映小企业因出售、毁损、报废等原因转入清理但尚未清理完毕的固定资产的账面价值,以及固定资产清理过程中所发生的清理费用和变价收入等各项金额的差额。本项目应根据“固定资产清理”账户的期末借方余额填列。如果“固定资产清理”账户期末为贷方余额,以“-”号填列。

(19)“生产性生物资产”项目,反映小企业为产出农产品、提供劳务或出租等目的而持有的生物资产的账面价值,包括经济林、薪炭林、产畜和役畜等。本项目应根据“生产性生物资产”账户期末余额减去“生产性生物资产累计折旧”账户期末余额后的金额填列。

(20)“无形资产”项目,反映小企业无形资产的账面价值。本项目应根据“无形资产”账户期末余额减去“累计摊销”账户期末余额后的余额填列。

(21)“开发支出”项目,反映小企业开发无形资产过程中发生的、尚未形成无形资产的成本支出。本项目应根据“研发支出”账户的期末余额填列。

(22)“长期待摊费用”项目,反映小企业尚未摊销的摊销期限在1年以上(不含1年)的各项费用,包括尚未摊销完毕而已提足折旧的固定资产改建支出、经营租入固定资产的改建支出、固定资产的大修理支出和其他长期待摊费用。本项目应根据“长期待摊费用”账户的期末余额填列。

(23)“其他非流动资产”项目,反映小企业除以上资产以外的非流动资产。本项目应根据有关账户的期末余额填列。

(24)“短期借款”项目,反映小企业向银行或其他金融机构借入的期限在1年内的、尚未偿还的借款本金。本项目应根据“短期借款”账户的期末余额填列。

(25)“应付票据”项目,反映小企业为了抵付货款等而开出并承兑的、尚未到期付款的应付票据,包括银行承兑汇票和商业承兑汇票。本项目应根据“应付票据”账户的期末余额填列。

(26)“应付账款”项目,反映小企业购买原材料、商品和接受劳务供应等而应付给供应单位的款项。本项目应根据“应付账款”和“预付账款”账户所属各明细账户的期末贷方余额合计填列。如果“应付账款”账户借方有余额,应列入“预付账款”项目。

(27)“预收账款”项目,反映小企业按合同规定预收的款项。本项目应根据“预收账款”和“应收账款”账户所属各明细账户的期末贷方余额合计填列。如果“预收账款”账户借方有余额,应列入“应收账款”项目。

属于超过1年期以上的预收账款的贷方余额应当在“其他非流动负债”项目

列示。

(28)“应付职工薪酬”项目,反映小企业应付未付的工资和社会保险费等职工薪酬。本项目应根据“应付职工薪酬”账户的期末贷方余额填列。如果“应付职工薪酬”账户期末为借方余额,以“ - ”号填列。

(29)“应交税费”项目,反映小企业期末未缴、多缴或未抵扣的各种税金。本项目应根据“应交税费”账户的期末贷方余额填列。如果“应交税费”账户期末为借方余额,以“ - ”号填列。

(30)“应付利息”项目,反映小企业应付未付的各种利息费用。本项目应根据“应付利息”账户的期末余额填列。

(31)“应付利润”项目,反映小企业尚未向投资者支付的利润。本项目应根据“应付利润”账户的期末余额填列。

(32)“其他应付款”项目,反映小企业除应付账款、预收账款、应付职工薪酬、应交税费、应付利息、应付利润等以外的其他各项应付和暂收的款项。本项目应根据“其他应付款”账户的期末余额填列。

(33)“其他流动负债”项目,反映小企业除以上流动负债以外的其他流动负债(含 1 年内到期的非流动负债)。本项目应根据有关账户的期末余额填列。

(34)“长期借款”项目,反映小企业借入尚未归还的 1 年以上(不含 1 年)的各种借款。本项目应根据“长期借款”账户的期末余额减去 1 年内到期部分的金额填列。

(35)“长期应付款”项目,反映小企业除长期借款以外的各种应付未付的长期应付款。本项目应根据“长期应付款”账户的期末余额填列。

(36)“递延收益”项目,反映小企业收到的、应在以后期间计入损益的政府补助。本项目应根据“递延收益”账户的期末余额分析填列。

(37)“其他非流动负债”项目,反映小企业除以上非流动负债项目以外的其他非流动负债。本项目应根据有关账户的期末余额分析填列。

(38)“实收资本(股本)”项目,反映小企业各投资者实际投入的构成注册资本的资本部分。本项目应根据“实收资本(股本)”账户的期末余额填列。

(39)“资本公积”项目,反映小企业收到投资者投入的超过其注册资本中所占份额的部分。本项目应根据“资本公积”账户的期末余额填列。

(40)“盈余公积”项目,反映小企业盈余公积的期末余额,包括外商企业的储备基金和发展基金。本项目应根据“盈余公积”账户的期末余额填列。

(41)“未分配利润”项目,反映小企业尚未分配的历年结存利润。本项目应根据“利润分配”账户的期末余额计算填列。如为未弥补的亏损,在本项目内以“ - ”号填列。

5.2.3 资产负债表编制指南

1)建业公司基本资料

建业公司2013年7月31日总账及明细分类账户余额如表5-1所示。

表5-1 账户余额表 单位:元

账户名称	期末余额	
	借方	贷方
库存现金	5 000	
银行存款	1 800 000	
其他货币资金	200 000	
应收票据	140 000	
应收账款	1 196 000	
预付账款	180 000	
其他应收款	20 000	
在途物资	300 000	
原材料	1 500 000	
周转材料	400 000	
库存商品	600 000	
长期股权投资	300 000	
长期债券投资	100 000	
固定资产	12 000 000	
累计折旧		2 000 000
在建工程	800 000	
无形资产	800 000	
短期借款		400 000
应付票据		200 000
应付账款		600 000
其他应付款		10 000
应付职工薪酬		30 000
应交税费		245 000
应付利息		15 000
长期借款		4 200 000

续表

账户名称	期末余额	
	借方	贷方
实收资本		10 000 000
资本公积		1 000 000
盈余公积		1 200 000
本年利润		
利润分配		441 000
合计	20 341 000	20 341 000

注:各账户的总分类账余额方向与其所属明细账的余额方向一致;为说明期末数的编制方法,该业务举例中的年初数省略。

2)编制流程

(1)填写资产负债表表头。

编制单位:建业公司

编制时间:2013 年 7 月 31 日(只能填某一时点)

报表编号:会小企 01 表

单位:元

(2)根据上年资产负债表的期末数,填写公司 2013 年资产负债表中资产、负债及所有者权益项目的年初数(此处省略),如表 5 - 2 所示。

(3)根据公司账户余额表及其有关账户资料,填写资产负债表期末数,如表 5 - 2 所示。

①货币资金 = 5 000 + 1 800 000 + 200 000 = 2 005 000(元)

②流动资产合计 = 2 005 000 + 140 000 + 1 196 000 + 180 000 + 20 000 + 2 800 000 = 6 341 000(元)

③固定资产账面价值 = 12 000 000 - 2 000 000 = 10 000 000(元)

④非流动资产合计 = 100 000 + 300 000 + 10 000 000 + 800 000 + 800 000 = 12 000 000(元)

⑤资产总计 = ② + ④ = 6 341 000 + 12 000 000 = 18 341 000(元)

⑥流动负债合计 = 400 000 + 200 000 + 600 000 + 30 000 + 245 000 + 15 000 + 10 000 = 1 500 000(元)

⑦非流动负债合计 = 4 200 000(元)

⑧负债合计 = ⑥ + ⑦ = 1 500 000 + 4 200 000 = 5 700 000(元)

⑨所有者权益合计 = 10 000 000 + 1 000 000 + 1 200 000 + 441 000 = 12 641 000(元)

⑩负债及所有者权益总计 = ⑧ + ⑨ = 5 700 000 + 12 641 000 = 18 341 000(元)

表 5 – 2

资产负债表

会小企 01 表

编制单位:建业公司　　2013 年 7 月 31 日　　单位:元

资产	年初数	期末数	负债和所有者权益	年初数	期末数
流动资产:			流动负债:		
货币资金		2 005 000	短期借款		400 000
短期投资			应付票据		200 000
应收票据		140 000	应付账款		600 000
应收账款		1 196 000	预收账款		
预付账款		180 000	应付职工薪酬		30 000
应收利息			应交税费		245 000
应收股利			应付利息		15 000
其他应收款		20 000	应付利润		
存货		2 800 000	其他应付款		10 000
其中:原材料		1 500 000	其他流动负债		
在途物资		300 000			
库存商品		600 000			
周转材料		400 000			
其他流动资产			流动负债合计		1 500 000
流动资产合计		6 341 000	非流动负债:		
非流动资产:			长期借款		4 200 000
长期债券投资		100 000	长期应付款		
长期股权投资		300 000	递延收益		
固定资产原价		12 000 000	其他非流动负债		
累计折旧		2 000 000	非流动负债合计		4 200 000
固定资产账面价值		10 000 000	负债合计		5 700 000

续表

资产	年初数	期末数	负债及所有者权益	年初数	期末数
在建工程		800 000			
工程物资					
固定资产清理					
生产性生物资产			所有者权益（或股东权益）：		
无形资产		800 000	实收资本（或股本）		10 000 000
开发支出			资本公积		1 000 000
长期待摊费用			盈余公积		1 200 000
其他非流动资产			未分配利润		441 000
非流动资产合计		12 000 000	所有者权益（或股东权益）合计		12 641 000
资产总计		18 341 000	负债和所有者权益（或股东权益）总计		18 341 000

5.2.4 资产负债表有关数据的分析

1）资产负债表的财务分析

（1）资产结构分析。计算流动资产、非流动资产占资产总额的比重，以及流动资产和非流动资产内部各资产的比重。其中，流动资产占资产总额的比重大小，可以说明企业的资产分布的财务风格，如果这一比重过大，说明企业选择较为保守的财务风格；相反，则说明企业选择较为激进的财务风格。当然，在具体分析时，应结合企业所处的行业及行业的特点，与行业的均值或企业的历史值进行比对。

（2）负债结构分析。计算流动负债、非流动负债占负债总额的比重，以及负债内部各负债的比重。其中，流动负债或非流动负债的比重大小，可以揭示企业负债水平，也可以判断其举债的理念及能力。一般而言，流动负债比重大，说明企业选择低成本筹资方式的同时，在财务策略上选择冒险的做法；相反，非流动负债比重大，说明企业以高成本方式筹集资金的同时，选择较为保守的做法来应付举债带来的财务压力。

（3）所有者权益结构分析。计算所有者权益占负债与所有者权益总计的百分比,以此来说明企业在经营过程中主要依赖的是权益资金还是负债资金,判断企业进一步举债的能力。

(4)流动比率分析。用流动资产/流动负债这一比率,分析企业短期偿债能力。

(5)资产负债率分析。用负债总额/资产总额这一比率,分析企业长期偿债能力。

(6)变动趋势分析。利用资产负债表期末数与年初数的对比,反映企业财务状况的变动趋势。如利用固定资产的这一变动指标,说明小企业规模的扩充度和固定资产的利用程度。

2)资产负债表的税收分析

(1)审查资产。先看资产总计,掌握小企业的资产状况;然后看资产分布和构成,尤其是固定资产和无形资产的折旧和摊销是否存在多计或少计现象。

(2)审查负债和所有者权益。应重点审查各种应付款项;对于所有者权益本年利润和利润分配账户,应分析未分配利润,关注本年利润及利润分配情况与过去的异同。

(3)长期投资额分析。一般而言,期末数减期初数小于等于零,否则,应对当期增加额进行分析,检查有无将货物进行投资而未计提增值税销项税额的现象。

(4)在建工程分析。一般而言,期末数减期初数小于等于零。如出现相反情况,应检查不动产在建工程领用原材料是否转出进项税额,领用本企业生产的产品是否计提销项税额。

5.3 利润表

5.3.1 利润表的概念及格式与结构

1)利润表的概念

利润表是反映小企业在一定会计期间经营成果的会计报表,是对小企业在一定时期内经营活动成果及某些特定活动所带来的利得或损失情况的综合反映。利润表所提供的信息资料,对于企业的管理者、投资者、债权人等报表使用者来说具有重要的作用。

利润表全面反映小企业的生产经营活动的收益及成本费用情况,因此是考核小企业管理当局工作业绩的重要依据;利润表不仅反映了企业在一定期间内利润的形成过程,还反映了利润的构成情况,因此,可以通过对不同时期利润表提供的资料进行纵向与横向比较,在分析和判断企业获利能力的基础上,预测企业利润未来的发展趋势以及企业未来的获利水平。

2)利润表的格式与结构

为反映利润的形成过程,根据“收入 - 费用 = 利润”等式,在利润表中将收入、费用、利润三大项目进行了一定的排列。但由于它们的排列和揭示方式不同,形成了不同格式的利润表。目前,我国小企业的利润表格式为多步式,即通过对当期的收入、费用、支出项目按性质加以归类,按利润形成的主要环节列示一些中间性利润指标,分步计算当期净损益。

同资产负债一样,利润表由表头和正表构成。其中,表头部分包括报表名称(利润表)、编制单位(编制报表单位的全称)、编制时间(××××年××月)、报表编号(会小企 02 表)和单位(如元、万元)。正表部分按利润的形成过程,将利润表分成四部分。为了使会计报表使用者通过比较不同时期利润的实现情况,判断企业经营成果的未来发展趋势,利润表就各项目划分为“本年累计金额”和“本月金额”两栏,具体如表 5 -4 所示。

5.3.2 利润表的编制方法

1)“本年累计金额”和“本月金额”的填列方法

(1)“本年累计金额”栏反映各项目自年初起至报告期止的累计实际发生额。

(2)“本月金额”栏反映各项目本月实际发生额。在编制年度利润表时,应将“本月金额”栏改为“上年金额”栏,填列上年全年实际发生额。如果上年度该期利润表的有关项目名称和内容与本年度利润表不一致,应对上年度利润表相应项目的名称和数字按本年度规定进行调整,填入本表的“上年金额”栏内。

2)利润表中各项目“本月金额”填列的一般方法

(1)根据相应账户的发生额分析填列。

(2)根据计算公式计算填列。“营业利润”、“利润总额”、“净利润”应计算填列,若亏损应以“ - ”号填列。

3)利润表中各项目的具体填列方法

(1)营业收入 =“主营业务收入”账户发生额 +“其他业务收入”账户发生额。

(2)营业成本 =“主营业务成本”账户发生额 +“其他业务成本”账户发生额。

(3)营业税金及附加 =“营业税金及附加”账户发生额。

(4)销售费用 =“销售费用”账户发生额。

(5)管理费用 =“管理费用”账户发生额。

(6)财务费用 =“财务费用”(收益以“ - ”号填列)账户发生额。

(7)投资收益 =“投资收益”(净损失以“ - ”号填列)账户发生额。

(8)营业利润 = 营业收入 - 营业成本 - 营业税金及附加 - 期间费用 + 投资收益净额。如为亏损以“ - ”号填列。

(9)营业外收入 =“营业外收入”账户发生额,主要包括非流动资产处置净收益、政府补助、捐赠收入、盘盈收入、汇兑收益、出租包装物和商品的租金收入、逾期未退包装押金收益、确实无法偿付的应付款项、已作坏账损失处理后又收回的应收款项、违约金收入等。

(10)营业外支出 =“营业外支出”账户发生额,主要包括存货盘亏、毁损、报废损失,非流动资产处置净损失,坏账损失,无法收回的长期债券投资损失,无法收回的长期股权投资损失,自然灾害等不可抗力因素造成的损失,税收滞纳金,罚金,被没收的财物损失,捐赠支出,赞助支出等。

(11)利润总额 = 营业利润 + 营业外收入 - 营业外支出。如果亏损以“-”号填列。

(12)所得税费用 =“所得税费用”账户发生额。

(13)净利润 = 利润总额 - 所得税费用。如为净亏损以“-”号填列。

5.3.3 利润表编制指南

1)建业公司基本资料

建业公司 2013 年 7 月损益类账户资料如表 5-3 所示。

表 5-3　　损益类账户发生额资料　　单位:元

账户名称	借方	贷方
主营业务收入		20 000 000
主营业务成本	16 000 000	
营业税金及附加	800 000	
其中:城市维护建设税	140 000	
销售费用	1 600 000	
其中:广告费	400 000	
管理费用	1 000 000	
其中:业务招待费	100 000	
财务费用	200 000	
投资收益		100 000
营业外收入		300 000
其中:政府补助		300 000
营业外支出	100 000	
其中:坏账损失	100 000	
所得税费用	231 000	

2)编制流程

(1)填写利润表表头。

编制单位:建业公司

编制时间:2013 年 7 月或 2013 年 7 月 1 日至 7 月 31 日

报表编号:会小企 02 表

单位:元

(2)根据表 5－3 有关资料编制该公司的利润表,具体如表 5－4 所示。

①营业利润＝20 000 000－16 000 000－800 000－1 600 000－1 000 000－200 000＋100 000＝500 000(元)

②利润总额＝500 000＋300 000－100 000＝700 000(元)

③净利润＝700 000－231 000＝469 000(元)

表 5－4　　利润表(多步式)　　会小企 02 表

编制单位:建业公司　　2013 年 7 月　　单位:元

项目	行次	本年累计金额	本月金额
一、营业收入		20 000 000	略
减:营业成本		16 000 000	
营业税金及附加		800 000	
其中:消费税			
营业税			
城市维护建设税		140 000	
资源税			
土地使用税			
城镇土地使用税、房产税、车船税、印花税			
销售费用		1 600 000	
其中:商品维修费			
广告费和业务宣传费		400 000	
管理费用		1 000 000	
其中:开办费			
业务招待费		100 000	

续表

项目	行次	本年累计金额	本月金额
研究费用			
财务费用		200 000	
其中:利息费用(收入以"－"号填列)			
加:投资收益(损失以"－"号填列)		100 000	
二、营业利润(亏损以"－"号填列)		500 000	
加:营业外收入		300 000	
其中:政府补助		300 000	
减:营业外支出		100 000	
其中:坏账损失		100 000	
无法收回的长期债券投资损失			
无法收回的长期股权投资损失			
自然灾害等不可抗力因素造成的损失			
税收滞纳金			
三、利润总额(亏损总额以"－"号填列)		700 000	
减:所得税费用		231 000	
四、净利润(净亏损以"－"号填列)		469 000	

5.3.4 利润表有关数据的分析

1)利润表的财务分析

(1)计算营业成本、费用等占收入的比重,与上年相比,分析企业利润变动的原因。

(2)净利润增长率,反映小企业获利能力的增强情况和长期盈利能力的趋势。

(3)销售利润率,反映小企业经营的获利能力。

(4)成本费用利润率,反映小企业投入产出情况。

(5)净资产收益率,反映小企业自有资金的收益水平。

2)利润表的税收分析

(1)审查收入。对主营业务收入,抽查或全面检查已发生的收入是否全部入账;对其他业务收入和营业外收入,查明其明细账及其所附原始凭证,判断是否属于应税收入。

(2)审查成本。审查生产成本增加是否合理,结合有关费用原始凭证,审查其是否真实,审查半成品、产成品与主营业务成本是否协调一致。

(3)审查税金。应防止税款跨年开支,注意征收期与所属期是否一致。

5.4 现金流量表

5.4.1 现金流量表的概念及格式与结构

1)现金流量表的概念

现金流量表,是指反映小企业在一定会计期间现金流入和流出情况的报表。从编制原则上看,现金流量表提供的信息,便于信息使用者了解企业净利润的质量,评价企业支付能力、偿债能力和资金周转能力,预测企业未来现金流量,为决策提供一定依据。

现金流量表是以现金为基础编制的,因此,在现金流量表中现金是指企业库存现金以及可以随时用于支付的存款,不能随时用于支付的存款不属于现金流量表中的现金,具体包括库存现金、银行存款和其他货币资金。需要特别指出的是,那部分不能随时支取的定期存款,不包括在现金流量表中。

2)现金流量表中现金流量的内容

现金流量,是指小企业一定会计期间内现金和现金等价物的流入和流出的数量。在现金流量表中,现金与现金等价物被当作一个整体,现金形式的转换(如从银行提现),不形成现金流量,同样,现金与现金等价物之间的转换(如用现金购买三个月到期的国库券),也不形成现金流量。因此,根据企业经济业务活动的性质和现金流量的来源,现金流量表在结构上将企业一定期间内产生的现金流量划分为以下三类:

(1)经营活动产生的现金流量。经营活动,是指企业投资活动和筹资活动以外的所有交易和事项。各类企业由于行业特点不同,经营活动也有一定的差异。就小企业而言,经营活动主要包括销售产成品及商品、提供劳务、购买商品、接受劳务、收到税费返还、支付职工薪酬、支付广告费用、支付各项税费等。

(2)投资活动产生的现金流量。投资活动产生的现金流量,是指小企业固定资产、无形资产、其他非流动资产的购建和短期投资、长期债券投资、长期股权投资及其处置活动产生的现金流量。投资活动产生的现金包括:收回短期投资、长期债券投资和长期股权投资收到的现金;取得投资收益收到的现金;处置固定资产、无形资产和其他非流动资产收回的现金;短期投资、长期债券投资、长期股权投资支付的现金;购建和处置固定资产、无形资产和其他非流动资产支付的现金等。

(3)筹资活动产生的现金流量。筹资活动,是指导致小企业资本及债务规模和构成发生变化的活动。筹资活动产生的现金包括:取得借款收到的现金;吸收投资者投资收到的现金;偿还借款本息支付的现金;分配利润支付的现金等。

3)现金流量表的格式与结构

小企业的现金流量表采取报告式结构,具体由表头和正表构成。其中,表头部分由报表名称(现金流量表)、编制单位(编制报表单位的全称)、编制时间(××××年度)、报表编号(会小企03表)和单位(如元、万元)构成。正表部分按现金流量的不同类别分别列示。

5.4.2 现金流量表的编制方法

1)现金流量表"本年累计金额"和"本月金额"的填列方法

(1)"本年累计金额"栏,反映各项目自年初起至报告期末止的累计实际发生额。本栏目各项目金额应根据本期现金流量表中"本月金额"加上期现金流量表中"本年累计金额"的数字填列。

(2)"本月金额"栏,反映各项目本月实际发生额;编制年度现金流量表时应变为"上年金额"栏,填列上年全年实际发生额。如果上年度现金流量表中的项目名称和内容与本年度现金流量表不一致,应对上年度现金流量表项目的名称和数字按本年度的规定进行调整,填入现金流量表的"上年金额"栏。

2)现金流量表中"本月金额"的具体填列方法

(1)经营活动产生的现金流量。

①"销售商品、提供劳务收到的现金"项目,反映小企业销售商品、提供劳务实际收到的现金(不含向购买者收取的增值税销项税额;本期销售退回支付的现金应从本项目中扣除)。本项目可以根据"库存现金"、"银行存款"、"应收账款"、"应收票据"、"预收账款"、"主营业务收入"、"其他业务收入"等账户的发生额分析填列。

②"收到的其他与经营活动有关的现金"项目,反映小企业除了上述各项目外,收到的其他与经营活动有关的现金,包括增值税销项税额,各种税收返还,政府补助,经营租赁收入,赔款,接受的捐赠,收取的押金、保证金和违约金等。本项目可以根据"库存现金"、"银行存款"、"营业外收入"等账户的发生额分析填列。

③"购买商品、接受劳务支付的现金"项目,反映小企业购买商品、接受劳务实际支付的现金(不包括增值税进项税额和支付的已资本化在存货中的借款费用;因购货退回而收到的现金应从中扣除)。本项目可以根据"库存现金"、"银行存款"、"应付账款"、"应付票据"、"主营业务成本"、"其他业务成本"等账户的发生额分析填列。

④"支付的职工薪酬"项目,反映小企业实际支付给职工的现金,以及为职工

支付的现金,包括本期实际支付给职工(包括从事在建工程和无形资产开发项目的人员)的工资、奖金、各种津贴和补贴等,以及为职工支付的其他费用。本项目可以根据“应付职工薪酬”、“库存现金”、“银行存款”等账户的本期发生额分析填列。

⑤“支付的税费”项目,反映小企业按规定支付的各种税费,包括税收滞纳金、代扣代缴的个人所得税。本项目可以根据“应交税费”、“库存现金”、“银行存款”等账户的本期发生额分析填列。

⑥“支付的其他与经营活动有关的现金”项目,反映小企业除上述各项目外,支付的其他与经营活动有关的现金(批发和零售业务在购买商品过程中发生的运输费、包装费、保险费等应计入该项目),包括商品维修费、销售过程中发生的费用、开办费、行政部门发生的费用、业务招待费、财产保险费、研究费用、技术转让费、中介费、咨询费、罚金、罚款、经营租赁费、对外捐赠、对外赞助等。本项目可以根据“库存现金”、“银行存款”、“管理费用”、“销售费用”、“营业外支出”等账户的发生额分析填列。

(2)投资活动产生的现金流量。

①“收回短期投资、长期债券投资、长期股权投资收到的现金”项目,反映小企业出售、转让或到期收回短期投资、长期股权投资而收到的现金,以及及时收回长期债券投资本金而收到的现金,不包括短期债券投资及长期债券投资收回的利息。本项目可以根据“短期投资”、“长期债券投资”、“长期股权投资”、“库存现金”、“银行存款”等账户的发生额分析填列。

②“取得投资收益收到的现金”项目,反映小企业因权益性投资和债权性投资取得的现金股利和利息收入等。本项目可以根据“库存现金”、“银行存款”、“投资收益”等账户的发生额分析填列。

③“处置固定资产、无形资产和其他非流动资产收回的现金净额”项目,反映小企业出售、报废固定资产、无形资产和其他非流动资产收到的现金,减去为处置这些资产而支付的有关费用后的净额。本项目可以根据“固定资产清理”、“库存现金”、“银行存款”等账户的发生额分析填列。

④“短期投资、长期债券投资、长期股权投资支付的现金”项目,反映小企业进行债务性和权益性投资所支付的现金(不包括实际支付价款中包含的尚未领取的现金股利或已到付息期但尚未领取的债券利息)。本项目可以根据“短期投资”、“长期债券投资”、“长期股权投资”、“库存现金”、“银行存款”等账户的发生额分析填列。

⑤“购建固定资产、无形资产和其他非流动资产支付的现金”项目,反映小企业购买、建造固定资产,取得无形资产和其他非流动资产实际支付的现金,不包括为购建固定资产而发生的借款利息资本化的部分,以及支付给在建工程和无形资

产开发项目人员的薪酬。前者在“偿还借款利息支付的现金”项目中反映,后者在“支付的职工薪酬”项目中列示。本项目可以根据“固定资产”、“在建工程”、“无形资产”、“库存现金”、“银行存款”“应付职工薪酬”、“开发支出”等账户的发生额分析填列。

(3)筹资活动产生的现金流量。

①“取得借款收到的现金”项目,反映小企业举借各种短期、长期借款收到的现金。本项目可以根据“短期借款”、“长期借款”、“库存现金”、“银行存款”等账户的发生额分析填列。

②“吸收投资收到的现金”项目,反映小企业收到投资者作为资本投入的现金。本项目可以根据“实收资本(或股本)”、“资本公积”、“库存现金”、“银行存款”等账户的发生额分析填列。

③“偿还借款本金支付的现金”项目,反映小企业偿还借款本金支付的现金。本项目可以根据“短期借款”、“长期借款”、“库存现金”、“银行存款”等账户的发生额分析填列。

④“偿还借款利息支付的现金”项目,反映小企业偿还各种借款的利息支付的现金。本项目可以根据“应付利息”、“库存现金”、“银行存款”等账户的发生额分析填列。

⑤“分配利润支付的现金”项目,反映小企业向投资者实际支付的利润。本项目可以根据“应付利润”、“银行存款”、“库存现金”等账户的发生额分析填列。

5.4.3 现金流量表编制指南

1)凯萨公司资料

(1)凯萨公司2013年度发生经济业务后,经过整理编制了下列资产负债表(表5-5)和利润表(表5-6)。其中,资产负债表中的期初数为该公司2012年报表中的年末数,利润表只反映2013年的数字。

表5-5 **资产负债表**

会小企01表

编制单位:凯萨公司　　2013年12月31日　　单位:元

资产	期末数	年初数	负债和所有者权益	期末数	年初数
流动资产:			流动负债:		
货币资金	490 200	2 005 000	短期借款	100 000	400 000
短期投资			应付票据	200 000	200 000
应收票据	140 000	140 000	应付账款	600 000	600 000
应收账款	1 560 400	1 196 000	预收账款		

续表

资产	期末数	年初数	负债和所有者权益	期末数	年初数
预付账款	180 000	180 000	应付职工薪酬	144 800	30 000
应收利息			应交税费	497 000	245 000
应收股利			应付利息	22 000	15 000
其他应收款	20 000	20 000	应付利润		
存货	2 181 800	2 800 000	其他应付款	10 000	10 000
其他流动资产			其他流动负债		
流动资产合计	4 572 400	6 341 000	流动负债合计	1 573 800	1 500 000
非流动资产:			非流动负债:		
长期股权投资	400 000	400 000	长期借款	2 720 000	4 200 000
固定资产原值	12 088 400	10 300 000	长期应付款		
减:累计折旧	460 000	300 000	递延收益		
固定资产账面价值	11 628 400	10 000 000	其他非流动负债		
在建工程		800 000	非流动负债合计	2 720 000	4 200 000
工程物资	236 000		负债合计	4 293 800	5 700 000
固定资产清理			所有者权益(或股东权益):		
长期应收款			实收资本(或股本)	10 000 000	10 000 000
生产性生物资产			资本公积	1 000 000	1 000 000
无形资产	700 000	800 000	盈余公积	1 290 300	1 200 000
开发支出			未分配利润	952 700	441 000
长期待摊费用			所有者权益(或股东权益)合计	13 243 000	12 641 000
其他非流动资产					
非流动资产合计	12 964 400	12 000 000			
资产总计	17 536 800	18 341 000	负债和所有者权益(或股东权益)总计	17 536 800	18 341 000

表 5－6

利润表

会小企 02 表

编制单位:凯萨公司　　2013 年 12 月　　单位:元

项目	本年累计金额	上年金额
一、营业收入	2 400 000	略
减:营业成本	1 360 000	
营业税金及附加	4 000	
销售费用	216 200	
管理费用	174 200	
财务费用(收益以"－"号填列)	42 000	
加:投资收益(损失以"－"号填列)	200 000	
二、营业利润(亏损以"－"号填列)	803 600	
加:营业外收入		
减:营业外支出	3 600	
其中:坏账损失	3 600	
三、利润总额(亏损总额以"－"号填列)	800 000	
减:所得税费用	198 000	
四、净利润(净亏损以"－"号填列)	602 000	

(2)其他相关资料。

①资产负债表有关项目的明细资料如下:

存货的折旧费 120 000 元。

本期购买工程物资支出 236 000 元。

本期购买固定资产支出 189 600 元。

应交税费的组成:支付进项税额 34 000 元,已交增值税 300 000 元;当期缴纳所得税 240 000 元;当期缴纳教育费附加 4 000 元。

应付职工薪酬:列入生产成本 399 000 元、制造费用 22 800 元、管理费用 34 200 元,列入在建工程 478 800 元。

应付利息本期计提 142 000 元,其中长期借款利息 100 000 元;支付利息 135 000 元,其中长期借款利息 120 000 元。

本期用现金偿还短期借款 300 000 元,偿还长期借款 1 880 000 元,借入长期借款400 000元。

存货期初数为2 800 000元,期末数为2 181 800元。

②利润表有关项目的明细资料如下:

管理费用的组成:职工薪酬34 200元,折旧40 000元,无形资产摊销100 000元。

销售费用的组成:广告费支出216 200元。

财务费用的组成:计提短期借款利息42 000元。

投资收益的组成:收到股息收入200 000元。

所得税费用的组成:当期所得税费用198 000元。

2)编制流程

(1)填写现金流量表表头。

编制单位:凯萨公司

编制时间:2013年度

报表编号:会小企03表

单位:元

(2)分析确定当年现金流量表各项目金额。

①销售商品、提供劳务收到的现金=主营业务收入+(应收账款年初数-应收账款期末数)+(应收票据年初数-应收票据期末数)-坏账损失=2 400 000+(1 196 000-1 560 400)+(140 000-140 000)-3 600=2 032 000(元)

②收到的其他与经营活动有关的现金=销项税额=2 400 000×17%=408 000(元)

③购买商品、接受劳务支付的现金=主营业务成本-(存货年初数-存货期末数)+(应付账款年初数-应付账款期末数)+(应付票据年初数-应付票据期末数)-当期列入存货成本中的职工薪酬-当期存货的折旧费=1 360 000-(2 800 000-2 181 800)+(600 000-600 000)+(200 000-200 000)-(399 000+22 800)-120 000=200 000(元)

④支付的职工薪酬=列入生产成本、制造费用、管理费用、在建工程中的职工薪酬+(应付职工薪酬年初数-应付职工薪酬期末数)=(399 000+22 800+34 200+478 800)+(30 000-144 800)=820 000(元)

⑤支付的税费=支付的进项税额+当期缴纳的所得税+支付的教育费附加+支付的增值税=34 000+240 000+4 000+300 000=578 000(元)

⑥支付的其他与经营活动有关的现金=其他管理费用+销售费用=0+216 200=216 200(元)

⑦收回短期投资、长期债券投资、长期股权投资收到的现金=短期投资、长期

债券投资、长期股权投资贷方发生额 =0(元)

⑧取得投资收益收到的现金 = 收到的股息收入 =200 000(元)

⑨处置固定资产、无形资产和其他非流动资产收回的现金净额 =0(元)

⑩短期投资、长期债券投资、长期股权投资支付的现金 =0(元)

⑪购建固定资产、无形资产和其他非流动资产支付的现金 = 用现金购买的固定资产、无形资产、工程物资 =189 600 +236 000 =425 600(元)

⑫取得借款收到的现金 =400 000(元)

⑬吸收投资收到的现金 =0(元)

⑭偿还借款本金支付的现金 =300 000 +1 880 000 =2 180 000(元)

⑮偿还借款利息支付的现金 =135 000(元)

(3)根据上述数据,编制现金流量表,如表 5 –7 所示。

表 5 –7 **现金流量表**

会小企 03 表

编制单位:凯萨公司 2013 年度 单位:元

项目	行次	本年累计金额	上年金额
一、经营活动产生的现金流量:			(略)
销售商品、提供劳务收到的现金	1	2 032 000	
收到的其他与经营活动有关的现金	2	408 000	
购买商品、接受劳务支付的现金	3	200 000	
支付的职工薪酬	4	820 000	
支付的税费	5	578 000	
支付的其他与经营活动有关的现金	6	216 200	
经营活动产生的现金流量净额	7	625 800	
二、投资活动产生的现金流量:			
收回短期投资、长期债券投资、长期股权投资收到的现金	8	0	
取得投资收益收到的现金	9	200 000	
处置固定资产、无形资产和其他非流动资产收回的现金净额	10	0	
短期投资、长期债券投资、长期股权投资支付的现金	11	0	

续表

项目	行次	本年累计金额	上年金额
购建固定资产、无形资产和其他非流动资产支付的现金	12	425 600	
投资活动产生的现金流量净额	13	-225 600	
三、筹资活动产生的现金流量:			
取得借款收到的现金	14	400 000	
吸收投资收到的现金	15	0	
偿还借款本金支付的现金	16	2 180 000	
偿还借款利息支付的现金	17	135 000	
分配利润支付的现金	18	0	
筹资活动产生的现金流量净额	19	-1 915 000	
四、现金净增加额	20	-1 514 800	
加:期初现金余额	21	2 005 000	
五、期末现金余额	22	490 200	

(3)现金流量表中有关项目间的关系说明。

行 7 = 行 1 + 行 2 - 行 3 - 行 4 - 行 5 - 行 6

行 13 = 行 8 + 行 9 + 行 10 - 行 11 - 行 12

行 19 = 行 14 + 行 15 - 行 16 - 行 17 - 行 18

行 20 = 行 7 + 行 13 + 行 19

行 21 = 资产负债表中货币资金的年初数

行 22 = 行 20 + 行 21 = 资产负债表中货币的期末数

5.4.4 现金流量表有关数据的分析

1)现金流量表分析的作用

小企业的现金流量表回答了本期现金从何而来、本期现金用向何方和现金余额发生了什么变化三个问题。因此,应从现金流量表能回答的问题出发,通过对其分析,发挥以下几方面的作用:

(1)对获取现金的能力作出评价;

(2)对偿债能力作出评价;

(3)对收益的质量作出评价;

(4)对投资活动和筹资活动作出评价。

2)现金流量表的财务分析

(1)现金流动性分析。现金流动性分析主要考查企业经营活动产生的现金流量与债务之间的关系,主要指标包括:

①现金流量与当期债务之比。现金流量与当期债务之比是指年度经营活动产生的现金流量与当期债务的比,表明现金流量对当期债务偿还的满足程度。该比率与反映企业短期偿债能力的流动比率有关。该指标数值越高,现金流入对当期债务清偿的保障越强,表明企业的流动性越好;反之,则表明企业的流动性越差。

②债务保障率。债务保障率是指年度经营活动产生的现金净流量与全部债务总额的比值,表明企业现金流量对其全部债务偿还的满足程度。该指标数值也是越高越好,它同样是债权人所关心的一种现金流量分析指标。

(2)获取现金能力分析。分析获取现金能力的指标主要有每元销售现金净流入和全部资产现金回收率。

①每元销售现金净流入。每元销售现金净流入是指现金净流入与主营业务收入的比值,它反映企业通过销售获取现金的能力。

②全部资产现金回收率。全部资产现金回收率是指营业净现金流入与全部资产的比值,反映企业运用全部资产获取现金的能力。

(3)财务弹性分析。财务弹性是指企业自身产生的现金与现金需求之间的适合程度。反映财务弹性的财务比率主要有现金流量适合比率、现金再投资比率和现金股利保障倍数。

①现金流量适合比率。现金流量适合比率是指经营活动现金净流入与资本支出、存货购置及发放现金股利的比值,它反映经营活动现金满足主要现金需求的程度。

②现金再投资比率。现金再投资比率是指经营现金净流量减去股利和利息支出后的余额,与企业总投资的比值。总投资是指固定资产总额、对外投资、其他长期资产和营运资金之和。该比率反映有多少现金留下来,并投入公司用于资产更新和企业发展。该指标主要用于行业间的比较。通常人们认为它介于7% ~11%之间,但各行业有所区别。即使同一个企业,在不同的年份也有一定的区别,高速扩张的年份低一些,稳定发展的年份高一些。

③现金股利保障倍数。现金股利保障倍数是指经营活动现金净流量与现金股利支付额之比。比值越大,说明企业支付现金股利的能力越强。利用该指标时应特别注意,不能以1年的数据说明支付现金股利的好坏,至少以5年的平均数才能

说明问题。

(4)收益质量分析。评价收益质量的财务比率是营运指数,它是经营活动现金净流入与经营所得现金的比值。营运指数反映企业营运管理的水平和收益的质量。营运指数等于1,说明经营所得现金全部实现;营运指数小于1,说明经营所得现金被营运资金占用;营运指数大于1,说明一部分营运资金被收回,返回现金状态。

(5)现金流量的结构分析和趋势分析。

①现金流入的结构分析。现金流入结构反映企业各项业务活动的现金流入(如经营活动的现金流入、投资活动的现金流入、筹资活动的现金流入等)在全部现金流入中的比重以及各项业务活动的现金流入中具体项目的构成情况,明确企业的现金究竟来自何方,要增加现金流入主要应在哪些方面采取措施等。

②现金支出的结构分析。现金支出结构是指企业的各项现金支出占企业当期全部现金支出的百分比。它具体地反映企业的现金用于哪些方面。

③现金流量的趋势分析。现金流量的趋势分析通常是采用编制历年会计报表的方法,即将连续多年的报表,至少是最近二三年,甚至五年、十年的会计报表并列在一起加以分析,以观察变化趋势。观察连续数期的会计报表,比单看一个报告期的会计报表,能了解到更多的信息和情况,并有利于分析变化的趋势。

(6)现金流量分析与资产负债表、利润表分析的结合。这部分内容需要与前面各部分分析结合起来,重点是要通过各类财务指标间的联系,从总体上判断企业的财务状况、经营成果以及现金流动状况,从总体上把握小企业的情况。

5.5 附注

5.5.1 小企业会计报表附注的作用与形式

1)小企业会计报表附注的作用

附注是对会计报表的说明,也是会计报表的重要组成部分。很多情况下,只有通过会计报表附注,才能对会计报表进行全面、准确的理解。通常情况下,会计报表附注是对在会计报表中以表格形式难以列示的内容借助于附注的方式加以反映。

2)小企业会计报表附注的形式

(1)旁注,即对会计报表中有关项目以在旁边直接加括号的方式加以说明,如“应收票据”(其中2013年4月20日持有的A公司商业承兑汇票30 000元,已向银行贴现)。此种形式虽然简单,但与表内项目的信息融为一体。

(2)附表,是为了让会计报表使用者更明了地了解主表中的有关重要项目的构成及其增减变动原因所作的详细、具体的反映。它是会计报表的一个单独组成部分,如在建工程明细表。

(3)底注,即在会计报表主表的最后,以一定的文字和数字,对那些不便于列入会计报表的有关信息作出补充说明。

5.5.2 小企业会计报表附注的主要内容

(1)遵守《小企业会计准则》的声明。

(2)短期投资、应收账款、存货、固定资产项目的说明。

(3)应付职工薪酬、应交税费项目的说明。

(4)利润分配的说明。

(5)用于对外担保的资产名称、账面余额,以及形成原因;未决诉讼、未决仲裁,以及以提供担保所涉及的金额。

(6)发生严重亏损的,应当披露持续经营计划和未来经营方案。

(7)对已在资产负债表和利润表中列示的项目与企业所得税法的规定存在差异的纳税调整过程。

(8)其他需要在附注中说明的事项。

第6章　资产业务账务处理

预期会给小微企业带来经济利益的资源都是小微企业的资产。小微企业的资产分为流动资产和非流动资产。流动资产，是指预计在1年内(含1年，下同)或超过1年的一个正常营业周期内变现、出售或耗用的资产。流动资产包括货币资金、短期投资、应收及预付款项、存货等。非流动资产，是指流动资产以外的资产，包括长期债券投资、长期股权投资、固定资产和在建工程、生产性生物资产、无形资产、长期待摊费用等。小微企业的资产分类如图6-1所示。

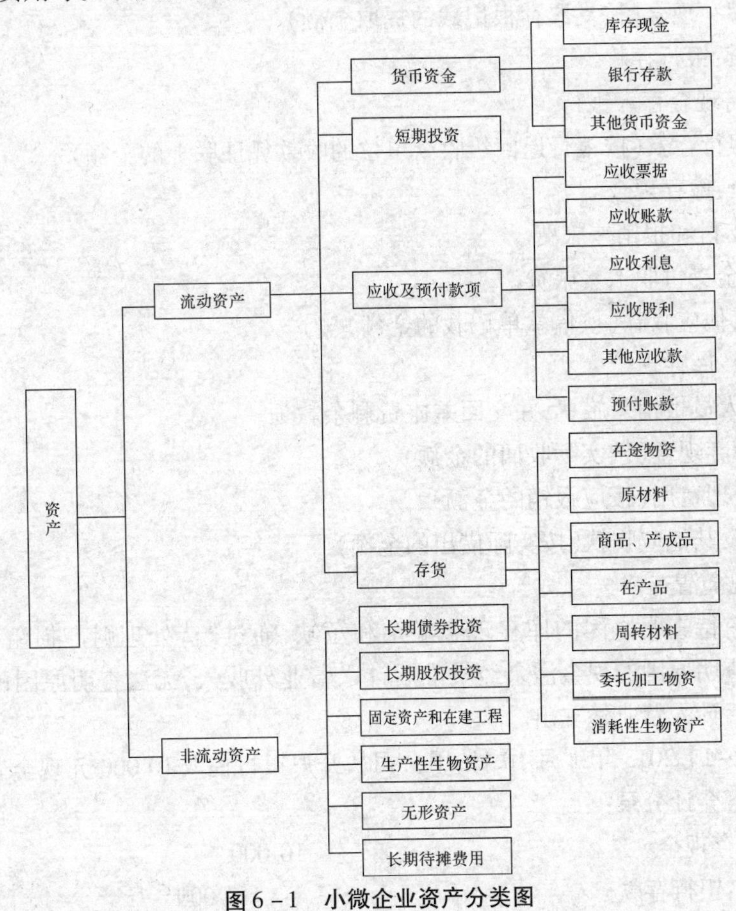

图6-1　小微企业资产分类图

6.1 货币资金

处于货币形态的那部分资金称为小微企业的货币资金。按照存放地点和用途,货币资金分为库存现金、银行存款和其他货币资金。

6.1.1 库存现金

设置“库存现金”科目,核算小微企业库存现金的收入、支出和结存情况。企业应当设置库存现金日记账,由出纳人员根据收付款凭证,按照业务发生顺序逐笔登记。每日终了,应当计算当日的现金收入合计额、现金支出合计额和结余额,并将结余额与实际库存额核对,做到账款相符。本科目期末借方余额,反映企业持有的库存现金。

(1)从银行提取现金

借:库存现金(按支票存根记载的提取金额)

　　贷:银行存款

(2)将现金存入银行

借:银行存款(按银行退回给收款单位的收款凭证联上的金额)

　　贷:库存现金

(3)支付和报销差旅费

以现金支付职工差旅费

借:其他应收款(按借款单记载的金额)

　　贷:库存现金

出差人员报销差旅费,并交回差旅费剩余款项

借:库存现金(按实际收回的金额)

　　管理费用(按应报销的金额)

　　贷:其他应收款(按实际借出的金额)

(4)现金清查

对于有待查明原因的库存现金溢余和短缺,通过“待处理财产损溢”科目核算。无法查明原因的现金溢余经批准后计入营业外收入,无法查明原因的现金短缺经批准后计入营业外支出。

【例6-1】2013年1月10日,甲公司从开户银行提取10 000元现金。甲公司应编制如下会计分录:

借:库存现金　　　　　　　　10 000

　　贷:银行存款　　　　　　　　10 000

【例6-2】甲公司在现金清查中发现现金短缺200元,后查明是由于出纳员责任造成的,应由其负责赔偿。甲公司应编制如下会计分录:

①查明原因前

借:待处理财产损溢——待处理流动资产损溢　　200

　　贷:库存现金　　200

②查明原因后

借:其他应收款——应收现金短缺款(××个人)　200

　　贷:待处理财产损溢——待处理流动资产损溢　　200

【例6-3】乙公司在库存现金清查中发现现金溢余500元,无法查明原因。乙公司应编制如下会计分录:

①查明原因前

借:库存现金　　500

　　贷:待处理财产损溢——待处理流动资产损溢　　500

②结转现金溢余时

借:待处理财产损溢——待处理流动资产损溢　　500

　　贷:营业外收入　　500

6.1.2 银行存款

设置"银行存款"科目,核算小微企业银行存款的收入、支出和结存情况。企业应当按照开户银行和其他金融机构存款种类等,分别设置银行存款日记账,由出纳人员根据收付款凭证,按照业务的发生顺序逐笔登记。每日终了,应结出余额。银行存款日记账应定期与银行对账单核对,至少每月核对一次。月末,企业银行存款账面余额与银行对账单余额之间如有差额,应按月编制银行存款余额调节表,调节相符。本科目期末借方余额,反映企业存在银行或其他金融机构的各种款项。

具有专门用途的银行存款转入"其他货币资金"科目核算。

(1)收到转账支票、银行汇票、银行本票

小微企业销售商品、提供劳务收到支票、银行汇票和银行本票时,应填制进账单,连同票据送交银行,根据银行盖章退回的进账单第一联和有关原始凭证编制记账凭证。

借:银行存款

　　贷:应收账款、主营业务收入等

(2)开出转账支票后,应根据支票存根和有关原始凭证编制记账凭证

借:原材料等

　　贷:银行存款

(3)银行存款的对账

小微企业应当定期与银行对账。企业在与银行核对账目中,如发现有未达账项,应编制银行存款余额调节表进行调节。银行存款余额调节表的编制可按下列公式原理进行:

$$\text{银行存款日记账余额}+\text{银行已收企业未收}-\text{银行已付企业未付}=\text{银行对账单余额}+\text{企业已收银行未收}-\text{企业已付银行未付}$$

【例6-4】甲公司2013年3月末银行存款日记账余额为322 300元,银行对账单余额为290 600元,经逐笔核对,发现以下未达账项:

①公司托收的货款56 400元,银行已收款记账,但公司尚未收到收款通知。

②本季度银行借款利息13 500元,银行已付款记账,但公司尚未收到付款通知。

③公司销售库存商品收到转账支票一张送存银行,金额为91 600元,公司已入账,但银行尚未入账。

④公司购买材料开出转账支票一张,金额为17 000元,公司已付款入账,但银行尚未付款。

根据上述资料,甲公司编制出2013年3月份银行存款余额调节表,如表6-1所示。

表6-1　　银行存款余额调节表　　单位:元

项目	金额	项目	金额
银行存款日记账余额	322 300	银行对账单余额	290 600
加:银行已收企业未收	56 400	加:企业已收银行未收	91 600
减:银行已付企业未付	13 500	减:企业已付银行未付	17 000
调整后余额	365 200	调整后余额	365 200

6.1.3 其他货币资金

设置“其他货币资金”科目,核算小微企业的银行汇票存款、银行本票存款、信用卡存款、信用证保证金存款、外埠存款等各种其他货币资金。本科目应当按照银行汇票或本票、信用卡的发放银行、信用证的收款单位、外埠存款的开户银行,分别设“银行汇票”、“银行本票”、“信用卡”、“信用证保证金”、“外埠存款”等进行明细核算。本科目期末借方余额,反映企业持有的其他货币资金。对于不单独设置“备用金”科目核算备用金的小微企业,备用金通过“其他货币资金——备用金”科目核算。

（1）将款项存入银行以取得银行汇票、银行本票、信用卡

借：其他货币资金——银行汇票

——银行本票

——信用卡

贷：银行存款

（2）向银行申请开立信用证，交纳保证金

借：其他货币资金——信用证保证金

贷：银行存款

（3）将款项汇往采购地开立采购专户

借：其他货币资金——外埠存款

贷：银行存款

（4）将银行汇票存款、银行本票存款、信用卡存款、信用证保证金存款和外埠存款等未用金额转回结算户

借：银行存款

贷：其他货币资金——银行汇票

——银行本票

——信用卡

——信用证保证金

——外埠存款

（5）拨付备用金

借：其他货币资金——备用金（不单独设置“备用金”科目核算的企业）

贷：库存现金、银行存款

定额补足备用金

借：管理费用等

贷：库存现金、银行存款

【例 6－5】甲公司为临时到外地采购原材料，于 2013 年 1 月 20 日委托开户银行汇款 150 000 元到采购地设立采购专户。2 月 8 日，采购员交来从采购专户付款购入材料的有关凭证，增值税专用发票上注明的原材料价款为 120 000 元、增值税税额为 20 400 元。2 月 13 日，收到开户银行的收款通知，该采购专户中的结余款项已经转回。甲公司应编制如下会计分录：

①汇出款项

借：其他货币资金——外埠存款　　　150 000

贷：银行存款　　　150 000

②采购原材料

借:原材料　　120 000

　应交税费——应交增值税(进项税额)　20 400

　贷:其他货币资金——外埠存款　　140 400

③转回余款

借:银行存款　　9 600

　贷:其他货币资金——外埠存款　　9 600

【例6-6】2013年2月1日,甲公司核定销售部备用金定额为12 000元,以现金拨付,并规定每月末由备用金专门经管人员凭有关凭证向会计部门报销,补足备用金。月末,销售部报销日常业务支出9 445元。甲公司应编制如下会计分录:

①拨付备用金

借:其他货币资金——备用金　　12 000

　贷:库存现金　　12 000

②报销日常业务支出,补足备用金

借:销售费用　　9 445

　贷:库存现金　　9 445

6.2 短期投资

设置"短期投资"科目,核算小微企业购入的能随时变现并且持有时间不准备超过1年(含1年,下同)的投资。本科目应当按照股票、债券、基金等短期投资种类进行明细核算。本科目期末借方余额,反映小微企业持有短期投资的成本。

(1)以支付货币资金取得的短期投资

借:短期投资(按实际成本)

　贷:银行存款、其他货币资金

如果实际支付价款中包含已宣告但尚未发放的现金股利或已到付息期但尚未领取的债券利息,应当单独确认为应收股利或应收利息。

借:短期投资(按实际成本)

　应收股利、应收利息

　贷:银行存款、其他货币资金(按实际支付款项)

(2)短期投资持有期间,投资单位宣告分派的现金股利或在债务人应付利息日按照分期付息一次还本债券投资的票面利率计算的利息收入

借:应收股利、应收利息

　贷:投资收益

(3)实际收到原已计入应收项目的股利或利息

借:银行存款

　　贷:应收股利、应收利息

(4)出售股票、债券、基金或到期收回债券本息

借:银行存款(按实际收到的价款)

　　投资收益(按借方差额)

　　贷:短期投资(按短期投资的账面价值)

　　　　应收股利(按尚未收到的现金股利)

　　　　应收利息(按尚未收到的债券利息)

　　　　投资收益(按贷方差额)

【例6-7】2013年1月15日,甲公司以银行存款购入某上市公司股票100 000股,作为短期投资,每股成交价为9.5元,其中0.2元为已宣告但尚未分派的现金股利,另支付相关税费3 800元。1月22日,甲公司收到上市公司发放的现金股利。8月25日,甲公司出售上述股票,售价为1 120 000元。甲公司应编制如下会计分录:

①购入短期投资时

借:短期投资　　933 800

　　应收股利　　20 000

　　贷:银行存款　　953 800

②收到现金股利时

借:银行存款　　20 000

　　贷:应收股利　　20 000

③出售短期投资时

借:银行存款　　1 120 000

　　贷:短期投资　　933 800

　　　　投资收益　　186 200

【例6-8】2013年1月2日,甲公司购入某企业当日发行的3年期债券,作为短期投资,支付价款1 600 000元,另支付相关税费20 000元。该笔债券面值为1 500 000元,票面利率为6%,每季度末付息,到期一次还本。甲公司应编制如下会计分录:

①购入债券时

借:短期投资　　1 620 000

　　贷:银行存款　　1 620 000

②季末确认债券利息时

借:应收利息　　22 500

　贷:投资收益　　22 500

③实际收到债券利息时

借:银行存款　　22 500

　贷:应收利息　　22 500

6.3 应收及预付款项

小微企业在日常生产经营活动中发生的各项债权形成应收及预付款项,包括应收票据、应收账款、应收利息、应收股利、其他应收款等应收款项和预付账款。

6.3.1 应收票据

设置"应收票据"科目,核算商业汇票的取得、贴现、背书转让和票据到期的处理。企业应当按照开出、承兑商业汇票的单位进行明细核算。企业应当设置"应收票据备查簿",逐笔登记每一张商业汇票的种类,号数,出票日,票面金额,交易合同号,付款人、承兑人、背书人的姓名或单位名称,到期日,背书转让日,贴现日、贴现率和贴现净额,收款日和收回金额、退票情况等资料,商业汇票到期结清票款或退票后,应当在应收票据备查簿内逐笔注销。本科目期末借方余额,反映企业持有的商业汇票的票面金额。

(1)因销售商品、提供劳务等收到开出、承兑的商业汇票

借:应收票据(按商业汇票的票面金额)

　贷:主营业务收入、其他业务收入(按确认的营业收入)

　　应交税费——应交增值税(销项税额)

(2)收到商业汇票以抵偿应收账款

借:应收票据(按商业汇票的票面金额)

　贷:应收账款

(3)将未到期的商业汇票贴现

贴现,就是商业汇票持有者将未到期的商业汇票经背书后送交开户银行,银行受理后从票据到期值中扣除贴现利息后,将余额付给票据持有人的一种融通资金的行为。贴现企业向银行办理商业汇票贴现时,首先应确定贴现利息和贴现金额(也称贴现净额或贴现实得额)。其计算公式如下:

贴现金额 = 票据到期值 - 贴现利息

贴现利息 = 票据到期值 × 贴现率 × 贴现天数/360

公式中的贴现率由银行统一规定,一般以年利率表示;贴现天数是指自贴现日

起至票据到期前一日止的实际天数。

①银行无追索权的情况下，根据银行盖章退回的贴现凭证第四联收账通知

借：银行存款（按实际收到的金额）

　财务费用（按贴现利息金额）

　　贷：应收票据（按商业汇票的票面金额）

②银行有追索权的情况下，根据银行盖章退回的贴现凭证第四联收账通知

借：银行存款（按实际收到的金额）

　财务费用（按贴现利息金额）

　　贷：短期借款（按商业汇票的票面金额）

（4）商业汇票背书转让以取得所需物资

借：材料采购、原材料、库存商品等（按应计入取得物资成本的金额）

　应交税费——应交增值税（进项税额）

　银行存款（按借方差额）

　　贷：应收票据（按商业汇票的票面金额）

　　　银行存款（按贷方差额）

（5）到期收回商业汇票票面金额

借：银行存款

　　贷：应收票据

（6）付款人无力支付票款或到期不能收回应收票据

借：应收账款（按商业汇票的票面金额）

　　贷：应收票据

【例 6－9】2013 年 2 月 8 日，甲公司对外销售一批商品，开出的增值税专用发票上注明售价为 1 500 000 元、增值税税额为 255 000 元。甲公司收到购货单位开出的不带息银行承兑汇票一张，票面金额为 1 755 000 元，期限为 2 个月。商品已发出，该批商品成本为 800 000 元。2 个月后，甲公司按票面金额收回款项，存入银行。甲公司应编制如下会计分录：

①销售实现时

借：应收票据　　1 755 000

　　贷：主营业务收入　　1 500 000

　　　应交税费——应交增值税（销项税额）　　255 000

借：主营业务成本　　800 000

　　贷：库存商品　　800 000

②收到款项时

借：银行存款　　1 755 000

贷:应收票据 1 755 000

【例6-10】甲公司销售商品一批,增值税专用发票上注明的价款为100 000元、增值税税额为17 000元。该商品的成本为75 000元。甲公司于2013年3月16日收到当日签发的面值为117 000元、期限为2个月的无息商业承兑汇票。2013年4月1日,甲公司将其向银行办理贴现,贴现率为7.2%,取得的贴现款项已存入银行。甲公司应编制如下会计分录:

①销售实现时

借:应收票据 117 000

贷:主营业务收入 100 000

应交税费——应交增值税(销项税额) 17 000

借:主营业务成本 75 000

贷:库存商品 75 000

②贴现时

贴现天数:45天

贴现利息:117 000×7.2% ×45/360 =1 053(元)

贴现金额:117 000 - 1 053 = 115 947(元)

借:银行存款 115 947

财务费用 1 053

贷:应收票据 117 000

6.3.2 应收账款

设置"应收账款"科目,核算小微企业因销售商品、提供劳务等经营活动应向购货单位或接受劳务单位收取的款项,主要包括企业销售商品或提供劳务等应向有关债务人收取的价款及代购货单位垫付的包装费、运杂费等。本科目应当按照债务人进行明细核算。本科目期末借方余额,反映企业尚未收回的应收账款;期末如为贷方余额,反映企业预收的账款。

(1)因销售商品或提供劳务形成的应收账款

借:应收账款

贷:主营业务收入、其他业务收入

应交税费——应交增值税(销项税额)

银行存款(按代垫运杂费等)

(2)收回应收账款

借:银行存款

贷:应收账款

(3)应收账款发生坏账,按实际发生的坏账金额

借:营业外支出

　　贷:应收账款

小微企业无法收回或收回可能性极小的各种应收款项形成坏账,由于发生坏账而产生的损失,称为坏账损失。

小微企业应收及预付款项符合下列条件之一的,减除可收回的金额后确认的无法收回的应收及预付款项,作为坏账损失:①债务人依法宣告破产、关闭、解散、被撤销,或者被依法注销、吊销营业执照,其清算财产不足清偿的;②债务人死亡,或者依法被宣告失踪、死亡,其财产或者遗产不足清偿的;③债务人逾期3年以上未清偿,且有确凿证据证明已无力清偿债务的;④与债务人达成债务重组协议或法院批准破产重整计划后,无法追偿的;⑤因自然灾害、战争等不可抗力导致无法收回的;⑥国务院财政、税务主管部门规定的其他条件。

【例6-11】2013年3月20日,甲公司采用托收承付结算方式对外销售商品一批,货款为3 000 000元,增值税税额为510 000元,以银行存款代垫运杂费60 000元,已办理托收手续。商品已发出,该批商品成本为2 000 000元。甲公司应编制如下会计分录:

借:应收账款　　3 570 000

　　贷:主营业务收入　　3 000 000

　　　　应交税费——应交增值税(销项税额)　　510 000

　　　　银行存款　　60 000

借:主营业务成本　　2 000 000

　　贷:库存商品　　2 000 000

【例6-12】2013年5月10日,因债务人破产,甲公司将一笔30 000元的应收账款全部确认为坏账。甲公司应编制如下会计分录:

借:营业外支出　　30 000

　　贷:应收账款　　30 000

6.3.3 预付账款

设置"预付账款"科目,核算小微企业按照合同规定预付的款项。该科目的借方登记预付的款项及补付的款项,贷方登记收到所购货物时根据有关发票账单记入"原材料"等科目的金额及收回多付款项的金额。本科目应当按照供应单位进行明细核算。本科目期末余额在借方,反映企业实际预付的款项;期末余额在贷方,则反映企业应付或应补付的款项。

预付款项不多的小微企业,可以不设置"预付账款"科目,将预付的款项通过

"应付账款"科目核算。

(1)根据购货合同的规定向供应单位预付款项

借:预付账款

　　贷:银行存款

(2)收到所购物资,结转预付账款

借:在途物资、原材料、库存商品等(按应计入购入物资成本的金额)

　　应交税费——应交增值税(进项税额)

　　贷:预付账款(按应支付金额)

如需补付款项

借:预付账款

　　贷:银行存款

如退回多余款项

借:银行存款

　　贷:预付账款

(3)预付出包工程价款

借:预付账款

　　贷:银行存款

按照工程进度和合同规定结算的工程价款

借:在建工程

　　贷:预付账款、银行存款等

(4)预付账款发生坏账,按实际发生的坏账金额

借:营业外支出

　　贷:预付账款

【例6-13】2013年2月8日,甲公司根据原材料采购合同约定,向供货单位预付2 000 000元货款的50%。2月20日,甲公司收到供货单位发来的原材料,验收无误,增值税专用发票注明的货款为1 880 000元、增值税税额为319 600元。甲公司以银行存款补付剩余款项1 199 600元。甲公司应编制如下会计分录:

①预付50%的货款时

借:预付账款　　　　1 000 000

　　贷:银行存款　　　　1 000 000

②收到原材料并验收入库时

借:原材料　　　　1 880 000

　　应交税费——应交增值税(进项税额)　　319 600

　　贷:预付账款　　　　2 199 600

③补付款项时

借:预付账款　　　　1 199 600

　贷:银行存款　　　　1 199 600

6.3.4 应收利息

设置"应收利息"科目,核算小微企业持有短期投资、长期债券投资、存放银行款项等应收取的利息。本科目应当按照借款人或被投资单位进行明细核算。本科目期末借方余额,反映企业尚未收回的利息。

到期一次还本付息的长期债券投资持有期间确认的利息收入,在"长期债券投资"科目核算,不在本科目核算。

(1)在长期债券投资持有期间,在债务人应付利息日,按照分期付息一次还本债券投资的票面利率计算的利息收入

借:应收利息

　贷:投资收益

(2)实际收到债券利息时

借:银行存款

　贷:应收利息

6.3.5 应收股利

设置"应收股利"科目,核算小微企业应收取的现金股利和应收取的其他单位分配的利润。本科目应当按照被投资单位进行明细核算。本科目期末借方余额,反映企业尚未收到的现金股利或利润。

(1)在短期投资或长期股权投资持有期间,被投资单位宣告分派现金股利或利润

借:应收股利(按本企业应享有的金额)

　贷:投资收益

(2)实际收到现金股利或利润时

借:银行存款

　贷:应收股利

6.3.6 其他应收款

设置"其他应收款"科目,核算企业除应收票据、应收账款、预付账款、应收股利、应收利息、长期应收款等以外的其他各种应收、暂付款项,主要包括应收的各种赔款、罚款,应收的出租包装物的租金,应向职工收取的各种垫付款项,存出保证金以及出口产品或商品按规定应予退回的增值税税款及其他应收、暂付款项等。本科目应当按照其他应收款的项目和对方单位(或个人)进行明细核算。本科目期

末借方余额,反映企业尚未收回的其他应收款项。

(1)发生各种其他应收款项时

借:其他应收款

贷:库存现金、银行存款、固定资产清理等

(2)出口产品或商品按照规定应予退回的增值税税款

借:其他应收款

贷:应交税费——应交增值税(出口退税)

(3)收回其他各种应收款项

借:库存现金、银行存款、应付职工薪酬等

贷:其他应收款

(4)其他应收款发生坏账,按实际发生的坏账金额

借:营业外支出

贷:其他应收款

【例6-14】甲公司的职工王强违反公司规定,被处以100元罚款,甲公司尚未收到罚金。甲公司应编制如下会计分录:

借:其他应收款——王强　100

贷:营业外收入——罚款收入　100

【例6-15】2013年3月10日,甲公司以银行存款替某职工垫付应由其个人负担的医疗费5 000元,并从其当月工资中扣回。甲公司应编制如下会计分录:

①垫付时

借:其他应收款　5 000

贷:银行存款　5 000

②扣款时

借:应付职工薪酬　5 000

贷:其他应收款　5 000

【例6-16】2013年5月10日,甲公司租入包装物一批,以银行存款向出租方支付押金10 000元。甲公司应编制如下会计分录:

借:其他应收款　10 000

贷:银行存款　10 000

6.4 存货

设置"在途物资"科目,核算小微企业采用实际成本(进价)进行材料(或商品)等物资的日常核算、货款已付但尚未验收入库的各种物资的采购成本。本科目应

当按照供应单位进行明细核算。本科目期末借方余额,反映企业已付款或已开出、承兑商业汇票,但尚未到达或尚未验收入库的在途材料、商品的采购成本。

设置"原材料"科目,核算小微企业库存的各种材料,包括原料及主要材料、辅助材料、外购半成品(外购件)、修理用备件(备品备件)、包装材料、燃料等的计划成本或实际成本。收到来料加工装配业务的原料、零件等,应当设置备查簿进行登记。本科目应当按照材料的保管地点(仓库),材料的类别、品种和规格等进行明细核算。本科目的期末借方余额,反映企业库存材料的实际成本或计划成本。

设置"周转材料"科目,核算小微企业能够多次使用,并可基本保持原来的形态而逐渐转移其价值且不确认为固定资产的各种包装物、低值易耗品的实际成本或计划成本。本科目应当按周转材料类别,分别"在库"、"在用"和"摊销"进行明细核算。本科目的期末借方余额,反映在库、出租、出借周转材料的计划成本或实际成本以及在用周转材料的摊余价值。

设置"库存商品"科目,核算小微企业库存的各种商品的实际成本(进价)或售价,包括库存产成品、外购商品、存放在门市部准备出售的商品、发出展览的商品以及寄存在外的商品等。接受来料加工制造的代制品和为外单位加工修理的代修品,在制造和修理完成验收入库后,视同企业的产成品,通过本科目核算。本科目应当按照库存商品的种类、品种和规格进行明细核算。本科目的期末借方余额,反映企业库存商品的实际成本(进价)或售价。

企业(农、林、牧、渔业)收获的产品,可将本科目改为"1405 农产品"科目进行核算。

已经完成销售手续并确认销售收入,但购买单位在月末未提取的商品,应当作为代管商品,单独设置代管商品备查簿进行登记。

6.4.1 外购存货

(1)购入材料、商品等验收入库

借:原材料、库存商品、周转材料等(按应计入材料、商品成本的金额)

　　应交税费——应交增值税(进项税额)

　　贷:银行存款、其他货币资金等(按实际支付的价款)

　　　　应付账款、应付票据(按尚未支付的价款)

(2)购入材料、商品尚未到达或尚未验收入库

借:材料采购、在途物资(按应计入材料、商品成本的金额)

　　应交税费——应交增值税(进项税额)

　　贷:银行存款、其他货币资金等(按实际支付的价款)

应付账款、应付票据（按尚未支付的价款）

材料到达、验收入库后，再根据收料单

借：原材料、库存商品、周转材料等

贷：在途物资、材料采购

（3）购入材料、商品等验收入库但月末尚未办理结算手续，先按暂估价入账

借：原材料、库存商品、周转材料等

贷：应付账款——暂估应付账款

下月初，作相反的会计处理，予以转回；在收到结算凭证时，按材料和结算凭证同时收到的情形进行相应处理。

【例6-17】甲公司2013年3月10日购入钢材一批，货款为100 000元，增值税专用发票上注明的增值税税额为17 000元，发票等结算凭证同时收到，款项已通过银行支付，该批钢材也验收入库。甲公司应编制如下会计分录：

借：原材料——钢材　　100 000

应交税费——应交增值税（进项税额）　　17 000

贷：银行存款　　117 000

【例6-18】乙公司2013年3月12日采购原材料一批，价款为200 000元，增值税专用发票上注明的进项税额为34 000元，发票等结算凭证已经到达，货款已经通过银行支付，但材料尚未到达。乙公司应编制如下会计分录：

借：在途物资　　200 000

应交税费——应交增值税（进项税额）　　34 000

贷：银行存款　　234 000

若该批材料在2013年3月22日到达，并验收入库，乙公司应编制如下会计分录：

借：原材料　　200 000

贷：在途物资　　200 000

【例6-19】甲公司2013年3月25日购入修理用备件一批，已验收入库，但其结算凭证至月末尚未到达，货款未付。根据供货合同估价59 500元入账。甲公司应编制如下会计分录：

①2013年3月31日

借：原材料——修理用备件　　59 500

贷：应付账款——暂估应付账款　　59 500

②2013年4月1日

借：应付账款——暂估应付账款　　59 500

贷:原材料——修理用备件　　　　　　　59 500

(4)采用计划成本进行日常核算的小微企业

设置“材料采购”科目,核算小微企业采用计划成本进行材料日常核算而购入材料的采购成本。本科目应当按照供应单位和物资品种进行明细核算。本科目的期末借方余额,反映企业已经收到发票账单付款或已开出、承兑商业汇票,但尚未到达或尚未验收入库的在途材料的采购成本。

设置“原材料”科目,核算小微企业库存材料的计划成本,材料的收入、发出、结存均以计划成本反映。

设置“材料成本差异”科目,核算小微企业采用计划成本进行日常核算的材料计划成本与实际成本的差额。该科目借方登记入库材料实际成本大于计划成本的超支差异及发出材料实际成本小于计划成本的节约差异;贷方登记入库材料实际成本小于计划成本的节约差异以及发出材料实际成本大于计划成本的超支差异。本科目可以分别“原材料”、“周转材料”等,按照类别或品种设置明细账,进行明细核算。其口径应同“材料采购”明细科目的设置口径一致。本科目期末若为借方余额,则表示企业库存材料等的实际成本大于计划成本的差异;若为贷方余额,则表示企业库存材料等的实际成本小于计划成本的差异。

①购进材料等时

借:材料采购

　应交税费——应交增值税(进项税额)

　贷:银行存款、其他货币资金、应付账款、应付票据、预付账款等

②材料验收入库时

借:原材料、周转材料等

　贷:材料采购

③月末结转入库材料差异时

借:材料采购

　贷:材料成本差异(按节约差异)

如果超支差异作相反会计处理。

【例6-20】乙公司2013年3月19日购入A材料一批,价款为160 000元,增值税税额为27 200元,货款已通过银行转账付讫,A材料已验收入库,计划成本为168 000万元。乙公司应编制如下会计分录:

①购进A材料付款时

借:材料采购　　　　　　　　　　160 000

　应交税费——应交增值税(进项税额)　27 200

贷:银行存款 187 200

②A 材料验收入库时

借:原材料——A 材料 168 000

贷:材料采购 168 000

③月末结转入库 A 材料的差异时

借:材料采购 8 000

贷:材料成本差异 8 000

(5)采用售价进行商品日常核算的小微企业

设置“商品进销差价”科目,核算小微企业采用售价进行日常核算的商品售价与进价之间的差额。本科目应当按照商品类别或实物负责人进行明细核算。本科目的期末贷方余额,反映企业库存商品的商品进销差价。

小微企业取得库存商品时

借:库存商品(按商品售价)

贷:银行存款、委托加工物资等(按商品进价)

商品进销差价(按售价与进价之间的差额)

6.4.2 自制存货

借:原材料、库存商品、周转材料等(按实际成本)

贷:生产成本

6.4.3 委托加工物资

设置“委托加工物资”科目,核算小微企业委托外单位加工材料、商品的实际成本。本科目应按加工合同、受托加工单位以及加工物资的品种等进行明细核算。本科目期末借方余额,反映企业委托外单位加工尚未完成物资的实际成本。

(1)发出委托加工的材料物资,计算或支付加工费用时

借:委托加工物资

贷:原材料、周转材料等(按材料实际成本)

银行存款、应付账款等(按加工费)

(2)支付增值税时

借:应交税费——应交增值税(进项税额)(一般纳税企业)

委托加工物资(小规模纳税企业)

贷:银行存款

(3)支付消费税时

借:委托加工物资(委托加工后的物资收回后直接对外销售的)

应交税费——应交消费税(委托加工后的物资属于应税消费品,收回后又用于继续加工应税消费品的)

贷:银行存款

(4)加工完成验收入库,应按加工收回物资的实际成本

借:原材料、周转材料、库存商品

贷:委托加工物资

【例6-21】某酒厂(一般纳税企业)委托乙工厂加工酒精,发出材料的总成本为90 000元,加工费为5 000元,增值税税额为850元,消费税税额为5 000元,加工完毕。加工费、增值税税额以及受托方代收代缴的消费税税额已通过银行支付。根据有关凭证,该酒厂应编制如下会计分录:

①发出委托加工材料时

借:委托加工物资——乙工厂　　90 000

贷:原材料　　90 000

②支付加工费、增值税及消费税时

若收回后直接对外销售

借:委托加工物资——乙工厂　　10 000

应交税费——应交增值税(进项税额)　　850

贷:银行存款　　10 850

若收回后连续用于生产白酒

借:委托加工物资——乙工厂　　5 000

应交税费——应交增值税(进项税额)　　850

——应交消费税　　5 000

贷:银行存款　　10 850

【例6-22】承【例6-21】,该酒厂上述酒精收回,验收入库,根据入库单,编制如下会计分录:

①若收回后直接对外销售

借:库存商品——酒精　　100 000

贷:委托加工物资——乙工厂　　100 000

②若收回后连续用于生产白酒

借:原材料——酒精　　95 000

贷:委托加工物资——乙工厂　　95 000

6.4.4 消耗性生物资产

设置"消耗性生物资产"科目,核算小微企业(农、林、牧、渔业)持有的消耗性

生物资产的实际成本。本科目应当按照消耗性生物资产的种类、群别进行明细核算。本科目期末借方余额,反映企业消耗性生物资产的实际成本。

消耗性生物资产是指与农、林、牧、渔业生产相关的有生命的(即活的)动物和植物形成的生物资产,如企业种植的农作物、果树、橡胶树,养殖的奶牛、鱼、蛋鸡和肉鸡,营造的消耗性林木等。消耗性生物资产是有生命的劳动对象,包括生长中的大田作物、蔬菜、用材林以及存栏待售的牲畜等。

设置"农产品"科目,核算小微企业从事农业活动所收获的农产品的实际成本。

(1)外购消耗性生物资产

借:消耗性生物资产

　　贷:银行存款、应付账款等

(2)自行栽培、营造、繁殖的消耗性生物资产

借:消耗性生物资产

　　贷:银行存款、应付账款等

(3)产畜或役畜淘汰转为育肥畜时

借:消耗性生物资产(按转群时的账面价值)

　　生产性生物资产累计折旧(按已计提的累计折旧)

　　贷:生产性生物资产(按账面余额)

(4)育肥畜淘汰转为产畜或役畜时

借:生产性生物资产

　　贷:消耗性生物资产(按账面余额)

(5)择伐、间伐或抚育更新性质采伐而补植林木类消耗性生物资产发生的后续支出

借:消耗性生物资产

　　贷:银行存款等

(6)林木类消耗性生物资产达到郁闭后发生的管护费用等后续支出

借:管理费用

　　贷:银行存款等

【例6-23】2013年2月,甲农业企业从市场上一次性购买了600头猪苗,单价为250元,支付的价款共计150 000元。此外,发生的运输费、保险费和装卸费共为7 500元,款项全部以银行存款支付。甲农业企业应编制如下会计分录:

借:消耗性生物资产——猪苗　　　　157 500

　　贷:银行存款　　　　157 500

6.4.5 发出存货

(1)生产经营领用材料

借:生产成本、制造费用、管理费用、销售费用等

　　贷:原材料、周转材料等(按实际成本)

小微企业可以采用先进先出法、全月一次加权平均法、移动加权平均法或者个别计价法确定发出存货的成本。计价方法一经确定,不得随意变更。

采用计划成本进行日常核算的小微企业,月末分摊材料成本差异。

超支差异

借:生产成本、制造费用、管理费用、销售费用等

　　贷:材料成本差异

节约差异

借:材料成本差异

　　贷:生产成本、制造费用、管理费用、销售费用等

发出材料应负担的成本差异应当按月分摊,不得在季末或年末一次计算。发出材料应负担的成本差异,除委托外部加工发出材料可按月初成本差异率计算外,应使用当月的实际成本差异率计算;月初成本差异率与当月成本差异率相差不大的,也可按月初成本差异率计算。计算方法一经确定,不得随意变更。材料成本差异率的计算公式如下:

月初材料成本差异率 = 月初结存材料的成本差异 ÷ 月初结存材料的计划成本 × 100%

本月材料成本差异率 = (月初结存材料的成本差异 + 本月验收入库材料的成本差异) ÷ (月初结存材料的计划成本 + 本月验收入库材料的计划成本) × 100%

发出材料应负担的成本差异 = 发出材料的计划成本 × 材料成本差异率

【例6－24】甲公司2013年3月18日,发出材料一批,计划成本为65 000元,其中,基本生产领用52 000元,车间一般耗用9 000元,管理部门领用4 000元。3月末计算出本月材料成本差异率为－2%。甲公司应编制如下会计分录:

①发出材料时,根据领料单等凭证

借:生产成本——基本生产	52 000	
制造费用	9 000	
管理费用	4 000	
贷:原材料		65 000

②月末结转该批材料应负担的材料成本节约差异 1 300 元(65 000 ×2%)

借:材料成本差异　　1 300

　　贷:生产成本——基本生产　　1 040

　　　　制造费用　　180

　　　　管理费用　　80

(2)生产经营领用商品

借:生产成本、制造费用、管理费用、销售费用等

　　贷:库存商品(按实际成本)

(3)生产经营领用周转材料

企业领用周转材料采用一次转销法进行会计处理,一般应限于易腐、易糟的周转材料,于领用时一次计入生产成本或当期损益;金额较大的周转材料,也可以采用分期摊销法进行会计处理,即根据周转材料的预计使用期限分期摊入成本、费用。

借:制造费用、管理费用、销售费用等

　　贷:周转材料

(4)出租周转材料

借:银行存款、其他应收款等

　　贷:营业外收入(按取得的租金收入)

　　　　应交税费——应交增值税(销项税额)

(5)出售材料

借:银行存款、应收账款等(按应收或已收的价款和增值税)

　　贷:其他业务收入(按实现的收入)

　　　　应交税费——应交增值税(销项税额)

结转出售材料的成本

借:其他业务成本

　　贷:原材料等

(6)出售商品

借:银行存款、应收账款等(按应收或已收的价款和增值税)

　　贷:主营业务收入(按实现的收入)

　　　　应交税费——应交增值税(销项税额)

结转已销商品的成本

借:主营业务成本

　　贷:库存商品

采用售价进行商品日常核算的小微企业,月末分摊已销商品的进销差价

借:商品进销差价

　　贷:主营业务成本

销售商品应分摊的商品进销差价,按以下方法计算:

商品进销差价率 = 月末分摊前"商品进销差价"科目的贷方余额 ÷("库存商品"科目月末借方余额 + 本月"主营业务收入"科目贷方发生额)× 100%

本月销售商品应分摊的商品进销差价 = 本月"主营业务收入"科目贷方余额 × 商品进销差价率

上述所称"主营业务收入",是指采用售价进行日常核算的商品销售所取得的收入。

委托加工商品可以采用上月商品进销差价率计算应分摊的商品进销差价。企业的商品进销差价率各月之间比较均衡的,也可以采用上月商品进销差价率计算分摊本月销售商品应分摊的商品进销差价。

企业无论是采用当月商品进销差价率还是采用上月商品进销差价率计算分摊商品进销差价,均应在年度终了对商品进销差价进行复核调整。

6.4.6 存货清查

设置"待处理财产损溢——待处理流动资产损溢"科目,核算小微企业存货清查中查明的各项存货的盘盈或盘亏、毁损等情况。该科目期末处理后没有余额。

(1)盘盈的材料

借:原材料、周转材料等(按估计价值)

　　贷:待处理财产损溢——待处理流动资产损溢

查明原因后从"待处理财产损溢——待处理流动资产损溢"科目转出,对无法查明原因的材料盘盈

借:待处理财产损溢——待处理流动资产损溢

　　贷:营业外收入

(2)盘亏、毁损的材料

借:待处理财产损溢——待处理流动资产损溢

　　贷:原材料、周转材料等(按实际成本)

查明原因后从"待处理财产损溢——待处理流动资产损溢"科目转出,对无法查明原因的材料盘亏、毁损

借:营业外支出

　　贷:待处理财产损溢——待处理流动资产损溢

【例 6 - 25】2013 年 3 月 31 日,甲公司进行存货清查,盘盈材料 400 千克,按同类材料市场价格计算确定的价值为 30 000 元。甲公司应编制如下会计分录:

①批准处理前

借:原材料　　30 000

　贷:待处理财产损溢——待处理流动资产损溢　　30 000

②批准处理后

借:待处理财产损溢——待处理流动资产损溢　　30 000

　贷:营业外收入　　30 000

【例6-26】2013年3月28日,甲公司因火灾造成一批库存材料毁损,实际成本为80 000元,增值税税额为13 600元。根据保险责任范围及保险合同规定,应由保险公司赔偿65 000元,残料已办理入库手续,价值2 000元。甲公司应编制如下会计分录:

①批准处理前

借:待处理财产损溢——待处理流动资产损溢　　93 600

　贷:原材料　　80 000

　　应交税费——应交增值税(进项税额转出)　　13 600

②批准处理后

借:其他应收款　　65 000

　原材料　　2 000

　营业外支出　　26 600

　贷:待处理财产损溢——待处理流动资产损溢　　93 600

6.5 长期债券投资

设置"长期债券投资"科目,核算小微企业持有的期限在1年以上、不准备随时变现的债券投资。本科目应当按照长期债券投资的类别和品种,分别"面值"、"溢折价"、"应计利息"进行明细核算。本科目期末借方余额,反映企业长期债券投资的摊余成本。

购入分期付息一次还本的长期债券投资,在持有期间确认的利息收入,在"应收利息"科目核算,不在本科目核算。

(1)以货币资金购入长期债券投资

借:长期债券投资——面值(按债券面值)

　　　　——溢折价(按借方差额)

　贷:银行存款(按购买价款和相关税费)

　　长期债券投资——溢折价(按贷方差额)

如果实际支付的价款中包含已到付息期但尚未领取的债券利息

借:长期债券投资——面值(按债券面值)

——溢折价(按借方差额)

应收利息(按应收的债券利息)

贷:银行存款(按购买价款和相关税费)

长期债券投资——溢折价(按贷方差额)

(2)付息日计提利息收入

如为分期付息一次还本

借:应收利息(面值×票面利率)

贷:投资收益(按差额)

长期债券投资——溢折价(按直线法摊销的溢价)

如为一次还本付息

借:长期债券投资——应计利息(面值×票面利率)

贷:投资收益(按差额)

长期债券投资——溢折价(按直线法摊销的溢价)

(3)处置或收回长期债券投资

借:银行存款等(按实际取得的价款或收回的债券本息)

投资收益(按借方差额)

贷:长期债券投资(按长期债券投资的账面余额)

应收利息(按应收未收的利息收入)

投资收益(按贷方差额)

【例6-27】甲公司2013年1月1日以210 000元从证券二级市场购进乙公司于同日发行的面值为200 000元的4年期债券,该债券票面年利率为10%,每年年末付息,到期一次还本。甲公司2013年应编制如下会计分录:

①2013年1月1日购入债券时

借:长期债券投资——面值	200 000	
——溢折价	10 000	
贷:银行存款		210 000

②2013年年末计提利息收入

借:应收利息	20 000	
贷:长期债券投资——溢折价		2 500
投资收益		17 500

③收到利息时

借:银行存款　　　　　　　　　　20 000

　贷:应收利息　　　　　　　　　　20 000

6.6 长期股权投资

设置“长期股权投资”科目,核算小微企业取得的不准备随时转让的长期股权投资的成本。本科目应当按照被投资单位进行明细核算。本科目期末借方余额,反映企业长期股权投资的价值。

(1)以货币资金取得长期股权投资

借:长期股权投资(按实际支付的买价和相关税费之和)

　贷:银行存款等

如果实际支付的价款中包含已宣告但尚未领取的现金股利

借:长期股权投资(按实际支付的全部价款减去已宣告但尚未领取的现金股利)

　应收股利(按应收的现金股利)

　贷:银行存款(按实际支付的价款)

(2)以非货币性资产取得长期股权投资

借:长期股权投资(按非货币性资产的评估价值与相关税费之和)

　营业外支出(按借方差额)

　贷:固定资产清理、无形资产等(按换出非货币性资产的账面价值)

　　应交税费(按支付的相关税费)

　　营业外收入(按贷方差额)

(3)被投资单位宣告发放现金股利或利润

借:应收股利

　贷:投资收益

(4)实际分得现金股利和利润

借:银行存款

　贷:应收股利

(5)处置长期股权投资

借:银行存款等(按实际取得的价款)

　投资收益(按借方差额)

　贷:长期股权投资(按长期股权投资的账面余额)

应收股利(按尚未领取的现金股利或利润)

投资收益(按贷方差额)

【例 6－28】2013 年 3 月 1 日,甲公司以银行存款购买乙上市公司的股票 30 000 股,作为长期股权投资核算,每股买入价为 10 元,每股价格中包含 0.2 元的已宣告但尚未发放的现金股利,另支付相关税费 1 200 元。3 月 12 日,甲公司实际收到上述现金股利。甲公司应编制如下会计分录:

①2013 年 3 月 1 日取得投资时

借:长期股权投资　　295 200

　应收股利　　6 000

　贷:银行存款　　301 200

②2013 年 3 月 12 日收到现金股利时

借:银行存款　　6 000

　贷:应收股利　　6 000

③如果 2014 年 3 月 8 日,乙上市公司宣告分派现金股利每股 0.25 元,则甲公司应分得 7 500 元

借:应收股利　　7 500

　贷:投资收益　　7 500

【例 6－29】2013 年 3 月 10 日,甲公司以一台专有设备换入一项长期股权投资,该设备账面原价为 2 800 000 元,已计提折旧 800 000 元,评估价值为 2 200 000 元。假定不考虑相关税费。甲公司应编制如下会计分录:

借:固定资产清理　　2 000 000

　累计折旧　　800 000

　贷:固定资产　　2 800 000

借:长期股权投资　　2 200 000

　贷:固定资产清理　　2 200 000

借:固定资产清理　　200 000

　贷:营业外收入　　200 000

6.7 固定资产和在建工程

设置“固定资产”科目,核算小微企业持有固定资产的原价。本科目应当按照固定资产类别或项目进行明细核算。本科目期末借方余额,反映企业固定资产的账面原价。

设置“累计折旧”科目，核算小微企业对固定资产计提的累计折旧。本科目应当按照固定资产的类别或项目进行明细核算。本科目期末贷方余额，反映企业固定资产的累计折旧额。

设置“在建工程”科目，核算小微企业基建、技改等在建工程发生的成本。本科目应当按照“建筑工程”、“安装工程”、“在安装设备”、“待摊支出”以及单项工程进行明细核算。本科目期末借方余额，反映企业尚未完工或虽已完工但尚未办理竣工决算的工程的成本。

6.7.1 固定资产增加

(1)购入不需要安装的固定资产

借:固定资产(按实际支付的购买价款、相关税费等)

　　应交税费——应交增值税(进项税额)(按税法规定可抵扣的增值税进项税额)

　　贷:银行存款、长期应付款等

如果购入需要安装的固定资产，先记入“在建工程”科目，待安装完毕交付使用时再转入“固定资产”科目。

(2)自行建造的固定资产

借:固定资产(按竣工决算前的支出)

　　贷:在建工程

(3)投资者投入的固定资产

借:固定资产(或在建工程)(按评估价值和相关税费)

　　贷:实收资本

　　　　资本公积

(4)融资租入的固定资产

借:固定资产(或在建工程)(按租赁合同约定的付款总额和在签订租赁合同过程中发生的相关税费)

　　贷:长期应付款(按租赁合同约定的付款总额)

　　　　银行存款(按在签订租赁合同过程中发生的相关税费)

【例6-30】甲公司购入需要安装的机器设备一台，专用发票列示的价款为100 000元、增值税税额为17 000元，运杂费和装卸搬运费共5 000元，货款及运杂费均已通过银行结算。安装事宜由外公司进行，完工验收后，付给安装费3 200元。甲公司应编制如下会计分录：

①购买机器设备时

借:在建工程——安装工程　　　　　　100 000

应交税费——应交增值税(进项税额)　17 000

贷:银行存款　117 000

②支付运杂费等时

借:在建工程——安装工程　5 000

贷:银行存款　5 000

③支付设备的安装费时

借:在建工程——安装工程　3 200

贷:银行存款　3 200

④机器设备安装完毕投入使用,结转安装成本时

借:固定资产　108 200

贷:在建工程——安装工程　108 200

6.7.2 固定资产折旧

按月计提固定资产折旧

借:制造费用、管理费用等

贷:累计折旧

小微企业应当按照年限平均法计提折旧。考虑到小微企业自身的实际情况,也给予了小微企业选择折旧方法的权利。固定资产由于技术进步等原因确需加速折旧的,可以采用加速折旧的方法。

(1)年限平均法。年限平均法又称直线法,是将固定资产的应计折旧额均衡地分摊到固定资产预计使用寿命内的一种方法。采用这种方法计算的每期折旧额均相等。计算公式如下:

年折旧率 = (1 - 预计净残值率) ÷ 预计使用寿命(年) × 100%

月折旧率 = 年折旧率 ÷ 12

月折旧额 = 固定资产原价 × 月折旧率

【例 6 - 31】甲公司有一厂房,原价为 50 万元,预计可使用 20 年,按照有关规定,该厂房报废时的净残值率为 2%。该厂房的折旧率和折旧额的计算过程如下:

年折旧率 = (1 - 2%) ÷ 20 × 100% = 4.9%

月折旧率 = 4.9% ÷ 12 = 0.41%

月折旧额 = 500 000 × 0.41% = 2 050(元)

(2)双倍余额递减法。双倍余额递减法,是在不考虑固定资产预计净残值的情况下,根据每期期初固定资产原价减去累计折旧后的金额和双倍的直线法折旧率计算固定资产折旧的一种方法。由于每年年初固定资产净值没有扣除预计净残值,所以应用这种方法计算固定资产折旧额时,应在其折旧年限到期前两年内,将

固定资产净值扣除预计净残值后的余额平均摊销。计算公式如下：

年折旧率＝2÷预计使用寿命（年）×100%

年折旧额＝年初固定资产账面净值×年折旧率

【例6－32】某项固定资产原始价值为3万元，预计使用年限为5年，预计残值为2 500元，预计清理费用为1 500元。

年折旧率＝2/5×100%＝40%

每年应提折旧额如表6－2所示。

表6－2　双倍余额递减法折旧额的计算　单位：元

年次	年初固定资产净值	折旧率	年折旧额	累计折旧额
第一年	30 000	40%	12 000	12 000
第二年	18 000	40%	7 200	19 200
第三年	10 800	40%	4 320	23 520
第四年	6 480		2 740	26 260
第五年	3 740		2 740	29 000

注：表中第四年、第五年折旧额＝（6 480－2 500＋1 500）÷2＝2 740（元）。

（3）年数总和法。年数总和法又称年限合计法，是指将固定资产的原价减去预计净残值后的余额，乘以一个以固定资产尚可使用寿命为分子、以预计使用寿命的年数总和为分母的逐年递减的分数计算每年的折旧额。计算公式如下：

年折旧率＝尚可使用寿命÷预计使用寿命的年数总和

月折旧率＝年折旧率÷12

月折旧额＝（固定资产原价－预计净残值）×月折旧率

【例6－33】某项固定资产的原值为10万元，预计使用年限为5年，预计净残值为4 000元。采用年数总和法计算的各年折旧额如表6－3所示。

表6－3　年数总和法折旧额的计算　单位：元

年次	原值－净残值	尚可使用寿命	年折旧率	年折旧额	累计折旧额
第一年	96 000	5	5/15	32 000	32 000
第二年	96 000	4	4/15	25 600	57 600
第三年	96 000	3	3/15	19 200	76 800
第四年	96 000	2	2/15	12 800	89 600
第五年	96 000	1	1/15	6 400	96 000

【例 6－34】2013 年 4 月末，甲公司计提固定资产折旧 1 200 000 元，其中基本生产车间制造费用 800 000 元，管理部门费用 200 000 元，销售部门费用 200 000 元。甲公司应编制如下会计分录：

借：制造费用　　800 000
　　管理费用　　200 000
　　销售费用　　200 000
　　贷：累计折旧　　1 200 000

6.7.3 固定资产后续支出

(1)固定资产使用过程中发生的修理费

借：制造费用、管理费用、销售费用等
　　贷：银行存款等

(2)固定资产使用过程中发生的大修理支出

借：长期待摊费用
　　贷：银行存款等

(3)固定资产进行改扩建

借：在建工程(按固定资产账面价值)
　　累计折旧(按已提折旧)
　　贷：固定资产(按固定资产原值)

改扩建完成后，从"在建工程"科目转入"固定资产"科目。

6.7.4 固定资产清理

设置"固定资产清理"科目，核算小微企业因出售、报废、毁损、对外投资等原因转入清理的固定资产价值，以及在清理过程中所发生的清理费用和处置收入等。本科目应当按照被清理的固定资产项目进行明细核算。本科目期末余额，反映企业尚未清理完毕的固定资产的价值以及清理净损益(处置收入减去清理费用)。

(1)因出售、报废、毁损、对外投资等原因处置固定资产

借：固定资产清理(按固定资产的账面价值)
　　累计折旧(按已提折旧)
　　贷：固定资产(按固定资产原价)

(2)清理过程中发生的相关税费及其他费用

借：固定资产清理
　　贷：银行存款
　　　　应交税费等

(3)清理过程中取得的出售价款、残料价值、应由保险公司或过失人赔偿的损

失等

借:银行存款

原材料

其他应收款

贷:固定资产清理

(4)生产经营期间产生的固定资产清理净收益

借:固定资产清理

贷:营业外收入——非流动资产处置净收益

(5)生产经营期间产生的固定资产清理净损失

借:营业外支出——非流动资产处置净损失

贷:固定资产清理

【例 6-35】甲公司将一台使用期满的设备予以报废,原始价值为 60 000 元,预计残值为 4 000 元,预计清理费用为 1 500 元,已提折旧 57 500 元。在拆卸搬运中实际发生的清理费用为 1 500 元,设备清理实际所得零部件残料入库备用,作价 3 600 元,上述款项均通过银行存款收付。甲公司应编制如下会计分录:

①固定资产报废清理时

借:固定资产清理　　2 500

累计折旧　　57 500

贷:固定资产　　60 000

②支付清理费用时

借:固定资产清理　　1 500

贷:银行存款　　1 500

③收回残料入库时

借:原材料　　3 600

贷:固定资产清理　　3 600

④固定资产清理完毕结转净损失时

借:营业外支出——非流动资产处置净损失　　400

贷:固定资产清理　　400

【例 6-36】甲公司将一台设备作为投资获得乙公司 5% 的股份,设备原始价值为 800 000 元,已提折旧 120 000 元。该设备的评估价为 700 000 元。假定不考虑相关税费,甲公司应编制如下会计分录:

①固定资产转入清理

借:固定资产清理　　680 000

　　累计折旧　　　　　　　　　　　　120 000

　　贷:固定资产　　　　　　　　　　　　800 000

②固定资产对外投资

借:长期股权投资　　　　　　　　　　700 000

　　贷:固定资产清理　　　　　　　　　　700 000

③固定资产清理完毕转出“固定资产清理”余额

借:固定资产清理　　　　　　　　　　　20 000

　　贷:营业外收入——非流动资产处置净收益　　20 000

6.7.5 在建工程

(1)购入工程物资

借:工程物资

　　贷:银行存款

(2)工程领用工程物资

借:在建工程

　　贷:工程物资

(3)分配工程人员工资

借:在建工程

　　贷:应付职工薪酬

(4)工程领用产品

借:在建工程

　　贷:库存商品

　　　　应交税费——应交增值税(销项税额)

(5)工程竣工前发生的借款利息

借:在建工程

　　贷:应付利息

(6)工程试运转过程中发生的支出

借:在建工程

　　贷:银行存款等

(7)试运转形成的产品对外出售或转为库存商品

借:银行存款、库存商品等

　　贷:在建工程

(8)自营工程办理竣工决算

借:固定资产

贷:在建工程

(9)支付出包工程价款

借:在建工程(按合同进度和合同规定结算的工程价款)

贷:银行存款

(10)工程完工

借:固定资产

贷:在建工程

【例6-37】2013年4月5日,甲公司自建办公楼,以5 000 000元购入为工程准备的各种物资,支付的增值税税额为850 000元,全部用于工程建设。领用本公司生产的产品一批,实际成本为80 000元,税务部门确定的计税价格为100 000元,增值税税率为17%;工程人员应计工资为180 000元,支付其他费用80 000元。当年,工程完工并办理竣工决算。甲公司应编制如下会计分录:

①购入工程物资时

借:工程物资　　5 850 000

贷:银行存款　　5 850 000

②工程领用工程物资时

借:在建工程　　5 850 000

贷:工程物资　　5 850 000

③工程领用本公司生产的产品时

借:在建工程　　97 000

贷:库存商品　　80 000

应交税费——应交增值税(销项税额)　　17 000

④分配工程人员工资时

借:在建工程　　180 000

贷:应付职工薪酬　　180 000

⑤支付工程发生的其他费用时

借:在建工程　　80 000

贷:银行存款　　80 000

⑥工程完工转入固定资产的金额=5 850 000+97 000+180 000+80 000=6 207 000(元)

借:固定资产　　6 207 000

贷:在建工程　　6 207 000

6.7.6 固定资产清查

(1)盘盈的固定资产

借:固定资产(按同类或类似固定资产的市场价格或评估价值扣除按新旧程度估计的折旧后的余额)

贷:待处理财产损溢——待处理非流动资产损溢

报经批准后

借:待处理财产损溢——待处理非流动资产损溢

贷:营业外收入

(2)盘亏、毁损的固定资产

借:待处理财产损溢——待处理非流动资产损溢(按固定资产的账面价值)

累计折旧(按已提折旧)

贷:固定资产(按固定资产原值)

报经批准后

借:营业外支出

贷:待处理财产损溢——待处理非流动资产损溢

6.8 生产性生物资产

设置"生产性生物资产"科目,核算小微企业(农、林、牧、渔业)持有的生产性生物资产的原价。为生产农产品、提供劳务或出租等目的而持有的生物资产形成生产性生物资产,包括经济林、薪炭林、产畜和役畜等。本科目应当按照"未成熟生产性生物资产"和"成熟生产性生物资产",分别生产性生物资产的种类、群别、所属部门等进行明细核算。本科目期末借方余额,反映企业生产性生物资产的原价。

设置"生产性生物资产累计折旧"科目,核算小微企业(农、林、牧、渔业)对成熟生产性生物资产计提的累计折旧。本科目应当按照生产性生物资产的种类、群别、所属部门等进行明细核算。本科目期末贷方余额,反映企业成熟生产性生物资产的累计折旧额。

6.8.1 外购生产性生物资产

借:生产性生物资产

应交税费——应交增值税(进项税额)

贷:银行存款、应付账款等

6.8.2 自行营造或繁殖生产性生物资产

(1)达到生产经营目的前

借:生产性生物资产——未成熟生产性生物资产(按发生的必要支出)

贷:原材料、银行存款等

(2)未成熟生产性生物资产达到预定生产经营目的时

借:生产性生物资产——成熟生产性生物资产

贷:生产性生物资产——未成熟生产性生物资产(按账面余额)

6.8.3 育肥畜淘汰转为产畜或役畜

借:生产性生物资产

贷:消耗性生物资产(按账面余额)

6.8.4 产畜或役畜淘汰转为育肥畜

借:消耗性生物资产(按转群时的账面价值)

生产性生物资产累计折旧(按已计提的累计折旧)

贷:生产性生物资产(按账面余额)

6.8.5 生产性生物资产后续支出

(1)择伐、间伐或抚育更新性质采伐而补植林木类生产性生物资产发生的后续支出

借:生产性生物资产

贷:银行存款等

(2)林木类生产性生物资产达到预定生产经营目的后发生的管护费用等

借:管理费用

贷:银行存款等

6.8.6 计提成熟生产性生物资产折旧

借:生产成本、管理费用等

贷:生产性生物资产累计折旧

生产性生物资产应当按照年限平均法计提折旧。小微企业(农、林、牧、渔业)应当自生产性生物资产投入使用月份的下月起按月计提折旧;停止使用的生产性生物资产,应当自停止使用月份的下月起停止计提折旧。

6.8.7 出售生产性生物资产

借:银行存款等(按实际收到的金额)

生产性生物资产累计折旧(按已计提的累计折旧)

营业外支出——处置非流动资产净损失(按借方差额)

贷:生产性生物资产(按账面余额)

营业外收入——处置非流动资产净收益(按贷方差额)

【例6-38】丙企业2010年年初自行营造30亩苹果树。苹果树3年后挂果,

苹果树从挂果时起,预期经济使用寿命为12年。采用年限平均法计提折旧,假定该苹果树期满无残值。从2010年至2013年发生如下支出:

①2010年发生种苗费150 000元,平整土地所需机械作业费(机器设备折旧)20 000元,当年化肥支出90 000元,农药支出10 000元,人工费80 000元,管护费50 000元。

②苹果树3年后挂果。2011年、2012年,每年发生化肥支出90 000元,农药支出15 000元,人工费15 000元,管护费20 000元。

③2013年以后每年发生化肥支出18 000元,农药支出72 000元,人工费30 000元,管护费12 000元。

丙企业应编制如下会计分录:

①2010年

借:生产性生物资产——未成熟生产性生物资产　400 000

　贷:原材料——种苗　150 000

　　　　——化肥　90 000

　　　　——农药　10 000

　　应付职工薪酬　80 000

　　累计折旧　20 000

　　银行存款　50 000

②2011年及2012年

借:生产性生物资产——未成熟生产性生物资产　140 000

　贷:原材料——化肥　90 000

　　　　——农药　15 000

　　应付职工薪酬　15 000

　　银行存款　20 000

③2013年苹果树开始挂果,将未成熟生产性生物资产转为成熟生产性生物资产

借:生产性生物资产——成熟生产性生物资产　540 000

　贷:生产性生物资产——未成熟生产性生物资产　540 000

④从2013年起,每年计提折旧

借:农业生产成本　45 000

　贷:生产性生物资产累计折旧　45 000

⑤2013年开始,每年发生管护费用等

借:管理费用　132 000

贷:原材料——化肥　　18 000

　　　——农药　　72 000

应付职工薪酬　　30 000

银行存款　　12 000

6.9 无形资产

设置“无形资产”科目,核算小微企业为生产产品、提供劳务、出租或经营管理而持有的没有实物形态的可辨认非货币性资产,包括专利权、非专利技术、商标权、著作权、土地使用权等。企业应当按照无形资产项目进行明细核算。本科目期末借方余额,反映企业无形资产的成本。

设置“累计摊销”科目,核算小微企业对无形资产计提的累计摊销额。本科目应按无形资产项目进行明细核算。本科目期末贷方余额,反映企业无形资产累计摊销额。

设置“研发支出”科目,核算小微企业研究与开发无形资产过程中发生的各项支出。本科目应当按照研究开发项目,分别“费用化支出”与“资本化支出”进行明细核算。期末,企业应将本科目归集的费用化支出金额转入“管理费用”科目。本科目期末借方余额,反映企业正在进行的研究开发项目中满足资本化条件的支出。

(1)外购无形资产

借:无形资产(按实际支付的购买价款、相关税费和其他支出)

贷:银行存款等

(2)投资者投入的无形资产

借:无形资产(按评估价值和相关税费)

贷:实收资本(按在注册资本中享有的份额)

资本公积

(3)自行研究开发的无形资产

借:研发支出——费用化支出(不满足资本化条件的支出)

　　　——资本化支出(满足资本化条件的支出)

贷:原材料、银行存款、应付职工薪酬、应付利息等

研究开发项目达到预定用途形成无形资产的

借:无形资产

贷:研发支出——资本化支出

月末,将“研发支出”科目归集的费用化支出金额转入“管理费用”科目

借:管理费用

贷:研发支出——费用化支出

(4)无形资产摊销

借:管理费用等

贷:累计摊销

(5)处置无形资产

借:银行存款等(按实际收到的价款)

累计摊销(按已提的累计摊销)

营业外支出——非流动资产处置净损失(按借方差额)

贷:无形资产(按无形资产成本)

银行存款(按支付的相关税费)

应交税费(按应交的相关税费)

营业外收入——非流动资产处置净收益(按贷方差额)

【例 6-39】甲公司是一家高科技软件实业公司,2013 年开发一种新的应用程序软件。软件开发分三个阶段进行。第一阶段为市场调研阶段,主要是通过中介公司进行市场调查,本阶段发生的调研费用为 100 000 元。第二阶段为研究阶段,对产品进行可行性研究,并提出具体的开发产品的初步方案,本阶段发生了科研人员的工资、各种耗材费用、办公费用等 1 000 000 元。第三阶段为开发阶段,使研究的产品具有商品价值,直接能上市出售,企业这一阶段发生的费用为 3 000 000 元。

①记录第一阶段发生的相关费用

	借方	贷方
借:研发支出——费用化支出	100 000	
贷:银行存款		100 000
借:管理费用	100 000	
贷:研发支出——费用化支出		100 000

②记录第二阶段发生的相关费用

	借方	贷方
借:研发支出——费用化支出	1 000 000	
贷:应付职工薪酬、原材料、银行存款等		1 000 000
借:管理费用	1 000 000	
贷:研发支出——费用化支出		1 000 000

③记录第三阶段发生的相关费用

	借方	贷方
借:研发支出——资本化支出	3 000 000	
贷:应付职工薪酬、原材料等		3 000 000
借:无形资产	3 000 000	
贷:研发支出——资本化支出		3 000 000

【例 6 - 40】2013 年 1 月 1 日,乙公司拥有一项特许权,成本为 480 000 元,合同规定受益年限为 10 年,预计净残值为零。

乙公司每月应计提的摊销额 = 480 000 ÷ 10 ÷ 12 = 4 000(元)

每月摊销时,乙公司应编制如下会计分录:

借:管理费用　　4 000

　　贷:累计摊销　　4 000

【例 6 - 41】2013 年 4 月 1 日,甲公司出售一项专利权,收取价款 120 000 元,应交营业税 5 500 元,用银行存款支付律师费 2 500 元。该无形资产的原始价值为 150 000 元,累计摊销额为 40 000 元。甲公司应编制如下会计分录:

借:银行存款　　120 000

　　累计摊销　　40 000

　　贷:无形资产——专利权　　150 000

　　　　应交税费——应交营业税　　5 500

　　　　银行存款　　2 500

　　　　营业外收入——非流动资产处置净收益　　2 000

6.10 长期待摊费用

设置"长期待摊费用"科目,核算小微企业已经发生但应由本期和以后各期负担的分摊期限在 1 年以上的各项费用。本科目应按费用项目进行明细核算。本科目期末借方余额,反映企业尚未摊销完毕的长期待摊费用。

(1)小微企业发生长期待摊费用

借:长期待摊费用

　　贷:银行存款、原材料等

(2)摊销长期待摊费用

借:制造费用、管理费用等

　　贷:长期待摊费用

【例 6 - 42】2013 年 2 月 1 日,甲公司经营租入一幢建筑物作为办公楼,租赁期为 10 年。3 月 12 日,甲公司对其以经营租赁方式租入的办公楼进行装修,发生以下有关支出:领用 460 000 元的生产用材料,购进该批材料时支付的增值税进项税额为 78 200 元;装修人员工资等职工薪酬 65 000 元。5 月 20 日,该办公楼装修完工,达到预定可使用状态并交付使用。甲公司应编制如下会计分录:

①装修领用原材料时

借:长期待摊费用　　538 200

贷:原材料　　460 000

应交税费——应交增值税(进项税额转出)　　78 200

②确认装修人员薪酬时

借:长期待摊费用　　65 000

贷:应付职工薪酬　　65 000

③从2013年6月份起每月摊销5 200元[(538 200+65 000)÷(9×12+8)]

借:管理费用　　5 200

贷:长期待摊费用　　5 200

第7章　负债业务账务处理

负债是指企业过去的交易或者事项形成的,预期会导致经济利益流出企业的现时义务。按其流动性不同,分为流动负债和非流动负债。流动负债是指预计在1年内或超过1年的一个正常营业周期内偿还的债务,主要包括短期借款、应付票据、应付账款、预收账款、应付职工薪酬、应交税费、应付利息、应付利润、其他应付款等。非流动负债是指流动负债以外的负债,主要包括长期借款、长期应付款、递延收益等。

小微企业的负债分类如图7-1所示。

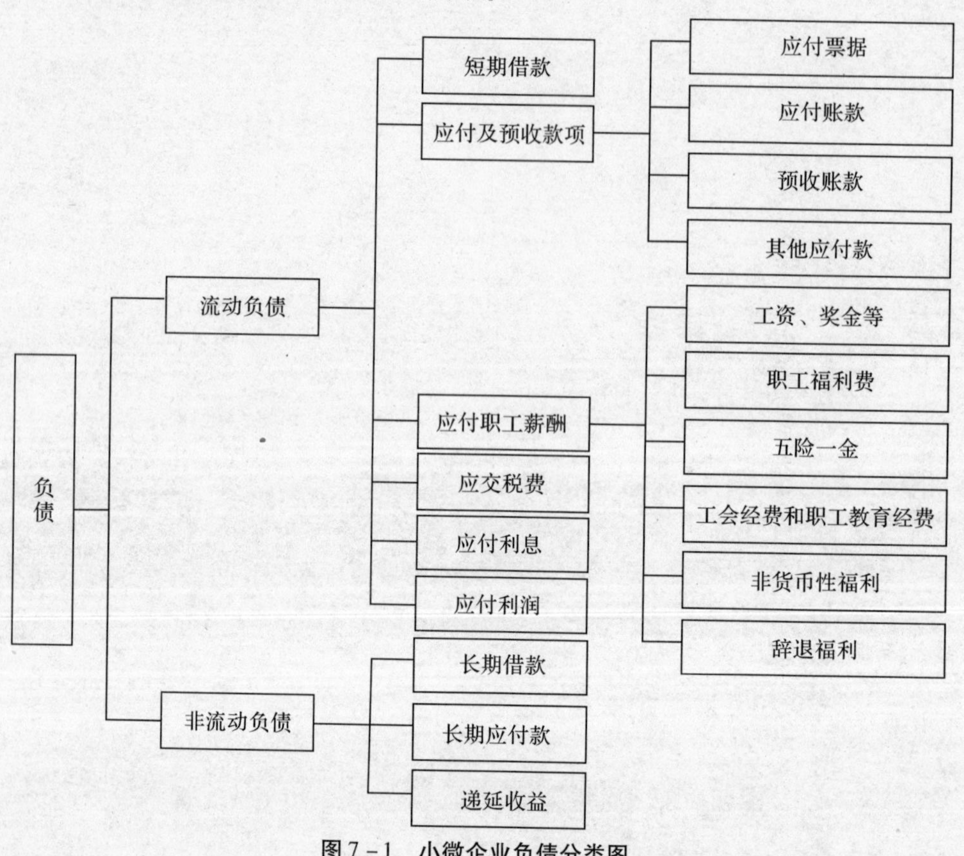

图7-1　小微企业负债分类图

7.1 短期借款

设置“短期借款”科目，核算小微企业从银行或其他金融机构等借入的期限在1年以下（含1年）的各种借款。本科目应当按照借款种类、贷款人和币种进行明细核算。本科目期末贷方余额，反映企业尚未偿还的短期借款的本金。

设置“应付利息”科目，核算小微企业按照合同约定应支付的利息，包括短期借款、分期付息到期还本的长期借款等应支付的利息。本科目应当按照债权人进行明细核算。本科目期末贷方余额，反映企业按照合同约定应支付但尚未支付的利息。

企业从银行或其他金融机构等借入的期限在1年以上的各种借款，在“长期借款”科目核算。

（1）借入款项

借：银行存款

　　贷：短期借款

（2）在应付利息日预提借款利息

借：财务费用

　　贷：应付利息

（3）借款到期偿还本金和最后一期利息

借：短期借款（按借入的本金）

　　财务费用（按尚未计提的利息）、应付利息（按已计提的利息）

　　贷：银行存款

【例7－1】甲公司于2013年2月1日从银行借入60万元，年利率为6%，期限为3个月，到期一次还本付息。甲公司应编制如下会计分录：

①取得借款时

借：银行存款　　600 000

　　贷：短期借款　　600 000

②4、5月末预提借款利息时

借：财务费用　　3 000

　　贷：应付利息　　3 000

③6月末还本付息时

借：短期借款　　600 000

　　应付利息　　6 000

　　财务费用　　3 000

　　贷：银行存款　　609 000

7.2 应付及预收款项

7.2.1 应付票据

设置“应付票据”科目,核算小微企业购买材料、商品和接受劳务供应等而开出、承兑的商业汇票,包括银行承兑汇票和商业承兑汇票。企业应当设置“应付票据备查簿”,详细登记每一张商业汇票的种类、号数、出票日期、到期日期、票面余额、交易合同号、收款人姓名或单位名称以及付款日期和金额等资料。应付票据到期结清时,应当在应付票据备查簿内逐笔注销。本科目期末贷方余额,反映企业尚未到期的商业汇票的票面余额。

(1)开出商业汇票,以承兑商业汇票抵付货款

借:材料采购、在途物资、库存商品等(按购货成本)

　　应交税费——应交增值税(进项税额)(按可抵扣的增值税税额)

　　贷:应付票据(按票据面值)

(2)开出商业汇票,以承兑商业汇票抵付应付账款

借:应付账款

　　贷:应付票据(按票据面值)

(3)支付银行承兑汇票手续费

借:财务费用

　　贷:银行存款

(4)票据到期支付票款

借:应付票据

　　贷:银行存款

(5)票据到期无力支付商业承兑汇票票款

借:应付票据

　　贷:应付账款

如果是银行承兑汇票,则

借:应付票据

　　贷:短期借款

【例7-2】2013年3月1日,甲公司从M公司购入甲材料一批,专用发票上注明的价款为10万元、增值税税额为17 000元,购销合同规定采用商业汇票结算。甲公司开出并承兑一张面值为11.7万元、期限为4个月的商业承兑汇票给M公司,材料已验收入库。甲公司应编制如下会计分录:

①甲公司承兑商业汇票时

借:原材料　　100 000

应交税费——应交增值税(进项税额)　　17 000

贷:应付票据——M 公司　　117 000

②票据到期付款时

借:应付票据——M 公司　　117 000

贷:银行存款　　117 000

若票据到期时甲公司无力支付,应将“应付票据”转入“应付账款”账户核算。

借:应付票据——M 公司　　117 000

贷:应付账款——M 公司　　117 000

7.2.2 应付账款

设置“应付账款”科目,核算小微企业购买材料、商品和接受劳务供应等经营活动应支付的款项。本科目应当按照不同的债权人进行明细核算。本科目期末贷方余额,反映企业尚未支付的应付账款。

(1)购入材料、商品的等未验收入库,货款尚未支付

借:在途物资、库存商品等(按购货成本)

应交税费——应交增值税(进项税额)(按可抵扣的增值税税额)

贷:应付账款(按应付的价款)

(2)接受供应单位提供劳务而发生的应付未付款项

借:生产成本、管理费用等(按供应单位的发票账单)

贷:应付账款

(3)偿付应付账款

借:应付账款

贷:银行存款

(4)无法支付的应付账款

借:应付账款

贷:营业外收入

【例 7-3】甲公司 2013 年 3 月 1 日从 N 公司购入甲商品一批,价款为 60 万元,增值税税率为 17%,商品当日验收入库,付款条件为“2/10,1/30,n/60”。假定该公司于 3 月 10 日付款。甲公司应编制如下会计分录:

①3 月 1 日购入商品时

借:库存商品——甲商品　　600 000

应交税费——应交增值税(进项税额)　　102 000

贷:应付账款——N 公司　　　　702 000

②3 月 10 日付款时

借:应付账款——N 公司　　　　702 000

贷:银行存款　　　　690 000

财务费用　　　　12 000

7.2.3 预收账款

设置“预收账款”科目,核算小微企业按照合同规定预收的款项,包括预收的货款、工程款等。本科目应按购货单位进行明细核算。本科目期末贷方余额,反映企业向购货单位预收的款项;期末如为借方余额,反映企业应由购货单位补付的款项。

预收账款不多的小微企业,将预收的款项直接记入“应收账款”科目核算。

(1)预收款时

借:银行存款(按预收的金额)

贷:预收账款(或应收账款)

(2)发出商品时结转预收款

借:预收账款(或应收账款)(按发票账单等列示的实际发生额)

贷:主营业务收入

应交税费——应交增值税(销项税额)

(3)收到补付款

借:银行存款

贷:预收账款(或应收账款)

退回多收款时

借:预收账款(或应收账款)

贷:银行存款

【例 7 -4】甲公司 2013 年 3 月接受乙公司一批订货,按合同规定,货款金额为 50 万元,预计 4 个月完成。订货方预付货款的 50% ,另外 50% 待完工发货后再支付。该货物的增值税税率为 17% 。甲公司应编制如下会计分录:

①收到预付的货款时

借:银行存款　　　　250 000

贷:预收账款——乙公司　　　　250 000

②4 个月后产品完工并发出时

借:预收账款——乙公司　　　　585 000

贷:主营业务收入　　　　500 000

应交税费——应交增值税（销项税额）　85 000

③收到订货单位补付的货款时

借：银行存款　335 000

贷：预收账款——乙公司　335 000

7.2.4 其他应付款

设置“其他应付款”科目，核算小微企业除应付票据、应付账款、预收账款、应付职工薪酬、应付利息、应付利润、应交税费、长期应付款等经营活动以外的其他各项应付、暂收的款项。本科目应当按照其他应付款的项目和对方单位（或个人）进行明细核算。本科目期末贷方余额，反映企业尚未支付的其他应付款项。

（1）发生各种其他应付、暂收款项

借：管理费用等

贷：其他应付款

（2）支付各种其他应付、暂收款项

借：其他应付款

贷：银行存款等

（3）企业无法支付的其他应付款

借：其他应付款

贷：营业外收入

【例 7－5】甲公司 2013 年 1 月 1 日以经营租赁方式从乙公司租入一台生产用设备，每月租金为 10 000 元，月末支付。2013 年 1 月 31 日，甲公司以银行存款支付当月应付租金 10 000 元。甲公司应编制如下会计分录：

①1 月 31 日计提应付经营租入固定资产租金

借：制造费用　10 000

贷：其他应付款　10 000

②1 月 31 日支付租金

借：其他应付款　10 000

贷：银行存款　10 000

7.3 应付职工薪酬

设置“应付职工薪酬”科目，核算小微企业根据有关规定应付给职工的各种薪酬，包括工资、奖金、津贴和补贴，职工福利费，医疗保险费、养老保险费、失业保险费、工伤保险费和生育保险费等社会保险费，住房公积金，工会经费，职工教育经费，非货币性福利，解除职工劳动关系补偿等与获得职工提供的服务相关的支出。

本科目应当按照应付职工薪酬项目进行等明细核算。本科目期末贷方余额,反映企业应付职工薪酬的结余。

(1)月份终了,分配本月的职工薪酬

借:生产成本、制造费用、管理费用、销售费用等

贷:应付职工薪酬

(2)实际发放(支付)职工薪酬

借:应付职工薪酬

贷:库存现金、银行存款

(3)从应付职工薪酬中扣还各种款项

借:应付职工薪酬

贷:其他应收款(或其他应付款)

应交税费——应交个人所得税

(4)以自产的产品发放给职工

借:生产成本、制造费用、管理费用、销售费用等

贷:应付职工薪酬

借:应付职工薪酬

贷:主营业务收入

应交税费——应交增值税(销项税额)

借:主营业务成本

贷:库存商品

(5)以外购的商品发放给职工

借:应付职工薪酬

贷:银行存款

借:生产成本、制造费用、管理费用、销售费用等

贷:应付职工薪酬

【例7-6】甲公司分配2013年3月应负担的职工薪酬151 400元,其中,产品生产人员薪酬为100 000元,车间管理人员薪酬为21 400元,公司行政管理人员薪酬为18 400元,销售人员薪酬为11 600元。月末甲公司应编制如下会计分录:

借:生产成本	100 000	
制造费用	21 400	
管理费用	18 400	
销售费用	11 600	
贷:应付职工薪酬		151 400

【例7-7】甲公司2013年3月实际发放职工工资123 400元。发放工资时甲

公司应编制如下会计分录：

借:应付职工薪酬　　123 400
　贷:银行存款　　123 400

【例7－8】甲公司为一家小型家电生产企业,共有职工200人,其中生产工人130人、企业管理人员40人、销售人员30人。2013年2月,公司决定将自己生产的豆浆机作为福利发放给公司每名职工。该豆浆机单位生产成本为210元,售价为每台358元,甲公司适用的增值税税率为17%。甲公司应编制如下会计分录:

①决定发放豆浆机时

借:生产成本　　54 451.8
　制造费用　　16 754.4
　管理费用　　12 565.8
　贷:应付职工薪酬——非货币性福利　　83 772

②实际发放豆浆机时

借:应付职工薪酬——非货币性福利　　83 772
　贷:主营业务收入　　71 600
　　应交税费——应交增值税(销项税额)　　12 172

借:主营业务成本　　42 000
　贷:库存商品　　42 000

【例7－9】承【例7－8】,假定甲公司购买电饭煲作为福利发放给公司每名职工。电饭煲的买价为每台268元,共支付购买价款53 600元、增值税税额9 112元。甲公司应编制如下会计分录:

①决定发放电饭煲时

借:生产成本　　40 762.8
　制造费用　　12 542.4
　管理费用　　9 406.8
　贷:应付职工薪酬——非货币性福利　　62 712

②外购电饭煲时

借:应付职工薪酬——非货币性福利　　62 712
　贷:银行存款　　62 712

7.4 应交税费

设置"应交税费"科目,核算小微企业应缴纳的增值税、消费税、营业税、城市维护建设税、企业所得税、资源税、土地增值税、城镇土地使用税、房产税、车船税和教育费附加、矿产资源补偿费、排污费以及代扣代缴的个人所得税等。本科目应当按照应交税费的税种进行明细核算。本科目期末贷方余额,反映企业尚未缴纳的税费;期末借方余额,反映企业多交或尚未抵扣的税金。

企业(保险业)按规定应缴纳的保险保障基金,通过本科目核算。

企业代扣代缴的个人所得税,也通过本科目核算。

企业不需要预计应交数所缴纳的税金,如印花税、耕地占用税等,不在本科目核算。

7.4.1 应交增值税

小微企业如果属于增值税一般纳税企业,应当在“应交增值税”明细科目中分别设置“进项税额”、“销项税额”、“进项税额转出”、“出口退税”、“已交税金”等专栏。

“进项税额”专栏,记录小微企业购入货物或接受应税劳务而支付的、按规定准予从销项税额中抵扣的增值税税额。企业购入货物或接受应税劳务支付的进项税额,用蓝字登记;退回所购货物应冲销的进项税额,用红字登记。

“销项税额”专栏,记录小微企业销售货物或提供应税劳务应收取的增值税税额。企业销售货物或提供应税劳务应收取的销项税额,用蓝字登记;退回销售货物应冲销的销项税额,用红字登记。

“进项税额转出”专栏,记录小微企业的购进货物、在产品、产成品等发生非正常损失以及其他原因而不应从销项税额中抵扣、按规定转出的进项税额。

“出口退税”专栏,记录小微企业出口适用零税率的货物,向海关办理报关出口手续后,凭出口报关单等有关凭证,向税务机关申报办理出口退税而收到退回的税款。出口货物退回的增值税税额,用蓝字登记;出口货物办理退税后发生退货或者退关而补交已退的税款,用红字登记。

“已交税金”专栏,记录小微企业本月已缴纳的增值税税额。企业本月已缴纳的增值税税额,用蓝字登记;退回本月多交的增值税税额,用红字登记。

(1)采购物资发生的增值税进项税额

借:材料采购、在途物资、原材料、库存商品等(按应计入采购成本的金额)

　　应交税费——应交增值税(进项税额)

　　贷:应付账款、银行存款等

购入货物发生退货做相反的会计分录。

(2)购进免税农业产品扣减的增值税进项税额

借:应交税费——应交增值税(进项税额)(按购入农业产品的买价和税法规定的扣除率计算的增值税进项税额)

　　材料采购、在途物资等(按买价减去按照税法规定计算的进项税额后的

金额)

贷:应付账款、银行存款等(按照应付或实际支付的价款)

购入货物发生退货做相反的会计分录。

(3)销售商品、提供劳务发生的增值税销项税额

借:应收账款、银行存款等(按收入金额和应收取的增值税销项税额)

贷:主营业务收入、其他业务收入等

应交税费——应交增值税(销项税额)(按税法规定应缴纳的增值税销项税额)

(4)随同商品出售但单独计价的包装物发生的增值税销项税额

借:应收账款、银行存款等(按收入金额和应收取的增值税销项税额)

贷:其他业务收入

应交税费——应交增值税(销项税额)(按税法规定应缴纳的增值税销项税额)

(5)小微企业将自产的产品用作福利发放给职工

借:应付职工薪酬

贷:主营业务收入(视同销售的售价金额)

应交税费——应交增值税(销项税额)(按计税价格计算的增值税)

(6)工程使用本企业的产品或商品

借:在建工程

贷:库存商品(按照成本)

应交税费——应交增值税(销项税额)(按税法规定应缴纳的增值税销项税额)

(7)实行“免、抵、退”管理办法的小微企业,出口产品或商品退回的增值税

借:主营业务成本(按税法规定计算的当期出口产品不予免征、抵扣和退税的增值税税额)

贷:应交税费——应交增值税(进项税额转出)

借:应交税费——应交增值税(出口抵减内销产品应纳税额)(按税法规定计算的当期应予抵扣的增值税税额)

贷:应交税费——应交增值税(出口退税)

借:其他应收款(出口产品按照税法规定应予退回的增值税税额)

贷:应交税费——应交增值税(出口退税)

(8)未实行“免、抵、退”管理办法的小微企业,出口产品或商品退回的增值税

借:应收账款等(按出口产品实现销售收入时应收的金额)

其他应收款(按税法规定应收的出口退税)

主营业务成本(按税法规定不予退回的增值税税额)

贷:主营业务收入(按确认的销售商品收入)

应交税费——应交增值税(销项税额)(按税法规定应缴纳的增值税税额)

(9)购入材料(包括机器设备)等按照税法规定不得从增值税销项税额中抵扣的进项税额

借:材料采购、在途物资、在建工程、固定资产等(计入成本的进项税额)

贷:银行存款等

(10)购进的物资、在产品、产成品因盘亏、毁损、报废、被盗,以及购进物资改变用途等原因按照税法规定不得从增值税销项税额中抵扣的进项税额

借:待处理财产损溢

贷:应交税费——应交增值税(进项税额转出)

(11)小规模纳税人以及一般纳税人购入材料等不能抵扣的增值税

借:材料采购、在途物资等

贷:应付账款、银行存款等

(12)缴纳增值税

借:应交税费——应交增值税(已交税金)

贷:银行存款

【例7-10】甲公司2013年2月购入A材料一批,增值税专用发票上注明的材料价款为40 000元、增值税税额为6 800元,货款已经支付,材料已经到达并验收入库。该公司当日产品销售收入为100 000元(不含向购买方收取的增值税),货款尚未收到。假如该产品的增值税税率为17%。根据上述经济业务,甲公司应编制如下会计分录:

①购进材料时

借:原材料——A材料 40 000

应交税费——应交增值税(进项税额) 6 800

贷:银行存款 46 800

②销售商品时

借:应收账款 117 000

贷:主营业务收入 100 000

应交税费——应交增值税(销项税额) 17 000

【例7-11】甲公司收购农产品,支付的农产品价款为80 000元,农产品已验收入库。甲公司应编制如下会计分录:

借:原材料 69 600

应交税费——应交增值税(进项税额) 10 400

贷:银行存款 80 000

【例 7－12】甲公司以自己生产的产品对乙公司投资，该批产品的成本为 120 000 元，计税价格为 150 000 元。假如该产品的增值税税率为 17%。根据上述经济业务，甲公司应编制如下会计分录：

借:长期股权投资——乙公司 175 500

贷:主营业务收入 150 000

应交税费——应交增值税(销项税额) 25 500

借:主营业务成本 120 000

贷:库存商品 120 000

【例 7－13】甲公司购入生产用 B 材料一批，专用发票上注明的材料价款为 60 000 元、增值税税额为 10 200 元，材料已入库，货款已支付。材料入库后，该公司将该批材料全部用于在建工程项目。甲公司应编制如下会计分录：

①购入材料入库时

借:原材料——B 材料 60 000

应交税费——应交增值税(进项税额) 10 200

贷:银行存款 70 200

②工程领用材料时

借:在建工程 70 200

贷:原材料——B 材料 60 000

应交税费——应交增值税(进项税额转出) 10 200

【例 7－14】乙企业为小规模纳税企业，本期购入原材料一批，增值税专用发票上注明的价款为 50 000 元、增值税税额为 8 500 元，乙企业开出一张商业承兑汇票，材料尚未到达。同期销售产品一批，含税价格为 61 800 元，货款尚未收到。根据上述资料，乙企业应编制如下会计分录：

①购进原材料时

借:在途物资 58 500

贷:应付票据 58 500

②销售货物时

借:应收账款 61 800

贷:主营业务收入 60 000

应交税费——应交增值税 1 800

③乙企业按规定上缴增值税 1 800 元，应编制如下会计分录：

借:应交税费——应交增值税 1 800

贷:银行存款 1 800

7.4.2 应交消费税

(1)销售需要缴纳消费税的物资应交的消费税

借:营业税金及附加

贷:应交税费——应交消费税

(2)以生产的产品用于在建工程、非生产机构等,按照税法规定应缴纳的消费税

借:在建工程、管理费用等

贷:应交税费——应交消费税

(3)随同商品出售但单独计价的包装物,按照税法规定应缴纳的消费税

借:营业税金及附加

贷:应交税费——应交消费税

(4)需要缴纳消费税的委托加工物资,由受托方代收代缴税款(除受托加工或翻新改制金银首饰按照税法规定由受托方缴纳消费税外)

借:应收账款、银行存款等(受托方按照应交税款金额)

贷:应交税费——应交消费税

委托加工物资收回后直接用于销售的

借:库存商品等(委托方缴纳的消费税)

贷:应付账款、银行存款等

委托加工物资收回后用于连续生产的

借:应交税费——应交消费税(委托方缴纳的、按照税法规定准予抵扣的消费税)

贷:应付账款、银行存款等

(5)有金银首饰零售业务的以及采用以旧换新方式销售金银首饰的小微企业应缴纳的消费税

借:营业税金及附加

贷:应交税费——应交消费税

(6)有金银首饰零售业务的小微企业因受托代销金银首饰按照税法规定应缴纳的消费税

借:营业税金及附加

贷:应交税费——应交消费税

(7)以其他方式代销金银首饰应缴纳的消费税

借:营业税金及附加

贷:应交税费——应交消费税

(8)有金银首饰批发、零售业务的小微企业将金银首饰用于馈赠、赞助、广告、

职工福利、奖励等方面的，应于物资移送时，按照应交的消费税

借：营业外支出、销售费用、应付职工薪酬等

　贷：应交税费——应交消费税

(9)随同金银首饰出售但单独计价的包装物，按照税法规定应缴纳的消费税

借：营业税金及附加

　贷：应交税费——应交消费税

(10)小微企业因受托加工或翻新改制金银首饰按照税法规定应缴纳的消费税，于向委托方交货时

借：营业税金及附加

　贷：应交税费——应交消费税

(11)缴纳的消费税

借：应交税费——应交消费税

　贷：银行存款

【例7-15】乙公司2013年2月销售摩托车20辆，每辆售价为5 000元(不含向购买方收取的增值税)，货款尚未收到，每辆摩托车成本为3 000元。摩托车增值税税率为17%，消费税税率为10%。乙公司应编制如下会计分录：

应向购买方收取的增值税 = 5 000 × 20 × 17% = 17 000(元)

应缴纳的消费税 = 5 000 × 20 × 10% = 10 000(元)

借：应收账款　117 000

　贷：主营业务收入　100 000

　　应交税费——应交增值税(销项税额)　17 000

借：营业税金及附加　10 000

　贷：应交税费——应交消费税　10 000

借：主营业务成本　60 000

　贷：库存商品　60 000

【例7-16】乙公司管理部门领用自产的应税消费品一件，实际成本为5 000元，同类产品的销售价格为1万元，增值税税率为17%，消费税税率为20%。乙公司应编制如下会计分录：

应交增值税 = 10 000 × 17% = 1 700(元)

应交消费税 = 10 000 × 20% = 2 000(元)

借：管理费用　8 700

　贷：库存商品　5 000

　　应交税费——应交增值税(销项税额)　1 700

　　　——应交消费税　2 000

【例7－17】某酒厂委托甲公司加工酒精，发出材料的总成本为100 000元，加工费为14 000元，加工完毕收回入库直接对外出售。加工费以及被代收代缴的消费税已通过银行支付。该酒厂没有同类酒精的售价，酒精的消费税税率为5%、增值税税率为17%。该酒厂应编制如下会计分录：

①发出委托加工材料时

借：委托加工物资　　100 000

　贷：原材料　　100 000

②支付加工费及代收的税金时

组成计税价格＝(100 000＋14 000)÷(1－5%)＝120 000(元)

应交消费税＝120 000×5%＝6 000(元)

应交增值税＝14 000×17%＝2 380(元)

借：委托加工物资　　14 000

　应交税费——应交增值税(进项税额)　　2 380

　　——应交消费税　　6 000

　贷：银行存款　　22 380

③酒精验收入库时

借：原材料　　114 000

　贷：委托加工物资　　114 000

【例7－18】承【例7－17】，假定收回的酒精直接对外销售，该酒厂应编制如下会计分录：

①发出委托加工材料时

借：委托加工物资　　100 000

　贷：原材料　　100 000

②支付加工费及代收的税金时

借：委托加工物资　　20 000

　应交税费——应交增值税(进项税额)　　2 380

　贷：银行存款　　22 380

③酒精验收入库时

借：原材料　　20 000

　贷：委托加工物资　　20 000

7.4.3 应交营业税

(1)小微企业按照营业额和税法规定的税率，计算应缴纳的营业税

借：营业税金及附加等

贷:应交税费——应交营业税

(2)出售原作为固定资产管理的不动产应缴纳的营业税

借:固定资产清理

贷:应交税费——应交营业税

(3)缴纳的营业税

借:应交税费——应交营业税

贷:银行存款

【例7-19】甲公司2013年3月出售一栋厂房,厂房原价为600 000元,已提折旧240 000元,出售所得收入400 000元已存入银行,不动产营业税税率为5%。甲公司应编制如下会计分录:

借:固定资产清理	360 000	
累计折旧	240 000	
贷:固定资产		600 000
借:银行存款	400 000	
贷:固定资产清理		400 000
借:固定资产清理	20 000	
贷:应交税费——应交营业税		20 000
借:固定资产清理	20 000	
贷:营业外收入		20 000

7.4.4 应交城市维护建设税和教育费附加

(1)按照税法规定应缴纳的城市维护建设税和教育费附加

借:营业税金及附加

贷:应交税费——应交城市维护建设税

——应交教育费附加

(2)缴纳的城市维护建设税和教育费附加

借:应交税费——应交城市维护建设税

——应交教育费附加

贷:银行存款

【例7-20】某企业适用的城市维护建设税税率为7%,教育费附加征收率为3%。2013年2月该企业应缴纳增值税2 000 000元、营业税100 000元、消费税50 000元,该企业2月计提城市维护建设税、教育费附加时应编制如下会计分录:

借:营业税金及附加	215 000

贷:应交税费——应交城市维护建设税　　150 500

——应交教育费附加　　64 500

7.4.5 应交企业所得税

(1)按照税法规定应缴纳的企业所得税

借:所得税费用

贷:应交税费——应交企业所得税

(2)缴纳的企业所得税

借:应交税费——应交企业所得税

贷:银行存款

7.4.6 应交资源税

(1)销售商品按照税法规定应缴纳的资源税

借:营业税金及附加

贷:应交税费——应交资源税

(2)自产自用的物资应缴纳的资源税

借:生产成本

贷:应交税费——应交资源税

(3)收购未税矿产品应缴纳的资源税

借:材料采购、在途物资

贷:银行存款等

应交税费——应交资源税(按代扣代缴的资源税)

(4)外购液体盐加工固体盐应缴纳的资源税

借:应交税费——应交资源税(购入液体盐时按照税法规定所允许抵扣的资源税)

材料采购、在途物资、原材料等(购买价款减去允许抵扣的资源税后的金额)

贷:银行存款、应付账款(按应支付的购买价款)

借:营业税金及附加

贷:应交税费——应交资源税(加工成固体盐后,在销售时按照销售固体盐应缴纳的资源税)

借:应交税费——应交资源税(将销售固体盐应交资源税抵扣液体盐已交资源税后的差额上缴时)

贷:银行存款

(5)缴纳的资源税

借:应交税费——应交资源税

贷:银行存款

7.4.7 应交土地增值税

(1)转让土地使用权应缴纳的土地增值税(土地使用权与地上建筑物及其附着物一并在“固定资产”科目核算的)

借:固定资产清理

贷:应交税费——应交土地增值税

(2)转让土地使用权应缴纳的土地增值税(土地使用权在“无形资产”科目核算的)

借:银行存款(按实际收到的金额)

累计摊销(按已计提的累计摊销)

营业外支出——非流动资产处置净损失(按借方差额)

贷:无形资产(按其成本)

应交税费——应交土地增值税(按应缴纳的土地增值税)

营业外收入——非流动资产处置净收益(按贷方差额)

(3)销售房地产(房地产开发经营企业)应缴纳的土地增值税

借:营业税金及附加

贷:应交税费——应交土地增值税

(4)缴纳的土地增值税

借:应交税费——应交土地增值税

贷:银行存款

7.4.8 应交个人所得税

(1)按照税法规定应代扣代缴的职工个人所得税

借:应付职工薪酬

贷:应交税费——应交个人所得税

(2)缴纳的个人所得税

借:应交税费——应交个人所得税

贷:银行存款

7.4.9 应交其他税费

(1)按照规定应缴纳的城镇土地使用税、房产税、车船税、矿产资源补偿费、排污费

借:营业税金及附加

贷:应交税费——应交城镇土地使用税
——应交房产税
——应交车船税
——应交矿产资源补偿费
——应交排污费

(2)缴纳的城镇土地使用税、房产税、车船税、矿产资源补偿费、排污费

借:应交税费——应交城镇土地使用税
——应交房产税
——应交车船税
——应交矿产资源补偿费
——应交排污费

贷:银行存款

7.4.10 先征后返的税收返还

小微企业按照规定实行企业所得税、增值税、消费税、营业税等先征后返的,应当在实际收到返还的企业所得税、增值税(不含出口退税)、消费税、营业税等时

借:银行存款

贷:营业外收入

7.5 应付利润

设置"应付利润"科目,核算小微企业分配给投资者的利润。本科目应当按照投资者进行明细核算。本科目期末贷方余额,反映企业尚未支付的利润。

(1)根据规定或协议计算出应分配给投资者的利润

借:利润分配——应付利润

贷:应付利润

(2)向投资者实际支付利润

借:应付利润

贷:库存现金、银行存款等

7.6 长期借款

设置"长期借款"科目,核算小微企业从银行或其他金融机构借入的期限在1年以上(不含1年)的各项借款。本科目应当按照贷款单位和贷款种类进行明细核算。本科目期末贷方余额,反映企业尚未偿还的长期借款。

(1)借入长期借款

借:银行存款

　　贷:长期借款

(2)在应付利息日计提利息费用

借:财务费用(按费用化金额)

　　在建工程等(按资本化金额)

　　贷:应付利息

(3)归还长期借款

借:长期借款

　　贷:银行存款

【例7－21】甲公司于2013年1月1日从银行借入资金400 000元用于补充流动资金不足,借款期限为3年,年利率为8%,按年付息,到期一次还本,所借款项已存入银行。甲公司应编制如下会计分录:

①取得借款时

借:银行存款　　400 000

　　贷:长期借款　　400 000

②按年计提长期借款利息时

借:财务费用　　32 000

　　贷:应付利息　　32 000

③年末实际支付借款利息时

借:应付利息　　32 000

　　贷:银行存款　　32 000

7.7 长期应付款

设置"长期应付款"科目,核算小微企业除长期借款以外的其他各种长期应付款项,包括以分期付款方式购入固定资产和无形资产发生的应付账款、应付融资租入固定资产的租赁费等。本科目应当按照长期应付款的种类和债权人进行明细核算。本科目期末贷方余额,反映企业尚未支付的各种长期应付款。

(1)融资租入固定资产,在租赁期开始日

借:固定资产、在建工程(按租赁合同约定的付款总额和签订租赁合同过程中发生的相关费用)

　　贷:长期应付款

(2)以分期付款方式购入固定资产

借:固定资产、在建工程

应交税费——应交增值税(进项税额)

贷:长期应付款

【例 7-22】2013 年 1 月 1 日,甲公司从 C 公司购入不需要安装的 N 型机器作为固定资产使用,该机器已收到。N 型机器的总价款为 1 000 万元,增值税税额为 170 万元。购货合同约定,价款分 3 年支付,2013 年 12 月 31 日支付 500 万元,2014 年 12 月 31 日支付 300 万元,2015 年 12 月 31 日支付 200 万元。2013 年甲公司应编制如下会计分录:

①2013 年 1 月 1 日购入机器设备时

借:固定资产　　10 000 000

应交税费——应交增值税(进项税额)　　1 700 000

贷:长期应付款　　10 000 000

银行存款　　1 700 000

②2013 年 12 月 31 日支付款项时

借:长期应付款　　5 000 000

贷:银行存款　　5 000 000

7.8 递延收益

设置"递延收益"科目,核算小微企业从政府获得的、应在以后期间计入当期损益的政府补助金额。本科目应当按照政府补助的种类进行明细核算。本科目期末贷方余额,反映企业应在以后期间计入当期损益的政府补助金额。

7.8.1 与资产相关的政府补助

小微企业取得的用于购建或以其他方式形成长期资产的政府补助是与资产相关的政府补助。比如,小微企业收到政府拨付的一笔财政资金,用于资助企业在建的生产线,这笔财政资金就属于与资产相关的政府补助。这类政府补助的目的在于支持小微企业通过购建固定资产等长期资产,促进其长期发展。或者说,这类政府补助的政策效应会惠及小微企业的多个年度,是一种长期效应,通常是通过小微企业对长期资产的使用逐步实现的。

(1)收到与资产相关的政府补助

借:银行存款等

贷:递延收益

(2)以后期间在相关资产的使用寿命内平均分配递延收益

借:递延收益

贷:营业外收入

7.8.2 其他政府补助

除与资产相关的政府补助之外的政府补助属于其他政府补助。这类政府补助的目的在于弥补小微企业当年或以前年度的经营亏损，也有可能是对小微企业未来可能出现的经营亏损的弥补。或者说，这类政府补助的政策效应仅惠及小微企业的某个年度，可能是当年，可能是以前年度，也可能是未来的某个年度，是一种短期效应，通常与小微企业长期资产的使用没有直接关联。

(1)收到其他政府补助用于补偿企业以后期间的相关费用和损失

借：银行存款等

　　贷：递延收益

以后期间发生费用或损失时

借：递延收益(按应补偿的金额)

　　贷：营业外收入

(2)收到其他政府补助用于补偿企业已发生的相关费用和损失

借：银行存款等

　　贷：营业外收入

【例7－23】2013年4月1日，甲公司收到财政拨款150 000元，要求用于购买节能设备。4月10日，甲公司购入节能设备一台(假定不需要安装)，实际成本为144 000元，预计使用寿命为5年，预计净残值为零。假定不考虑相关税费，甲公司应编制如下会计分录：

①收到财政拨款，确认政府补助时

借：银行存款　　150 000

　　贷：递延收益　　150 000

②购入设备时

借：固定资产　　144 000

　　贷：银行存款　　144 000

③设备使用期间按月计提折旧和分配递延收益时

借：管理费用　　2 400

　　贷：累计折旧　　2 400

借：递延收益　　2 500

　　贷：营业外收入　　2 500

第8章 所有者权益账务处理

所有者权益,是指小微企业资产扣除负债后由所有者享有的剩余权益,包括实收资本、资本公积、盈余公积和未分配利润,如图8-1所示。

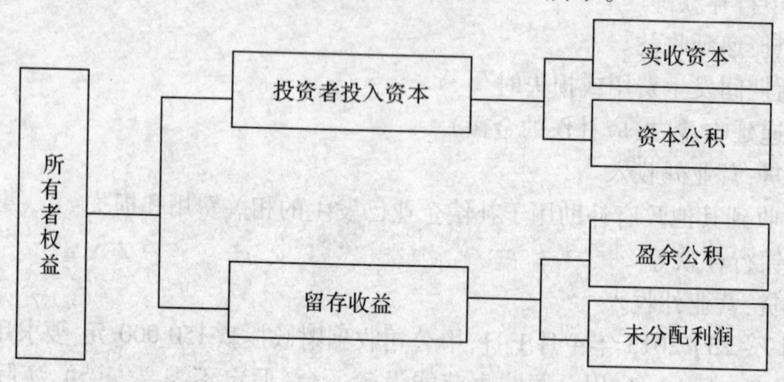

图8-1 小微企业所有者权益分类图

8.1 投资者投入资本

设置"实收资本"科目,核算小微企业接受投资者投入小微企业的、构成小微企业注册资本的那部分资本。企业收到投资者超过其在注册资本或股本中所占份额的部分,作为资本溢价或股本溢价,在"资本公积"科目核算。"实收资本"科目应当按照投资者进行明细核算。本科目期末贷方余额,反映企业实收资本或股本总额。

小微企业(中外合作经营)在合作期间归还投资者的投资,应在本科目设置"已归还投资"明细科目进行核算。

设置"资本公积"科目,核算小微企业投资者投入的资本超出注册资本的金额。本科目期末贷方余额,反映企业资本公积的余额。

8.1.1 资本增加

(1)投资者以货币资金投入资本

借:银行存款、其他应收款(按实际收到或应收的金额)

贷:实收资本(按投资者在小微企业注册资本中所占份额)

资本公积——资本溢价(按差额)

(2)投资者以非货币性资产投入资本

借:固定资产、无形资产等(按评估价和相关税费)

贷:实收资本(按投资者在小微企业注册资本中所占份额)

资本公积——资本溢价(按差额)

(3)根据相关规定,经投资者决议,用资本公积转增资本

借:资本公积

贷:实收资本

8.1.2 资本减少

按法定程序报经批准减少注册资本

借:实收资本

资本公积等

贷:库存现金、银行存款等

【例8-1】2013年1月5日,为扩大经营规模,经批准,甲公司注册资本增加1 000万元,通过吸收新投资者实现。新的投资者投入现金600万元以及专用设备一台,设备经评估确定的价值为480万元,增值税进项税额为81.6万元。甲公司应编制如下会计分录:

借:银行存款　　6 000 000

固定资产　　4 800 000

应交税费——应交增值税(进项税额)　　816 000

贷:实收资本　　10 000 000

资本公积　　1 616 000

【例8-2】2013年2月10日,经批准,乙公司按原出资比例将资本公积300万元转增资本。乙公司应编制如下会计分录:

借:资本公积　　3 000 000

贷:实收资本　　3 000 000

8.2 留存收益

设置"盈余公积"科目,核算小微企业从净利润中提取的盈余公积金。本科目应当分别"法定盈余公积"、"任意盈余公积"进行明细核算。本科目期末贷方余额,反映企业按规定提取的盈余公积余额。

小微企业(外商投资)还应在“盈余公积”科目下分别“储备基金”、“企业发展基金”进行明细核算。

小微企业(中外合作经营)在合作期间归还投资者的投资,应在“盈余公积”科目下设置“利润归还投资”明细科目进行核算。

8.2.1 盈余公积

(1)小微企业(公司制)按规定提取盈余公积,小微企业(外商投资)按规定提取储备基金、企业发展基金、职工奖励及福利基金

借:利润分配——提取法定盈余公积
　　　　　　——提取任意盈余公积
　　　　　　——提取储备基金
　　　　　　——提取企业发展基金
　　　　　　——提取职工奖励及福利基金
　贷:盈余公积——法定盈余公积
　　　　　　——任意盈余公积
　　应付职工薪酬

(2)小微企业(中外合作经营)根据合同规定在合作期间归还投资者的投资,应当按照实际归还投资的金额

借:实收资本(已归还投资)
　贷:银行存款

借:利润分配——利润归还投资
　贷:盈余公积——利润归还投资

(3)经股东大会或类似机构决议,用盈余公积弥补亏损或转增资本

借:盈余公积
　贷:实收资本

8.2.2 未分配利润

设置“本年利润”科目,核算小微企业当年实现的净利润(或发生的净亏损)。期末结转利润时,应将“主营业务收入”、“其他业务收入”、“营业外收入”等科目的期末余额分别转入本科目贷方。将“主营业务成本”、“营业税金及附加”、“其他业务成本”、“销售费用”、“管理费用”、“财务费用”、“营业外支出”、“所得税”等科目的期末余额分别转入本科目借方。将“投资收益”科目的净收益,转入本科目贷方;如为净损失,转入本科目借方。年度终了,应将本年收入和支出相抵后结出的本年实现的净利润,转入“利润分配”科目,结转后本科目应无余额。

设置“利润分配”科目，核算小微企业利润的分配（或亏损的弥补）和历年分配（或弥补）后的积存余额。本科目应当分别“提取法定盈余公积”、“提取任意盈余公积”、“应付利润”、“盈余公积补亏”和“未分配利润”等进行明细核算。年度终了，企业应将全年实现的净利润，自“本年利润”科目转入本科目，借记“本年利润”科目，贷记本科目的“未分配利润”明细科目，为净亏损的，做相反的会计分录。同时，将“利润分配”科目所属其他明细科目的余额转入本科目的“未分配利润”明细科目。结转后，本科目除“未分配利润”明细科目外，其他明细科目应无余额。本科目年末余额，反映企业历年积存的未分配利润（或未弥补亏损）。

小微企业（外商投资）应分别“提取储备基金”、“提取企业发展基金”、“提取职工奖励及福利基金”进行明细核算。

小微企业（中外合作经营）在合作期间归还投资者的投资，应在本科目下设置“利润归还投资”明细科目进行核算。

（1）年度终了，将全年实现的净利润自“本年利润”科目转入“利润分配”科目

借：本年利润

　　贷：利润分配——未分配利润

（2）向投资者分配利润

借：利润分配——应付利润

　　贷：应付利润

（3）将“利润分配”科目下的其他明细科目的余额转入“利润分配——未分配利润”科目

借：利润分配——未分配利润

　　贷：利润分配——提取法定盈余公积

　　　　　　　　——提取任意盈余公积

　　　　　　　　——应付利润

【例8－3】2013年度终了，甲公司各收支科目余额如下：

主营业务收入（贷方余额）	12 000 000
其他业务收入（贷方余额）	1 000 000
投资收益（贷方余额）	165 200
营业外收入（贷方余额）	886 500
主营业务成本（借方余额）	4 200 000
其他业务成本（借方余额）	600 000
营业税金及附加（借方余额）	682 000
销售费用（借方余额）	120 000

管理费用(借方余额)　　820 000

财务费用(借方余额)　　126 500

营业外支出(借方余额)　　65 500

所得税费用(借方余额)　　1 907 000

结转2013年净利润,甲公司应编制如下会计分录:

①将2013年度损益类科目的贷方余额转入本年利润

借:主营业务收入　　12 000 000

　其他业务收入　　1 000 000

　投资收益　　165 200

　营业外收入　　886 500

　贷:本年利润　　14 051 700

②将2013年度损益类科目的借方余额转入本年利润

借:本年利润　　6 614 000

　贷:主营业务成本　　4 200 000

　　其他业务成本　　600 000

　　营业税金及附加　　682 000

　　销售费用　　120 000

　　管理费用　　820 000

　　财务费用　　126 500

　　营业外支出　　65 500

③结转所得税费用

借:本年利润　　1 907 000

　贷:所得税费用　　1 907 000

④年末,将"本年利润"转入"利润分配——未分配利润"科目

借:本年利润　　5 530 700

　贷:利润分配——未分配利润　　5 530 700

【例8-4】乙公司2013年度缴纳所得税后净利润为226万元,弥补2012年度亏损42万元,按规定提取10%的法定盈余公积金,向投资者分配利润35万元。乙公司应编制如下会计分录:

①将2013年度净利润转入"未分配利润"明细科目

借:本年利润　　2 260 000

　贷:利润分配——未分配利润　　2 260 000

②提取 10% 的法定盈余公积金

借:利润分配——提取法定盈余公积　　184 000

　　贷:盈余公积——法定盈余公积　　184 000

③向投资者分配利润

借:利润分配——应付利润　　350 000

　　贷:应付利润　　350 000

④年末,结平利润分配各明细账户

借:利润分配——未分配利润　　534 000

　　贷:利润分配——提取法定盈余公积　　184 000

　　　　　　　——应付利润　　350 000

第9章 收入和利得账务处理

收入，是指小微企业在日常活动中形成的、会导致所有者权益增加、与所有者投入资本无关的经济利益的总流入，包括销售商品收入和提供劳务收入。

非日常活动所形成的经济利益的流入不能确认为收入，而应当计入营业外收入。

9.1 收入

9.1.1 主营业务收入

设置"主营业务收入"科目，核算小微企业根据收入准则确认的销售商品、提供劳务等主营业务的收入。本科目应当按照主营业务的种类进行明细核算。期末，应将本科目的余额转入"本年利润"科目，结转后本科目应无余额。

(1)确认本期实现的商品销售收入或提供劳务收入

借：银行存款、应收账款(按实际收到或应收的价款)

　　贷：主营业务收入(按实现的销售收入)

　　　　应交税费——应交增值税(销项税额)(按专用发票上注明的增值税税额)

通常，小微企业应当在发出商品且收到货款或取得收款权利时，确认销售商品收入。①销售商品采用托收承付方式的，在办妥托收手续时确认收入。②销售商品采用预收款方式的，在发出商品时确认收入。③销售商品采用分期收款方式的，在合同约定的收款日期确认收入。④销售商品需要安装和检验的，在购买方接受商品以及安装和检验完毕时确认收入。如果安装程序比较简单，可在发出商品时确认收入。⑤销售商品采用支付手续费方式委托代销的，在收到代销清单时确认收入。⑥销售商品以旧换新的，销售的商品作为商品销售处理，回收的商品作为购进商品处理。⑦采取产品分成方式取得的收入，在分得产品之日按照产品的市场价格或评估价值确定销售商品收入金额。

劳务收入的确认和计量：①同一会计年度内开始并完成的劳务，应当在提供劳务交易完成且收到款项或取得收款权利时，确认提供劳务收入。提供劳务收入的金额为从接受劳务方已收或应收的合同或协议价款。②劳务的开始和完成分属不同会计年度的,应当按照完工进度确认提供劳务收入。年度资产负债表日,按照提供劳务收入总额乘以完工进度扣除以前会计年度累计已确认提供劳务收入后的金额,确认本年度的提供劳务收入;同时,按照估计的提供劳务成本总额乘以完工进度扣除以前会计年度累计已确认营业成本后的金额,结转本年度营业成本。

(2)有现金折扣条件的商品销售

①确认本期实现的商品销售收入或提供劳务收入时

借:应收账款(按没有扣除折扣的应收价款)

　贷:主营业务收入(按实现的销售收入)

　　应交税费——应交增值税(销项税额)(按专用发票上注明的增值税税额)

②在折扣期内收到销货款

借:银行存款(按实际收到的扣除折扣的金额)

　财务费用(按现金折扣)

　贷:应收账款

(3)发生销售退回

①未确认收入的已发商品退回,不进行账务处理。

②已确认收入的销售商品退回,应直接冲减退回当月的销售收入、销售成本等。

借:主营业务收入(按冲减的销售收入)

　应交税费——应交增值税(销项税额)

　贷:银行存款、应收账款(按已付或原应付的金额)

同时按退回商品的成本

借:库存商品

　贷:主营业务成本

(4)已发生现金折扣的销售退回

借:主营业务收入(按冲减的销售收入)

　应交税费——应交增值税(销项税额)

　贷:银行存款、应收账款(按已付或原应付的金额)

　　财务费用(按发生的现金折扣)

(5)发生销售折让

①未确认收入的销售折让,不单独进行账务处理,按照扣除折让后的金额确认收入。

②已确认收入的销售折让,应冲减销售收入。

借:主营业务收入(按折让额冲减销售收入)

　应交税费——应交增值税(销项税额)(按折让额计算的销项税额)

贷:银行存款、应收账款(按折让价款和增值税税额)

(6)期末,将“主营业务收入”科目的余额转入“本年利润”科目

借:主营业务收入

　　贷:本年利润

9.1.2 其他业务收入

设置“其他业务收入”科目,核算小微企业取得的除主营业务以外的其他经营活动实现的收入,主要包括销售材料,出租固定资产、无形资产等实现的收入。本科目应当按照其他业务收入种类进行明细核算。期末,应将本科目余额转入“本年利润”科目,结转后本科目应无余额。

(1)销售材料、提供非工业性劳务

借:银行存款、应收账款等(按售价和应收的增值税)

　　贷:其他业务收入(按实现的营业收入)

　　　　应交税费——应交增值税(销项税额)

(2)出租无形资产取得的租金收入

借:银行存款等

　　贷:其他业务收入

同时转出无形资产的成本

借:其他业务成本

　　贷:累计摊销

(3)期末,将“其他业务收入”科目的余额转入“本年利润”科目

借:其他业务收入

　　贷:本年利润

【例9-1】甲公司采用托收承付结算方式向乙公司销售一批产品,增值税专用发票上注明的销售价格为20万元、增值税税额为34 000元,产品已经发出,并已向银行办妥托收手续,该批产品的成本为15万元。甲公司应编制如下会计分录:

借:应收账款	234 000	
贷:主营业务收入		200 000
应交税费——应交增值税(销项税额)		34 000
借:主营业务成本	150 000	
贷:库存商品		150 000

【例9-2】2013年3月25日,甲公司与购货单位签订协议,采用预收款方式向购货单位销售一批商品。该批商品的实际成本为600 000元。协议约定,该批商品销售价格为800 000元,增值税税额为136 000元;购货单位应在协议签订时

预付60%的货款(按销售价格计算),剩余货款于两个月后支付。甲公司应编制如下会计分录:

①收到60%货款时

借:银行存款　　480 000

　贷:预收账款　　480 000

②收到剩余货款及增值税税款并交付商品时

借:预收账款　　480 000

　银行存款　　456 000

　贷:主营业务收入　　800 000

　　应交税费——应交增值税(销项税额)　136 000

借:主营业务成本　　600 000

　贷:库存商品　　600 000

【例9-3】甲公司在2013年2月6日销售一批商品,增值税专用发票注明的售价为1万元、增值税税额为1 700元。该公司为了提早收回货款而在合同中规定符合现金折扣的条件为"2/10,1/20,n/30"。假定计算现金折扣时不影响增值税税额,甲公司应编制如下会计分录:

①销售实现时,按销售总价确认收入

借:应收账款　　11 700

　贷:主营业务收入　　10 000

　　应交税费——应交增值税(销项税额)　1 700

②如果2月13日买方付清货款,甲公司实际收到货款11 500元

借:银行存款　　11 500

　财务费用　　200

　贷:应收账款　　11 700

③如果2月20日买方付清货款,甲公司实际收到货款11 600元

借:银行存款　　11 600

　财务费用　　100

　贷:应收账款　　11 700

④如果购货方在2月底才付款,则应按全额付款

借:银行存款　　11 700

　贷:应收账款　　11 700

【例9-4】甲公司于2013年3月7日收到购货方退回的一批商品,该批商品于2013年2月2日销售,售价为50 000元,增值税税额为8 500元,成本为26 000元。合同规定的现金折扣条件为"2/10,1/20,n/30"。买方于3月8日付款,享受

现金折扣1 000元。甲公司应编制如下会计分录:

借:主营业务收入　　50 000
　应交税费——应交增值税(销项税额)　　8 500
　贷:银行存款　　57 500
　　财务费用　　1 000
借:库存商品　　26 000
　贷:主营业务成本　　26 000

【例9-5】甲公司于2013年5月31日向丙公司销售一批商品,增值税专用发票上注明的价款为6万元、增值税税额为10 200元。6月2日,丙公司在验收过程中发现商品质量不合格,要求在价格上给予5%的折让。假定甲公司在销售发生时已确认销售收入,款项尚未收到,发生的销售折让允许扣减当期增值税税额,不考虑其他因素,甲公司应编制如下会计分录:

①5月31日销售实现时

借:应收账款　　70 200
　贷:主营业务收入　　60 000
　　应交税费——应交增值税(销项税额)　　10 200

②6月2日发生销售折让时

借:主营业务收入　　3 000
　应交税费——应交增值税(销项税额)　　510
　贷:应收账款　　3 510

③实际收到款项时

借:银行存款　　66 690
　贷:应收账款　　66 690

【例9-6】甲公司与乙公司签订合同,合同约定乙公司应按每件240元对外销售甲公司提供的商品,甲公司按售价的10%向乙公司支付手续费。2013年3月,甲公司提供商品200件,该商品的单位成本为180元;乙公司对外实际销售100件,开出的增值税专用发票上注明的销售价格为24 000元、增值税税额为4 080元,款项已收到。4月3日,甲公司收到乙公司开具的代销清单时,向乙公司开具一张相同金额的增值税专用发票。假定,甲公司发出商品时纳税义务尚未发生,甲公司采用实际成本核算库存商品,乙公司采用进价核算代销商品。

甲公司应编制如下会计分录:

①发出商品时

借:委托代销商品　　36 000
　贷:库存商品　　36 000

②收到代销清单时

借:应收账款　　28 080

　贷:主营业务收入　　24 000

　　应交税费——应交增值税(销项税额)　　4 080

借:主营业务成本　　18 000

　贷:委托代销商品　　18 000

借:销售费用　　2 400

　贷:应收账款　　2 400

③收到乙公司支付的货款时

借:银行存款　　25 680

　贷:应收账款　　25 680

乙公司应编制如下会计分录:

①收到商品时

借:受托代销商品　　48 000

　贷:受托代销商品款　　48 000

②对外销售时

借:银行存款　　28 080

　贷:受托代销商品　　24 000

　　应交税费——应交增值税(销项税额)　　4 080

③收到增值税专用发票时

借:应交税费——应交增值税(进项税额)　　4 080

　贷:应付账款　　4 080

借:受托代销商品款　　24 000

　贷:应付账款　　24 000

④支付货款并计算代销手续费时

借:应付账款　　28 080

　贷:银行存款　　25 680

　　其他业务收入　　2 400

【例9-7】2013年12月1日,甲公司与丁公司签订一项为期6个月的非工业性劳务合同,合同总收入为400万元,当天预收劳务款100万元。至12月31日,实际发生劳务成本50万元(以银行存款支付),估计为完成合同还将发生劳务成本150万元。假定甲公司按实际发生的成本占估计总成本的比例确定劳务的完工进度。甲公司应编制如下会计分录:

①预收劳务款时

借:银行存款　　1 000 000

　贷:预收账款　　1 000 000

②实际发生劳务成本时

借:劳务成本　　500 000

　贷:银行存款　　500 000

③12 月 31 日确认提供劳务收入并结转劳务成本时

借:预收账款　　1 000 000

　贷:其他业务收入　　1 000 000

借:其他业务成本　　500 000

　贷:劳务成本　　500 000

9.2 利得

设置“营业外收入”科目,核算小微企业发生的与其经营活动无直接关系的各项净收入,主要包括非流动资产处置净收益、政府补助、捐赠收益、盘盈收益、汇兑收益、出租包装物和商品的租金收入、逾期未退包装物押金收益、先征后返的增值税、确实无法偿付的应付款项、已作坏账损失处理后又收回的应收款项、违约金收益等。本科目应当按照营业外收入项目进行明细核算。期末,应将本科目余额转入“本年利润”科目,结转后本科目应无余额。

(1)生产经营期间,固定资产清理所取得的收益

借:固定资产清理

　贷:营业外收入

(2)清理财产过程中,查明的固定资产盘盈,按其市价或同类、类似资产的价值

借:固定资产

　贷:营业外收入

(3)出售无形资产

借:银行存款等(按实际取得的转让收入)

　贷:无形资产(按无形资产的账面余额)

　　应交税费(按应支付的相关税费)

　　营业外收入(按实际取得的转让收入大于无形资产的账面余额与相关税费之和的差额)

(4)收到出租包装物的租金

借:库存现金、银行存款

　贷:营业外收入

应交税费——应交增值税(销项税额)

(5)取得的罚款净收入

借:银行存款等

贷:营业外收入

(6)确认政府补助收入

借:银行存款、递延收益

贷:营业外收入

(7)期末,将"营业外收入"科目的余额转入"本年利润"科目

借:营业外收入

贷:本年利润

【例 9-8】2013 年 4 月 1 日,甲公司接到银行转来的收款通知,托收的货款 13 000 元已到,同时收到对方逾期付款的滞纳金 1 000 元。甲公司应编制如下会计分录:

借:银行存款　　14 000

贷:应收账款　　13 000

营业外收入——罚款净收入　　1 000

【例 9-9】2013 年 3 月末,甲公司收到先征后返的增值税税款 160 000 元。甲公司应编制如下会计分录:

借:银行存款　　160 000

贷:营业外收入　　160 000

【例 9-10】甲公司为增值税一般纳税企业,增值税税率为 17%。2013 年 4 月 1 日,甲公司随同产品出租一批包装物,4 月 30 日,收到当月租金 3 000 元。甲公司应编制如下会计分录:

借:银行存款　　3 000

贷:营业外收入　　2 564.10

应交税费——应交增值税(销项税额)　　435.90

【例 9-11】2013 年 2 月 1 日,甲公司收到政府补助 320 000 元,用于弥补未来期间将发生的损失。甲公司应编制如下会计分录:

借:银行存款　　320 000

贷:递延收益　　320 000

【例 9-12】2013 年 3 月 3 日,甲公司收到财政拨款 180 000 元,要求用于购买节能设备。4 月 15 日,甲公司购入不需要安装的节能设备一台,实际成本为 156 000 元,预计使用寿命为 5 年,预计净残值为零。假定不考虑相关税费,甲公司应编制如下会计分录:

①收到财政拨款确认政府补助

借:银行存款　　180 000

　贷:递延收益　　180 000

②购入设备

借:固定资产　　156 000

　贷:银行存款　　156 000

③设备使用期间按月计提折旧和分配递延收益

借:管理费用　　2 600

　贷:累计折旧　　2 600

借:递延收益　　3 000

　贷:营业外收入　　3 000

第 10 章　费用和损失账务处理

小微企业在日常生产活动中发生的各种耗费,形成费用。小微企业的费用包括营业成本、营业税金及附加、销售费用、管理费用、财务费用、所得税费用等。

小微企业非日常活动所形成的经济利益的流出不能确认为费用,而应当作为损失计入营业外支出。

10.1 费用

10.1.1 营业成本

1)主营业务成本

设置"主营业务成本"科目,核算小微企业实现销售商品、提供劳务等主营业务收入时应结转的成本。本科目应当按照主营业务的种类进行明细核算。期末,应将本科目的余额转入"本年利润"科目,结转后本科目应无余额。

(1)期(月)末,计算应结转的主营业务成本

借:主营业务成本

　　贷:库存商品、生产成本等

(2)本期(月)发生销售退回,可直接从本月的销售数量中减去,得出本月的销售净数量,再计算应结转的销售成本,也可以单独计算退回商品的成本

借:库存商品等

　　贷:主营业务成本

(3)期(月)末,将"主营业务成本"科目的余额转入"本年利润"科目

借:本年利润

　　贷:主营业务成本

2)其他业务成本

设置"其他业务成本"科目,核算小微企业除主营业务活动以外的其他经营活动实现收入应结转的成本,包括销售材料的成本、出租固定资产的累计折旧、出租无形资产的累计摊销等。本科目应当按照其他业务支出的种类进行明细核算。期末,应将本科目余额转入"本年利润"科目,结转后本科目应无余额。

(1)发生其他业务成本

借:其他业务成本

贷:原材料、包装物、累计折旧、无形资产、应交税费、银行存款等

(2)期末,将"其他业务成本"科目的余额转入"本年利润"科目

借:本年利润

贷:其他业务成本

3)生产成本(劳务成本)

设置"生产成本"科目,核算小微企业进行工业性生产,包括生产各种产品(包括产成品、自制半成品等)、自制材料、自制工具、自制设备等,发生的各项生产费用。本科目应当按照基本生产成本和辅助生产成本进行明细核算。基本生产成本应当分别按照基本生产车间和成本核算对象(如产品的品种、类别、订单、批别、生产阶段等)设置明细账(或成本计算单,下同),并按照规定的成本项目设置专栏。本科目期末借方余额,反映企业尚未加工完成的在产品的成本或生产性生物资产尚未收获的农产品成本。

企业(农业)进行农业生产发生的各项生产费用,可将本科目改为"农业生产成本"科目,并分别种植业、畜牧养殖业、水产业和林业确定成本核算对象(消耗性生物资产、生产性生物资产、公益性生物资产和农产品)和成本项目,进行费用的归集和分配。

设置"劳务成本"科目,核算小微企业对外提供劳务发生的成本。本科目应当按照提供劳务种类进行明细核算。本科目期末借方余额,反映企业尚未完成或尚未结转的劳务成本。

(1)发生的各项直接生产成本

借:生产成本——基本生产成本

——辅助生产成本

贷:原材料、库存现金、银行存款、应付职工薪酬等

(2)生产车间生产产品应负担的制造费用

借:生产成本——基本生产成本

——辅助生产成本

贷:制造费用

(3)月度终了,分配辅助生产车间费用

借:生产成本——基本生产成本

管理费用

销售费用

其他业务成本

在建工程

贷:生产成本——辅助生产成本

(4)已生产完工并验收入库的产成品,应于月度终了,按实际成本

借:库存商品

贷:生产成本——基本生产成本

(5)实际发生劳务成本时

借:劳务成本

贷:原材料、库存现金、银行存款、应付职工薪酬等

(6)确认提供劳务收入,结转劳务成本时

借:其他业务成本

贷:劳务成本

4)制造费用

设置"制造费用"科目,核算小微企业生产车间、部门为生产产品和提供劳务而发生的各项间接费用。本科目应当按照不同的生产车间、部门和费用项目进行明细核算。除季节性的生产性企业外,本科目期末应无余额。

企业行政管理部门为组织和管理生产经营活动而发生的管理费用,在"管理费用"科目核算。

(1)发生的各项间接费用

借:制造费用

贷:银行存款、原材料、应付职工薪酬、累计折旧等

(2)分配制造费用计入有关的成本核算对象

借:生产成本——基本生产成本

——辅助生产成本

贷:制造费用

10.1.2 营业税金及附加

设置"营业税金及附加"科目,核算小微企业开展日常生产经营活动应负担的消费税、营业税、资源税、土地增值税、城镇土地使用税、房产税、车船税、印花税、城市维护建设税和教育费附加、矿产资源补偿费、排污费等。期末,应将本科目余额转入"本年利润"科目,结转后本科目应无余额。

(1)计算出应由日常销售业务负担的税金及附加

借:营业税金及附加

贷:应交税费——应交营业税

——应交消费税

——应交城市维护建设税

——应交教育费附加

(2)收到因多交等原因退回的消费税、营业税等原记入“营业税金及附加”的各种税金,应于收到时冲减当期的营业税金及附加

借:银行存款

贷:营业税金及附加

(3)期末,将“营业税金及附加”科目的余额转入“本年利润”科目

借:本年利润

贷:营业税金及附加

10.1.3 销售费用

设置“销售费用”科目,核算小微企业在销售商品或提供劳务过程中发生的各种费用,包括销售人员的职工薪酬及商品维修费、运输费、装卸费、包装费、保险费、广告费、业务宣传费、展览费等费用。小微企业(批发业、零售业)在购买商品过程中发生的费用(包括运输费、装卸费、包装费、保险费、运输途中的合理损耗和入库前的挑选整理费等)也构成销售费用。本科目应当按照费用项目进行明细核算。期末,应将本科目余额转入“本年利润”科目,结转后本科目应无余额。

(1)在销售商品中发生的运输费、装卸费、包装费、保险费、展览费和广告费等费用

借:销售费用

贷:库存现金、银行存款等

(2)发生的为销售商品而专设的销售机构的职工薪酬、业务费等费用

借:销售费用

贷:银行存款、应付职工薪酬等

(3)期末,将“销售费用”科目的余额转入“本年利润”科目

借:本年利润

贷:销售费用

10.1.4 管理费用

设置“管理费用”科目,核算小微企业为组织和管理生产经营发生的其他费用,包括小微企业在筹建期间内发生的开办费、行政管理部门发生的费用(包括固定资产折旧费、修理费、办公费、水电费、差旅费、管理人员的职工薪酬等)、业务招待费、研究费用、技术转让费、相关长期待摊费用摊销、财产保险费、聘请中介机构费、咨询费(含顾问费)、诉讼费等费用。本科目应当按照费用项目进行明细核算。期末,应将本科目余额转入“本年利润”科目,结转后本科目应无余额。

(1)小微企业筹建期间发生的开办费

借:管理费用

贷:银行存款

(2)发生的各项管理费用

借:管理费用

贷:银行存款、应付职工薪酬、累计折旧、无形资产、应交税费等

(3)期末,将“管理费用”科目的余额转入“本年利润”科目

借:本年利润

贷:管理费用

10.1.5 财务费用

设置“财务费用”科目,核算小微企业为筹集生产经营所需资金发生的筹资费用,包括利息费用(减利息收入)、汇兑损失、银行相关手续费、小微企业给予的现金折扣(减享受的现金折扣)等费用。本科目应当按照费用项目进行明细核算。期末,应将本科目余额转入“本年利润”科目,结转后本科目应无余额。

(1)发生的财务费用

借:财务费用

贷:银行存款、长期借款等

(2)发生应冲减财务费用的利息收入、汇总收益等

借:银行存款等

贷:财务费用

(3)期末,将“财务费用”科目的余额转入“本年利润”科目

借:本年利润

贷:财务费用

10.1.6 所得税费用

设置“所得税费用”科目,核算小微企业计算的应从当期利润总额中扣除的所得税费用。小微企业所得税费用采用应付税款法核算,即小微企业应当以按照企业所得税法规定计算的当期应纳税额作为所得税费用。期末,应将本科目余额转入“本年利润”科目,结转后本科目应无余额。

(1)根据税法规定计算确定的当期应交所得税

借:所得税费用

贷:应交税费——应交所得税

(2)期末,将“所得税费用”科目的余额转入“本年利润”科目

借:本年利润

贷:所得税费用

【例 10-1】2013 年 3 月 15 日,甲公司销售一批商品,开出的增值税专用发票上注明售价为 200 000 元、增值税税额为 34 000 元;该批商品成本为 175 000 元。商品已发出,货款已收到并存入银行。甲公司应编制如下会计分录:

借:银行存款 234 000
　贷:主营业务收入 200 000
　　应交税费——应交增值税(销项税额) 34 000
借:主营业务成本 175 000
　贷:库存商品 175 000

【例 10-2】2013 年 4 月 8 日,甲公司销售一批原材料,开具的增值税专用发票上注明售价为 10 000 元、增值税税额为 1 700 元,款项已由银行收妥。该批原材料的实际成本为 7 600 元。甲公司应编制如下会计分录:

借:银行存款 11 700
　贷:其他业务收入 10 000
　　应交税费——应交增值税(销项税额) 1 700
借:其他业务成本 7 600
　贷:原材料 7 600

【例 10-3】2013 年,甲公司应交城市维护建设税 35 万元、教育费附加 15 万元。甲公司应编制如下会计分录:

借:营业税金及附加 500 000
　贷:应交税费——应交城市维护建设税 350 000
　　　　——应交教育费附加 150 000

【例 10-4】2013 年,甲公司为宣传新产品发生广告费 12 000 元,均用银行存款支付。甲公司应编制如下会计分录:

借:销售费用 12 000
　贷:银行存款 12 000

【例 10-5】2013 年 3 月 15 日,甲公司以银行存款支付年度财务报表审计费 36 000 元。该公司支付咨询费时应编制如下会计分录:

借:管理费用 36 000
　贷:银行存款 36 000

【例 10-6】2013 年 3 月 31 日,乙公司因美元存款产生汇兑损失 8 000 元。乙公司应编制如下会计分录:

借:财务费用 8 000
　贷:银行存款 8 000

【例 10－7】甲公司 2013 年度按《小企业会计准则》计算的税前会计利润为 5 500 000 元,适用的所得税税率为 25%。甲公司当年管理费用中有 300 000 元为内部研究开发费用,根据税法规定可以按照 50% 加计扣除;营业外支出中有 3 000 元为税收滞纳金,根据税法规定在计算应纳税所得额时不得扣除。假定甲公司全年无其他纳税调整因素。

本例中,甲公司有两项纳税调整因素:一是会计上按实际发生额计入当期管理费用但税法规定允许加计扣除的研究开发费用,这应调整减少应纳税所得额;二是会计上按实际发生额计入当期营业外支出但税法规定不允许扣除的税收滞纳金,这应调整增加应纳税所得额。

应纳税所得额 =5 500 000 -(300 000 ×50%)+3 000 =5 353 000(元)

当期应交所得税 =5 353 000 ×25% =1 338 250(元)

甲公司应编制如下会计分录:

借:所得税费用　　　　　　　　　　　　1 338 250

　贷:应交税费——应交所得税　　　　　　　1 338 250

10.2 损失

设置"营业外支出"科目,核算小微企业发生的与其经营活动无直接关系的各项净支出,主要包括存货的盘亏、毁损、报废损失,非流动资产处置净损失,坏账损失,无法收回的长期债券投资损失,无法收回的长期股权投资损失,自然灾害等不可抗力因素造成的损失,税收滞纳金,罚金,罚款,被没收财物的损失,捐赠支出,赞助支出等。本科目应当按照支出项目进行明细核算。期末,应将本科目余额转入"本年利润"科目,结转后本科目应无余额。

(1)确认存货的盘亏、毁损、报废损失,非流动资产处置净损失,自然灾害等不可抗力因素造成的损失等

借:营业外支出

　生产性生物资产累计折旧

　贷:待处理财产损溢、生产性生物资产、固定资产清理、无形资产等

(2)支付税收滞纳金、罚款、罚金,确认被没收财物的损失、捐赠支出、赞助支出等

借:营业外支出

　贷:银行存款

(3)期末,将"营业外支出"科目的余额转入"本年利润"科目

借:本年利润

　贷:营业外支出

【例 10－8】2013 年 3 月,乙公司在财产清查中盘亏设备一台,原价 40 000 元,

已提折旧37 000元,经查系未办理手续而进行了报废,经批准,作为营业外支出列支。根据有关凭证,乙公司应编制如下会计分录:

①上报待批时

借:待处理财产损溢——待处理固定资产损溢　3 000

　　累计折旧　37 000

　　贷:固定资产　40 000

②批准转账时

借:营业外支出——固定资产盘亏　3 000

　　贷:待处理财产损溢——待处理固定资产损溢　3 000

【例10-9】甲公司以银行存款捐助灾区10 000元。根据有关凭证,甲公司应编制如下会计分录:

借:营业外支出——公益救济性捐赠　10 000

　　贷:银行存款　10 000

第11章 成本计算

11.1 成本计算工作的组织

11.1.1 成本计算的基本要求

1)做好各项基础工作

(1)建立健全原始记录,保证全面、准确、及时地提供有关信息;

(2)做好定额的制定工作,控制耗费,降低成本;

(3)建立健全材料物资验收、领发、计量和盘点制度,为正确计算成本提供可靠依据。

2)正确划分各种费用支出的界限

(1)正确划分计入生产耗费和不计入生产耗费(损失)的界限;

(2)正确划分计入产品生产成本和不计入产品生产成本(期间费用)的界限;

(3)正确划分各个会计期间成本费用的界限;

(4)正确划分各种产品耗费的界限;

(5)正确划分完工产品成本和未完工产品成本的界限。

3)选择适当的成本计算方法

生产类型不同,成本管理的要求也不一样,生产类型和管理要求对成本计算方法的影响很大。要根据生产经营特点和管理要求选择适当的成本计算方法。

11.1.2 成本核算程序

成本核算程序,是指小微企业有关部门的成本核算人员,根据成本核算的要求和成本核算的职责,在具体组织实际成本核算时所应遵循的次序和步骤,也就是对各种生产费用进行审核、控制,并将它们按照经济用途进行归类,计入各个成本核算对象、各个成本项目的过程所应遵循的步骤。

1)确定成本核算对象

成本核算对象是归集和分配生产费用的具体对象。确定成本核算对象是设立成本明细分类账户,归集和分配生产费用以及正确计算成本的前提。

根据生产经营特点和成本管理的要求,确定成本核算对象。

2)确定成本项目

为具体反映计入产品生产成本的生产费用的各种用途,还应将其进一步划分为若干个项目,即产品生产成本项目,简称产品成本项目、成本项目。

企业计算产品生产成本,一般应当设置直接材料、直接人工、制造费用等成本项目。如果燃料及动力费较多,也可以单独设置燃料及动力成本项目。

(1)直接材料,是指生产车间在生产产品和提供劳务过程中,直接用于产品生产,并构成产品实体或有助于产品形成的原料及主要材料、外购半成品、辅助材料等的耗费。

(2)燃料及动力,是指生产车间在生产产品和提供劳务过程中,直接用于产品生产消耗的燃料以及带动机器设备运转的电、水、汽等动力。

(3)直接人工,是指生产车间在生产产品和提供劳务过程中,直接从事产品生产的人员的工资、福利费、医疗保险费、养老保险费、失业保险费、工伤保险费、生育保险费、住房公积金、工会经费、职工教育经费和非货币性福利等职工薪酬。

(4)制造费用,是指小微企业为生产产品或提供劳务而发生的,应计入产品成本,但没有专设成本项目的各项生产费用,包括机物料消耗,车间管理人员的薪酬,车间管理用房屋和设备的折旧费、修理费、租赁费和保险费,车间管理用具摊销,车间管理发生的照明费、水费、取暖费、劳动保护费、设计制图费、试验检验费、差旅费、办公费以及季节性及修理期间停工损失等。

上述项目中,直接材料、燃料及动力和直接人工属于直接费用,制造费用属于间接费用。直接费用根据实际发生数进行核算,并按照成本核算对象进行归集,根据原始凭证或原始凭证汇总表直接计入成本。制造费用项目不能根据原始凭证或原始凭证汇总表直接计入成本,需要按一定标准分配计入成本核算对象。

3)设置有关成本和费用明细账

如生产成本明细账、制造费用明细账、产成品明细账、自制半成品明细账等。

4)审核、控制生产费用

收集确定各种产品的生产量、入库量、在产品盘存量以及材料、工时、动力消耗等,并对所有已发生费用进行审核。

5)归集所发生的全部费用,计算产品成本

(1)确定费用是否计入生产成本;

(2)按照费用的用途和发生地点归集当期发生或支付的各项生产费用,并按照成本项目归集应计入当期产品成本的各种要素费用;

(3)按各成本核算对象归集和分配当期应计入产品成本的各项要素费用,汇总计算产品成本;

(4)将各项成本费用在当期完工产品和在产品之间进行分配,结算当期完工产品的实际成本。

6)结转销售成本

采用先进先出法、加权平均法和个别计价法等方法,计算发出商品的成本,结转已销商品成本。

11.1.3 费用分配的基本方法

小微企业发生的费用按照受益对象分配,分别计入相关成本费用。

生产耗费按照计入产品成本的方法可分为直接计入成本和间接计入成本两类。

直接计入成本是指根据原始凭证即可确认归属于具体产品的生产耗费,如分产品领用的原材料、采用计件工资计算的职工薪酬。这些耗费可根据原始凭证确认应计入相应产品的成本。

间接计入成本是指无法根据原始凭证确认归属于具体产品的生产耗费,如几种产品共同领用的原材料、采用计时工资计算的职工薪酬。这些耗费需要采用科学、合理的方法分配计入相关产品成本。

分配间接计入成本时,采用的基本方法是比例分配法。计算公式为:

$$费用分配率 = \frac{待分配的费用总额}{分配标准总额}$$

某一成本计算对象应分配的费用 = 该成本计算对象的分配标准 × 费用分配率

其中,分配标准的选择要与分配耗费的多少有密切的联系,而且分配标准的资料应容易取得,计算比较简便。常见的分配标准主要有三类:成果类标准,如产品的重量、面积、体积、产量、产值等;消耗类标准,如生产工时、机器工时、原材料的消耗量等;定额类标准,如定额消耗量、定额费用、定额工时等。

11.2 制造业成本计算

11.2.1 成本项目的确定

小微制造企业成本由直接材料、燃料及动力、直接人工和制造费用四部分组成。

11.2.2 成本计算

1)直接材料

用于产品生产的直接材料,如果是分产品领用的,直接计入某种产品成本的直接材料项目;如果是几种产品共同领用的,则属于间接计入成本,常常采用材料定额消耗量或材料定额费用为分配标准进行分配。

(1)定额消耗量比例分配法。定额消耗量比例分配法,即以原材料定额消耗量为分配标准，分配原材料费用的一种方法。计算公式如下：

$$直接材料消耗量分配率=\frac{直接材料实际消耗量总额}{各产品直接材料定额消耗量总和}$$

某产品应负担的直接材料＝该产品直接材料定额消耗量×直接材料消耗量分配率

$$或=该产品直接材料定额消耗量\times\frac{直接材料实际消耗量总额}{各产品直接材料定额消耗量总和}$$

【例11－1】甲公司2013年3月生产A、B两种产品，共消耗材料8 000千克，每千克12元，共计96 000元。生产A产品200件，生产B产品120件，其中，单件A产品的材料消耗定额为1.8千克，单件B产品的材料消耗定额为5千克。采用定额消耗量比例分配法，计算A、B产品应负担的材料耗费。

①计算A、B产品材料的定额消耗量

A产品材料的定额消耗量＝200×1.8＝360（千克）

B产品材料的定额消耗量＝120×5＝600（千克）

②计算材料耗费分配率

96 000÷（360＋600）＝100（元/千克）

③计算A、B产品应负担的材料耗费

A产品应负担的材料耗费＝360×100＝36 000（元）

B产品应负担的材料耗费＝600×100＝60 000（元）

（2）定额费用比例分配法。定额费用比例分配法，即以原材料定额费用为分配标准，分配原材料费用的一种方法。计算公式如下：

$$某产品应负担的直接材料=该产品直接材料定额费用\times\frac{直接材料实际费用总额}{各产品直接材料定额费用总和}$$

2）燃料及动力

燃料及动力的核算同原材料一样，如果是分产品耗用，直接计入某种产品成本的直接材料项目；如果是几种产品共同耗用，则属于间接计入成本，采用一定方法分配计入各种产品成本。燃料可以以所耗原材料作为分配标准，动力一般按照用电（或水）度（或吨）数进行分配，也可按照产品的生产工时或机器工时进行分配。

（1）燃料分配

$$某产品应负担的燃料=该产品耗用的直接材料费用\times\frac{燃料实际费用总额}{各产品耗用的直接材料费用总和}$$

(2)动力分配

$$某产品应负担的动力=该产品耗用的生产工时(或机器工时)\times\frac{动力实际费用总额}{各产品耗用的生产工时(或机器工时)总和}$$

3)直接人工

直接人工的计算要有一定的依据。计时工资以考勤记录中的工作时间记录为依据;计件工资以产量记录中的产品数量和质量记录为依据;计时工资和计件工资以外的各种奖金、津贴、补贴等,按照国家和企业的有关规定计算。

小微企业在生产加工过程中发生的直接人工费用,能够直接分清由哪种加工产品负担的,应直接计入该加工产品的成本;否则,应按照科学、合理、一致的方法分配计入有关加工产品成本。分配方法一经确定,不得随意变更。

在计件工资下,直接人工可根据产量和每件人工费率,分别加工对象(产品)进行汇总,计算每一加工对象(产品)应负担的直接人工。

在计时工资下,如果只加工一种产品,则直接人工费用就直接计入该种加工产品的成本。如果加工两种以上产品,则直接人工费用就要在每种产品之间进行分配。分配标准有生产工时和机器工时,可以采用实际工时,也可以采用定额工时。计算公式如下:

$$某产品应负担的直接人工=该产品耗用的生产工时(或机器工时)\times\frac{直接人工费用总额}{各产品耗用的生产工时(或机器工时)总和}$$

4)制造费用

由于小微企业各个生产车间(部门)的生产任务、技术装备程度、管理水平和费用水准各不相同,因此,制造费用一般应按生产车间或部门先进行归集,不应将各车间的制造费用汇总,在企业范围内统一分配。

如果小微企业设置基本生产车间和辅助生产车间,则一般应先分配辅助生产的制造费用,将其计入辅助生产成本,然后再分配辅助生产成本[(见之后的5)辅助生产成本],将其中应由基本生产负担的制造费用计入基本生产的制造费用,最后再分配基本生产的制造费用。

制造费用按车间归集后,再根据制造费用的性质,合理选择方法进行分配。也就是说,小微企业所选择的制造费用分配方法,必须与制造费用的发生具有较密切的相关性,并且使分配到每种产品上的制造费用金额科学、合理,同时,还应适当考虑计算手续的简便。在各种产品之间分配制造费用的方法,通常有按生产工人工时(或机器工时)、按生产工人工资、按耗用原材料的数量(或成本)、按直接成本及按产成品产量等。

(1)生产工人工时(或机器工时)比例法。生产工人工时(或机器工时)比例法,即以各种产品所用生产工人实际工时数(或机器实际工时数)为分配标准,分配制造费用的方法。计算公式如下:

$$某产品应负担的制造费用=该产品的生产工人实际工时数(或机器实际工时数)\times\frac{制造费用总额}{各产品耗用的生产工时(或机器工时)总和}$$

(2)生产工人工资比例法。生产工人工资比例法,即以计入各种产品成本的生产工人实际工资为分配标准,分配制造费用的方法。由于工资成本分配表可以直接提供生产工人工资资料,因而采用这种分配方法,核算工作比较简便。计算公式如下:

$$某产品应负担的制造费用=该产品的生产工人实际工资额\times\frac{制造费用总额}{各产品的生产工人实际工资总和}$$

(3)耗用原材料的数量(或成本)比例法。耗用原材料的数量(或成本)比例法,即以各种产品所耗用的原材料的数量(或成本)的比例为分配标准,分配制造费用的方法。计算公式如下:

$$某产品应负担的制造费用=该产品耗用原材料的数量(或成本)\times\frac{制造费用总额}{各产品耗用原材料的数量(或成本)总和}$$

(4)直接成本(材料、生产工人工资等职工薪酬之和)比例法。直接成本比例法,即以计入各种产品的直接成本为分配标准,分配制造费用的方法。计算公式如下:

$$某产品应负担的制造费用=该产品的直接成本\times\frac{制造费用总额}{各产品的直接成本总和}$$

(5)产成品产量比例法。产成品产量比例法,即以各种产品的实际产量(或标准产量)为分配标准,分配制造费用的方法。某种产品的标准产量是通过将该产品的实际产量乘以换算标准产量的系数而求得的。计算公式如下:

$$某产品应负担的制造费用=该产品的实际产量(或标准产量)\times\frac{制造费用总额}{各产品实际产量(或标准产量)总和}$$

以上各种分配方法,通常是对各月生产车间或部门的制造费用实际发生额进行分配的。为简化核算,企业也可以采用年度计划分配率法进行分配。年度计划

分配率法的计算公式如下:

某月某产品应负担的制造费用 = 该月该产品实际产量的定额工时数 × 年度计划分配率

采用这一方法时,全年各月实际生产数与已分配数之间的差额,除其中属于为次年开工生产做准备的可留待明年分配外,其余的都应当在当年年度终了时调整本年度的产品成本。

5)辅助生产成本

辅助生产车间的主要任务是为全厂各个部门提供劳务与服务,其提供劳务与服务发生的耗费按照一定方法分配给各受益对象。辅助生产成本的分配方法有直接分配法、交互分配法、代数分配法和计划成本分配法。

(1)直接分配法。直接分配法是不考虑辅助生产车间之间相互提供劳务(或产品),将辅助生产成本直接分配给辅助生产车间以外的各受益单位的一种方法。这种方法只宜在辅助生产车间内部相互提供劳务不多,不进行交互分配,对辅助生产成本和企业产品成本影响不大的情况下采用。计算公式如下:

$$单位成本(分配率)=\frac{待分配辅助生产成本}{辅助生产车间对外提供的劳务量}$$

某受益对象应分摊的辅助生产成本 = 该受益对象接受的劳务量 × 单位成本(分配率)

(2)交互分配法。交互分配法是辅助生产车间之间先进行一次交互分配,然后再将辅助生产成本对辅助生产车间外部各受益对象进行分配的一种辅助生产成本分配方法。

第一次分配——交互分配。根据各辅助生产车间相互提供劳务的数量和交互分配前的单位成本(分配率),在各辅助生产车间之间进行一次交互分配。

$$单位成本(分配率)=\frac{待分配辅助生产成本}{辅助生产车间提供劳务总量}$$

某受益对象应分摊的辅助生产成本 = 该受益对象接受的劳务量 × 单位成本(分配率)

第二次分配——对外分配。将各辅助生产车间交互分配后的实际费用,再按提供劳务的数量和交互分配的单位成本,在辅助生产车间以外的各受益单位进行分配。

实际费用 = 交互分配前的费用 + 交互分配转入的费用 - 交互分配转出的费用

$$交互分配单位成本(分配率)=\frac{实际费用}{辅助生产车间对外提供的劳务量}$$

某受益对象应分摊的辅助生产成本 = 该受益对象接受的劳务量 × 交互分配单位成本(分配率)

(3)代数分配法。根据联立方程的原理,计算辅助生产劳务的单位成本,然后再根据各受益对象(包括辅助生产车间)耗用的数量和单位成本计算分配辅助生产成本的方法。

第一步,根据联立方程的原理,计算辅助生产劳务的单位成本。

某辅助生产车间发生的费用 + 交互分配转入的费用 = 该辅助生产车间提供的劳务量 × 单位成本(分配率)

第二步,根据各受益单位(包括辅助生产内部和外部各单位)耗用的数量和单位成本分配辅助生产费用。

(4)计划成本分配法。计划成本分配法是按辅助生产成本的计划单位成本和各受益单位耗用的劳务数量,分配辅助生产成本的一种方法。

第一步,对辅助生产为各受益单位(包括辅助生产车间内部)提供的劳务按计划单位成本进行分配。

第二步,实际发生的费用与按计划单位成本分配转出的费用之间的差异,计入管理费用。

实际费用 = 待分配费用 + 辅助生产内部交互分配转入的费用

【例 11-2】某厂设有供水、供电两个辅助生产车间。2013 年 3 月,供水车间发生的成本为 6 930 元,供电车间发生的成本为 38 850 元,基本生产车间设有“直接材料”、“燃料及动力”、“直接人工”、“制造费用”四个项目,耗用劳务情况如表 11-1所示。

表 11-1

项目 \ 辅助生产车间名称	供水车间(吨)	供电车间(度)
供水车间用电		630
供电车间用水	105	
基本生产车间产品动力用电		5 250
基本生产车间耗用水及照明电	840	1 050
行政部门耗用水及照明电	210	1 470
合计	1 155	8 400

①直接分配法(见表 11－2)

表 11－2　　辅助生产成本分配表(直接分配法)　　金额单位:元

项目 \ 辅助生产车间名称			供水车间	供电车间	合计
待分配耗费			6 930	38 850	45 780
提供劳务数量(不包括辅助生产车间)			1 050	7 770	
单位成本(分配率)			6.6	5	
辅助生产车间	供水车间	耗用数量			
		分配金额			
	供电车间	耗用数量			
		分配金额			
基本生产车间	生产产品	耗用数量		5 250	
		分配金额		26 250	26 250
	车间耗用	耗用数量	840	1 050	
		分配金额	5 544	5 250	10 794
企业管理部门		耗用数量	210	1 470	
		分配金额	1 386	7 350	8 736
分配金额合计			6 930	38 850	45 780

②交互分配法(见表 11－3)

表 11－3　　辅助生产成本分配表(交互分配法)　　金额单位:元

分配方式			交互分配			对外分配		
项目 \ 辅助生产车间名称			供水车间	供电车间	合计	供水车间	供电车间	合计
待分配耗费			6 930	38 850	45 780	9 213.75	36 566.25	45 780
提供劳务数量			1 155	8 400		1 050	7 770	
单位成本(分配率)			6	4.625		8.775	4.706	
辅助生产车间	供水车间	耗用数量		630				
		分配金额		2 913.75	2 913.75			
	供电车间	耗用数量	105					
		分配金额	630		630			
	金额小计				3 543.75			

续表

分配方式 / 项目			交互分配			对外分配		
辅助生产车间名称			供水车间	供电车间	合计	供水车间	供电车间	合计
基本生产车间	生产产品	耗用数量					5 250	
		分配金额					24 706.5	24 706.5
	车间耗用	耗用数量				840	1 050	
		分配金额				7 371	4 941.3	12 312.3
企业管理部门		耗用数量				210	1 470	
		分配金额				1 842.75	6 918.45	8 761.2
分配金额合计						9 213.75	36 566.25	45 780

注:企业管理部门应分摊的供电车间费用为6 918.45元(36 566.25 - 24 706.5 - 4 941.3)。

③代数分配法(见表11 - 4)

表11 - 4　辅助生产成本分配表(代数分配法)　金额单位:元

项目 / 辅助生产车间名称			供水车间	供电车间	合计
待分配耗费			6 930	38 850	45 780
提供劳务数量			1 155	8 400	
单位成本(分配率)			8.581	4.732	
辅助生产车间	供水车间	耗用数量		630	
		分配金额		2 981.16	2 981.16
	供电车间	耗用数量	105		
		分配金额	901.005		901.005
基本生产车间	生产产品	耗用数量		5 250	
		分配金额		24 843	24 843
	车间耗用	耗用数量	840	1 050	
		分配金额	7 208.04	4 968.6	12 176.64
企业管理部门		耗用数量	210	1 470	
		分配金额	1 802.01	6 956.04	8 758.05
分配金额合计			9 911.055	39 748.8	49 659.855

注:单位成本的计算如下:

设供水车间的单位成本为 X,供电车间的单位成本为 Y, 建立联立方程如下:

$$\begin{cases}6\,930+630Y=1\,155X\\38\,850+105X=8\,400Y\end{cases}$$

解方程,得出:

X=8.581(元)

Y=4.732(元)

④计划成本分配法(见表 11-5)

假定每吨水计划单位成本为 6 元,每度电计划单位成本为 4.8 元。

表 11-5 **辅助生产成本分配表(计划成本分配法)** 金额单位:元

<table>
<tr><th colspan="3">辅助生产车间名称 / 项目</th><th>供水车间</th><th>供电车间</th><th>合计</th></tr>
<tr><td colspan="3">待分配耗费</td><td>6 930</td><td>38 850</td><td>45 780</td></tr>
<tr><td colspan="3">提供劳务数量</td><td>1 155</td><td>8 400</td><td></td></tr>
<tr><td colspan="3">计划单位成本</td><td>6</td><td>4.8</td><td></td></tr>
<tr><td rowspan="4">辅助生产车间</td><td rowspan="2">供水车间</td><td>耗用数量</td><td></td><td>630</td><td></td></tr>
<tr><td>分配金额</td><td></td><td>3 024</td><td>3 024</td></tr>
<tr><td rowspan="2">供电车间</td><td>耗用数量</td><td>105</td><td></td><td></td></tr>
<tr><td>分配金额</td><td>630</td><td></td><td>630</td></tr>
<tr><td rowspan="4">基本生产车间</td><td rowspan="2">生产产品</td><td>耗用数量</td><td></td><td>5 250</td><td></td></tr>
<tr><td>分配金额</td><td></td><td>25 200</td><td>25 200</td></tr>
<tr><td rowspan="2">车间耗用</td><td>耗用数量</td><td>840</td><td>1 050</td><td></td></tr>
<tr><td>分配金额</td><td>5 040</td><td>5 040</td><td>10 080</td></tr>
<tr><td colspan="2" rowspan="2">企业管理部门</td><td>耗用数量</td><td>210</td><td>1 470</td><td></td></tr>
<tr><td>分配金额</td><td>1 260</td><td>7 056</td><td>8 316</td></tr>
<tr><td colspan="3">按计划成本分配金额合计</td><td>6 930</td><td>40 320</td><td>47 250</td></tr>
<tr><td colspan="3">辅助生产实际成本</td><td>9 954</td><td>39 480</td><td>49 434</td></tr>
<tr><td colspan="3">辅助生产成本差异</td><td>3 024</td><td>-840</td><td>2 184</td></tr>
</table>

注:其中,6 930+3 024=9 954; 38 850+630=39 480。

【例 11-3】乙公司为小型制造企业,设有一个基本生产车间,一个修理车间。基本生产车间生产 A、B 两种产品。修理车间为全场各个部门提供维修服务。

2013 年 1 月有关业务如下:

①根据领料单编制发料凭证汇总表,本月耗用原材料 10 000 千克,每千克 12 元,共计 120 000 元。根据发料凭证汇总表编制外购材料分配表。其中,基本生产车间生产 A、B 产品共同耗用 8 000 千克,车间一般耗用 600 千克,维修车间耗用 1 000 千克,管理部门和销售部门分别耗用 200 千克。

②编制外购动力费用分配表。本月发生水电费 13 240 元,其中,基本生产车间生产 A、B 产品共同耗用 8 400 元,车间一般耗用 1 180 元,维修车间耗用 2 340 元,管理部门耗用 780 元,销售部门耗用 540 元。

③根据工资计算单编制工资结算汇总表,同时计算各项福利费。汇总计算本月发生职工薪酬 58 800 元。根据工资结算汇总表及各项福利计算表编制职工薪酬分配表。其中,基本生产车间生产工人工资 28 000 元,车间管理人员工资 11 200 元,维修车间人员工资 7 600 元,厂部管理人员工资 6 300 元,销售人员工资 5 700 元。

④编制折旧费用计算表。本月计提折旧费 9 400 元,其中,基本生产车间 4 600 元,辅助生产车间 3 240 元,厂部管理部门 860 元,销售部门 700 元。

⑤根据其他费用明细账归集本月办公费、保险费等费用 5 520 元,编制其他费用分配表。其中,基本生产车间 3 500 元,维修车间 1 360 元,管理部门 400 元,销售部门 260 元。

⑥本月维修车间共耗用生产工时 500 小时,其中,基本生产车间 250 小时,维修车间 70 小时,管理部门 100 小时,销售部门 80 小时。维修车间费用按直接分配法分配。

⑦其他资料:2013 年 1 月生产 A 产品 300 件,生产 B 产品 200 件。A、B 产品耗用的原材料按定额消耗量分配,单件 A 产品的材料消耗定额为 2.4 千克,单件 B 产品的材料消耗定额为 1.4 千克。动力费、人工费和制造费用按定额工时分配,单件 A 产品的定额工时为 3 小时,单件 B 产品的定额工时为 2.5 小时。

要求:计算 A、B 产品 2013 年 1 月的生产成本。

①直接材料

A 产品材料定额消耗量 = 300 × 2.4 = 720(千克)

B 产品材料定额消耗量 = 200 × 1.4 = 280(千克)

材料耗费分配率 = 8 000 × 12 ÷ (720 + 280) = 96(元/千克)

A 产品应分配材料耗费 = 720 × 96 = 69 120(元)

B 产品应分配材料耗费 = 280 × 96 = 26 880(元)

②动力

A 产品定额工时 = 300 × 3 = 900(小时)

B产品定额工时 = 200 × 2.5 = 500(小时)

动力分配率 = 8 400 ÷ (900 + 500) = 6(元/小时)

A产品应分配动力费 = 900 × 6 = 5 400(元)

B产品应分配动力费 = 500 × 6 = 3 000(元)

③直接人工

A产品定额工时 = 300 × 3 = 900(小时)

B产品定额工时 = 200 × 2.5 = 500(小时)

直接人工分配率 = 28 000 ÷ (900 + 500) = 20(元/小时)

A产品应分配人工费 = 900 × 20 = 18 000(元)

B产品应分配人工费 = 500 × 20 = 10 000(元)

④制造费用

辅助生产成本 = 12 000 + 7 600 + 3 240 + 2 340 + 1 360 = 26 540(元)

辅助生产成本分配率 = 26 540 ÷ 500 = 53.08(元/小时)

基本生产车间应负担维修费用 = 250 × 53.08 = 13 270(元)

制造费用总额 = 7 200 + 11 200 + 4 600 + 1 180 + 3 500 + 13 270 = 40 950(元)

制造费用分配率 = 40 950 ÷ (900 + 500) = 29.25(元/小时)

A产品应分配制造费用 = 900 × 29.25 = 26 325(元)

B产品应分配制造费用 = 500 × 29.25 = 14 625(元)

⑤产品成本

A产品成本 = 69 120 + 5 400 + 18 000 + 26 325 = 118 845(元)

B产品成本 = 26 880 + 3 000 + 10 000 + 14 625 = 54 505(元)

6)生产费用在完工产品和在产品之间的分配

完工产品、在产品费用之间的关系如下:

本月完工产品费用 = 本月费用 + 月初在产品费用 - 月末在产品费用

根据这一关系,结合生产特点,完工产品与在产品费用的分配方法通常有不计算在产品成本法、在产品按固定成本计价法、在产品按所耗用直接材料成本计价法、约当产量比例法、在产品按定额成本计价法和定额比例法。

(1)不计算在产品成本法

该方法的特点是:月末虽然有在产品,但每月发生的成本全部由完工产品负担,在产品不负担。它适用于各月末在产品数量很小的产品。

(2)在产品按固定成本计价法

该方法的特点是:年内各月在产品成本都按年初在产品成本计算,固定不变。它适用于各月末在产品数量变化不大的产品。

(3)在产品按所耗用直接材料成本计价法

该方法的特点是:月末在产品成本只按所耗的直接材料成本计算确认,人工成本和制造费用则全部由完工产品成本承担。它适用于各月末在产品数量较大、各月末在产品数量变化较大以及直接材料成本在产品成本中所占比重也较大的产品。

【例11-4】甲企业A产品月初在产品成本为20 000元,本期原材料费用为70 000元,生产工人工资及制造费用为6 000元。本期完工产品为2 000件,月末在产品为400件。原材料费用在产品成本中占较大比重,而且原材料是生产开始时一次投入的。甲企业成本计算如下:

原材料费用分配率=(20 000+70 000)/(2 000+400)=37.5(元/件)

月末在产品成本=400×37.5=15 000(元)

完工产品成本=20 000+70 000+6 000-15 000=81 000(元)

(4)约当产量比例法

约当产量,是指在产品数量按其完工程度折算为相当于完工产品的数量。

该方法的特点是:将月末在产品数量按照完工程度折算为相当于完工产品的数量,即约当产量,然后将期初结存在产品成本与本期发生的生产成本之和,按完工产品数量与月末在产品约当产量的比例进行分配,以计算完工产品成本和月末在产品成本。它适用于各月末在产品数量较大、各月末在产品数量变化也较大、产品成本中直接材料成本和直接人工成本及制造费用的比重相差不大的产品。其计算公式如下:

在产品约当产量=在产品的数量×完工程度

$$单位成本(分配率)=\frac{月初在产品成本+本月发生生产成本}{完工产品数量+在产品约当产量}$$

完工产品成本=完工产品产量×单位成本

在产品成本=在产品约当产量×单位成本

【例11-5】乙企业2013年3月生产B产品,当月完工800件,月末在产品400件,月初和本月发生的直接材料成本为24万元,直接人工成本为10万元,制造费用为16万元。假定材料在生产开始时一次投入,在产品的加工程度测定为50%。

要求:采用约当产量比例法分配费用,计算完工产品和月末在产品的成本。

①计算在产品约当产量

月末在产品约当产量=400×50%=200(件)

②分配直接材料成本

直接材料单位成本=240 000÷(800+200)=240(元)

完工产品直接材料成本 = 800 × 240 = 192 000(元)

在产品直接材料成本 = 200 × 240 = 48 000(元)

③分配直接人工成本

直接人工单位成本 = 100 000 ÷ (800 + 200) = 100(元)

完工产品直接人工成本 = 800 × 100 = 80 000(元)

在产品直接人工成本 = 200 × 100 = 20 000(元)

④分配制造费用

制造费用单位成本 = 160 000 ÷ (800 + 200) = 160(元)

完工产品制造费用 = 800 × 160 = 128 000(元)

在产品制造费用 = 200 × 160 = 32 000(元)

⑤计算完工产品成本和月末在产品成本

完工产品成本 = 192 000 + 80 000 + 128 000 = 400 000(元)

在产品成本 = 48 000 + 20 000 + 32 000 = 100 000(元)

(5)在产品按定额成本计价法

该方法的特点是:月末在产品成本根据月末在产品数量和单位定额成本计算,然后从本月该种产品的全部生产成本(如果有月初在产品,包括月初在产品成本)中扣除,以求得完工产品的成本。它适用于各项消耗定额或费用定额比较准确、稳定,各月末在产品数量变化不大的产品。其计算公式如下:

在产品单位定额成本 = ∑该在产品材料或费用的定额

月末在产品成本 = 月末在产品数量 × 在产品单位定额成本

完工产品成本 = (月初在产品成本 + 本期发生费用) - 月末在产品成本

【例 11 - 6】丙企业 C 产品的月末在产品按定额成本计价法核算。2013 年 3 月末 C 产品在产品数量为 100 件,完工产品为 500 件,原材料在生产开始时一次投入。单位产品的原材料费用定额为 60 元,单位在产品的工时定额为 8 小时,小时人工费用定额为 4 元,小时制造费用定额为 3 元。月初在产品和本月发生的生产费用如下:直接材料 80 000 元,直接人工 26 000 元,制造费用 18 000 元。

①计算月末在产品定额

在产品直接材料定额 = 100 × 60 = 6 000(元)

在产品直接人工定额 = 100 × 8 = 800(小时)

在产品制造费用定额 = 100 × 8 = 800(小时)

②计算月末在产品定额成本

在产品直接材料定额成本 = 100 × 60 = 6 000(元)

在产品直接人工定额成本 = 100 × 8 × 4 = 3 200(元)

在产品制造费用定额成本 = 100 × 8 × 2 = 2 400(元)

③计算完工产品成本

完工产品直接材料成本 = 80 000 - 6 000 = 74 000(元)

完工产品直接人工成本 = 26 000 - 3 200 = 22 800(元)

完工产品制造费用 = 18 000 - 2 400 = 15 600(元)

完工产品总成本 = 74 000 + 22 800 + 15 600 = 112 400(元)

(6)定额比例法

该方法的特点是:产品的生产成本在完工产品和月末在产品之间按照两者的定额消耗量或定额成本比例分配。其中,直接材料成本按直接材料的定额消耗量或定额成本比例分配,其他成本项目按定额工时比例分配。它适用于各项消耗定额或成本定额比较准确、稳定,但各月末在产品数量变动较大的产品。

【例 11 - 7】丁企业生产加工 D 产品,月末完工产品 100 件、在产品 20 件。假定原材料在生产开始时一次投入,在产品加工程度为 40%。2013 年 3 月份月初及本月费用合计为:直接材料 504 000 元,直接人工 216 000 元,制造费用 172 800 元。单位完工产品定额为:直接材料 60 千克,定额人工 40 小时。

①用定额消耗量比例分配直接材料

完工产品直接材料定额消耗量 = 100 × 60 = 6 000(千克)

月末在产品直接材料定额消耗量 = 20 × 60 = 1 200(千克)

直接材料定额成本分配率 = 504 000 ÷ (6 000 + 1 200) = 70(元/千克)

完工产品直接材料成本 = 6 000 × 70 = 420 000(元)

在产品直接材料成本 = 1 200 × 70 = 84 000(元)

②用定额工时比例分配直接人工

完工产品定额工时 = 100 × 40 = 4 000(小时)

月末在产品定额工时 = 20 × 40 × 40% = 320(小时)

直接人工定额成本分配率 = 216 000 ÷ (4 000 + 320) = 50(元/小时)

完工产品直接人工成本 = 4 000 × 50 = 200 000(元)

在产品直接人工成本 = 320 × 50 = 16 000(元)

③用定额工时比例分配制造费用

完工产品定额工时 = 100 × 40 = 4 000(小时)

月末在产品定额工时 = 20 × 40 × 40% = 320(小时)

制造费用定额成本分配率 = 172 800 ÷ (4 000 + 320) = 40(元/小时)

完工产品制造费用 = 4 000 × 40 = 160 000(元)

在产品制造费用 = 320 × 40 = 12 800(元)

④计算完工产品成本和月末在产品成本

完工产品成本 = 420 000 + 200 000 + 160 000 = 780 000(元)

月末在产品成本 = 84 000 + 16 000 + 12 800 = 112 800(元)

11.3 加工成本计算

11.3.1 成本项目的确定

小微企业加工成本由直接人工和制造费用两部分组成。

直接人工是小微企业在加工过程中直接从事生产加工的工人的职工薪酬。

制造费用是一种间接生产成本，是指小微企业生产加工车间管理人员的职工薪酬、折旧费、机物料消耗、固定资产折旧费、修理费、办公费、水电费、劳动保护费、季节性和修理期间的停工损失等。

11.3.2 成本计算

小微企业加工成本中的直接人工和制造费用的核算同制造业相同，不再重复。

【例 11 - 8】甲公司为小型木材加工厂，2013 年 1 月共为乙企业、丙企业加工木材两批，共耗用生产工时 500 小时，其中为乙企业加工木材耗用生产工时 220 小时，为丙企业加工木材耗用生产工时 280 小时。本月工资计算和支付的依据是工资计算单和工资结算汇总表(分别见表 11 - 6、表 11 - 7)。本月制造费用明细账见表 11 - 8。甲公司采用生产工时比例分配计算工资耗费和制造费用。

表 11 - 6　　工资计算单

部门：甲公司　　2013 年 1 月　　金额单位：元

姓名	工资级别	工资标准		事假		病假			奖金	补贴		应付工资	各项扣款			实发工资
		月工资	日工资	日数	应扣工资	日数	扣除率(%)	应扣工资		夜班	副食		五险一金	水电费	合计	
张三	6	1 260	60	1	60	2	10	12	772	100	100	2 160	216	46	262	1 898
李四	5	1 155	55	2	110				635	80	100	1 860	186	30	216	1 644
合计		31 400			360			210	10 400	4 450	2 500	48 180	4 818	1 010	5 828	42 352

表 11 - 7 **工资结算汇总表**

2013 年 1 月 单位:元

部门		基本工资	应扣工资		奖金	补贴		应付工资	各项扣款		合计	实发工资
			事假	病假		夜班	副食		五险一金	水电费		
加工车间	生产工人	15 000	300	150	5 800	3 800	1 600	25 750	2 575	580	3 155	22 595
	管理人员	5 400	30	20	1 620	650	300	7 920	792	170	962	6 958
管理部门		5 400	30	40	1 120		300	6 750	675	160	835	5 915
业务部门		5 600			1 860		300	7 760	776	100	876	6 884
合计		31 400	360	210	10 400	4 450	2 500	48 180	4 818	1 010	5 828	42 352

表 11 - 8 **制造费用明细账**

2013 年 1 月 单位:元

摘要	机物料	动力费	职工薪酬	折旧费	水电费	保险费	其他费用	合计	转出
分配材料消耗	1 820							1 820	
分配动力消耗		3 300						3 300	
分配职工薪酬消耗			7 920					7 920	
分配折旧费				1 800				1 800	
分配水电费、保险费及其他费用					1 845	2 000	2 955	6 800	
分配制造费用									21 640
合计	1 820	3 300	7 920	1 800	1 845	2 000	2 955	21 640	21 640

①直接人工

从表 11 - 7 计算得知,甲公司 2013 年 1 月的人工费为 25 750 元。

人工费分配率 = 25 750 ÷ 500 = 51.5(元/小时)

乙企业木材应分配的人工费 = 220 × 51.5 = 11 330(元)

丙企业木材应分配的人工费 = 280 × 51.5 = 14 420(元)

根据工资结算汇总表编制工资分配表(见表 11 - 9)。

表 11 - 9　　**工资分配表**

2013 年 1 月　　单位:元

应借账户 \ 车间、部门		加工车间	管理部门	业务部门	合计
生产成本（基本生产成本）	乙企业木材	11 330			25 750
	丙企业木材	14 420			
制造费用		7 920			7 920
管理费用			6 750		6 750
销售费用				7 760	7 760
合计		33 670	6 750	7 760	48 180

②制造费用

从表 11 - 8 计算得知,2013 年 1 月甲公司共发生制造费用 21 640 元。

制造费用分配率 = 21 640 ÷ 500 = 43.28(元/小时)

乙企业木材应分配的制造费用 = 220 × 43.28 = 9 521.6(元)

丙企业木材应分配的制造费用 = 280 × 43.28 = 12 118.4(元)

③加工成本

乙企业木材加工成本 = 11 330 + 9 521.6 = 20 851.6(元)

丙企业木材加工成本 = 14 420 + 12 118.4 = 26 538.4(元)

11.4 流通业成本计算

流通业不从事产品生产,其销售的商品从外部购进,因而,流通业成本的计算主要是采购成本和商品销售成本的计算。

11.4.1 采购成本的计算

流通企业(小微企业)的商品成本主要由采购成本构成。采购成本包括购买价款和相关税费。

购买价款,是指小微企业购入的商品的发票账单上列明的价款,但不包括按照税法规定可以抵扣的增值税进项税额。

相关税费,是指小微企业购买或委托加工商品发生的进口关税、消费税、资源税和不能抵扣的增值税进项税额等应计入商品成本的税费。

流通业在购买商品过程中发生的运输费、装卸费、包装费、保险费、运输途中的合理损耗和入库前的挑选整理费等,在发生时直接计入当期费用,不计入所购商品成本。

【例 11 -9】甲百货公司从乙电器公司购进电暖气 200 台,每台 300 元,货款总计 60 000 元,增值税税额 10 200 元,运输费 2 000 元,保险费 1 200 元,两个公司均为增值税一般纳税人。则:

甲百货公司购入电暖气的成本为 60 000 元。

增值税 10 200 元可以抵扣。

运输费、保险费共计 3 200 元计入销售费用。

11.4.2 商品销售成本的计算

1)进价金额核算法下商品销售成本的计算

(1)盘存计销法。在进价金额核算法下,商品销售后,按实收销货款只反映主营业务收入,平时不计算结转已销商品成本、不注销库存,月末或定期采用"盘存计销"的方法,计算已销商品进价成本。

首先实地盘点库存商品,按原进价或最后一次进价,计算出库存商品进价总金额,然后倒挤已销商品进价成本。其计算公式为:

本期已销商品成本 = 期初库存商品进价成本 + 本期购进商品进价成本 - 期末库存商品进价成本

【例 11 - 10】ABC 商厦水产柜组 2013 年 1 月初"库存商品"账户金额为 13 800 元,当月累计购进商品 81 200 元,当月累计实现商品销售收入 120 000 元(不含增值税销项税额),月末,通过实地盘点商品,按最后一次进货单价计算期末结存商品进价总额为 22 500 元,计算 ABC 商厦 2013 年 1 月份水产柜组商品销售成本。

本期已销商品成本 = 13 800 + 81 200 - 22 500 = 72 500(元)

(2)毛利率法。毛利率法是指用上期实际毛利率或本期计划毛利率乘以本期商品销售收入,推算出本期商品销售毛利,进而推算出本期商品销售成本的一种方法。

本期商品销售毛利额 = 本期商品销售收入 × 上期实际毛利率或本期计划毛利率

本期商品销售成本 = 本期商品销售收入 - 本期商品销售毛利额

或 = 本期商品销售收入 ×(1 - 上期实际毛利率或本期计划毛利率)

期末库存商品成本 = 期初结存商品成本 + 本期购进商品成本 - 本期商品销售成本

或 = 期初结存商品成本 + 本期购进商品成本 - [本期商品销售收入 × (1 - 上期实际毛利率或本期计划毛利率)]

在毛利率法下，由于本月商品销售毛利额是根据上季度实际毛利率或本季度计划毛利率匡算的，因而计算结果反映的并非真正的实际成本。为提高每一季度商品销售成本计算的正确性，每季度末应采用个别计价法、先进先出法、加权平均法之中的一种，或采用"盘存计销"的方法，在"库存商品"明细分类账户中计算出该季度已销商品成本，再用该季度商品销售成本减去前两个月匡算的销售成本，得出该季度第三个月应结转的销售成本。

【例 11 - 11】甲公司 2013 年第一季度家电类商品销售收入为 1 200 000 元，其销售成本为 950 000 元；4 月份该类商品销售收入为 420 000 元，5 月份该类商品销售收入为 480 000 元；第二季度采用先进先出法，按商品品种逐一计算并汇总得出该类商品第二季度销售成本为 990 000 元。计算 6 月份该类商品销售成本。

家电类商品第一季度毛利率 = (1 200 000 - 950 000)/1 200 000 × 100% = 20.83%

4 月份该类商品销售成本 = 420 000 × (1 - 20.83%) = 332 514(元)

5 月份该类商品销售成本 = 480 000 × (1 - 20.83%) = 380 016(元)

6 月份该类商品销售成本 = 990 000 - 332 514 - 380 016 = 277 470(元)

采用毛利率法，不是按库存商品品名、规格逐一计算商品销售成本，而是按商品类别进行计算，大大简化了计算工作。由于同一类别内商品的毛利率不尽相同，因此，计算出来的商品销售成本不够准确，一般适用于经营商品品种较多、按月计算商品销售成本有困难的企业。

【例 11 - 12】乙公司经营的 A 类商品采用毛利率法对发出商品计价，季度内各月份的毛利率根据上季度实际毛利率确定。该公司 2013 年第一季度、第二季度 A 类商品有关的资料如下：

①2013 年第一季度累计销售收入为 600 万元、销售成本为 510 万元，3 月末库存 A 类商品实际成本为 400 万元。

②2013 年第二季度购进 A 类商品成本为 880 万元。

③2013 年 4 月份实现商品销售收入 300 万元。

④2013 年 5 月份实现商品销售收入 500 万元。

⑤假定 2013 年 6 月末按一定方法计算的库存 A 类商品的实际成本为 420 万元。

要求：分别计算乙公司 A 类商品 2013 年 4 月份、5 月份、6 月份的商品销售成本。

①A 类商品第一季度的实际毛利率 =(600 - 510)/600 × 100% = 15%

②A 类商品 4 月份的商品销售成本 = 300 ×(1 - 15%)= 255(万元)

③A 类商品 5 月份的商品销售成本 = 500 ×(1 - 15%)= 425(万元)

④A 类商品 6 月份的商品销售成本 = 3 月末库存 A 类商品实际成本 + 第二季度购进 A 类商品成本 - 6 月末库存 A 类商品实际成本 - 4、5 月份 A 类商品销售成本 = 400 + 880 - 420 -(255 + 425)= 180(万元)

2)售价金额核算法下商品销售成本的计算

在售价金额核算法下,平时商品销售成本随销售收入确认,按商品售价结转成本。月末,将商品进销差价,在已销商品和库存商品之间进行分摊,已销商品的售价成本扣除已销商品应分摊的商品进销差价后,就是已销商品的实际成本。

已销商品分摊进销差价的计算方法有综合差价率推算法、分柜组差价率推算法和实际进销差价计算法。

(1)综合差价率推算法。综合差价率推算法是按企业在一定会计期间经营的全部商品的存、销比例,分摊商品进销差价的一种方法。计算方法如下:

第一步,根据本期全部库存商品,计算出本期商品的综合差价率,将期末结转前的"商品进销差价"账户余额除以期末"库存商品"账户余额与本期主营业务收入之和。

综合差价率 = 期末分摊前"商品进销差价"科目的贷方余额 ÷(“库存商品”科目期末借方余额 + "委托代销商品"科目期末借方余额 + 本期"主营业务收入"科目贷方发生额)× 100%

如果企业采用视同买断商品所有权的方式代销商品,则上述公式中的"'库存商品'科目期末借方余额"还应包括"受托代销商品"科目期末借方余额。

第二步,计算出已销商品和结存商品应分摊的进销差价,将综合差价率乘以本期主营业务收入。

本期已销商品应分摊的进销差价 = 本期商品销售收入 × 综合差价率

综合差价率推算法以企业的全部商品作为一个计算整体,不分商品类别、品种,计算过程简便,计算结果的准确性较差,因为不同类别的商品进销差价率不完全相同,有的甚至相差很大。这种方法适用于所经营商品的差价率较为均衡的企业或企业规模小、分柜组计算差价率确有困难的企业。

【例 11 - 13】ABC 商厦 2013 年 1 月 31 日有关账户资料见表 11 - 10。采用综合差价率推算法计算并结转已销商品进销差价。

表 11－10　　　　　　　　　　各明细账户余额表

2013 年 1 月 31 日　　　　　　　　　　　　单位:元

营业柜组	结转前商品进销差价账户余额	库存商品账户余额	受托代销商品账户余额	主营业务收入账户余额
百货组	152 050	235 200	56 000	294 320
服装组	124 020	259 400	43 000	273 200
食品组	102 180	224 180		253 660
合计	378 250	718 780	99 000	821 180

综合差价率＝378 250/(718 780＋99 000＋821 180)×100%＝23.08%

本期已销商品应分摊的进销差价＝821 180×23.08%＝189 528.34(元)

本期已销商品的成本＝821 180－189 528.34＝631 651.66(元)

(2)分柜组差价率推算法。分柜组差价率推算法是按各类商品或按各营业柜组在一定会计期间商品的存、销比例,计算本期销售商品应分摊的进销差价的一种方法。这种方法与综合差价率推算法基本相同,只不过是缩小了计算差价率的范围。

分柜组差价率推算法由于对商品进行了细分,计算结果与综合差价率推算法相比较为准确,但与实际结果仍有一定偏差。这种方法通常适用于经营商品种类差别较大、经营柜组间差价率较大的零售企业,或需分柜组计算其经营成果的零售企业。

【例 11－14】ABC 商厦 2013 年 1 月 31 日有关账户资料见表 11－10。采用分柜组差价率推算法计算并结转已销售商品进销差价。

根据资料,ABC 商厦编制已销商品进销差价计算表,见表 11－11。

表 11－11　　　　　　　　　已销商品进销差价计算表

2013 年 1 月 31 日　　　　　　　　　　　金额单位:元

营业柜组	库存商品账户余额	受托代销商品账户余额	主营业务收入账户余额	本期存销商品合计数	结转前商品进销差价账户余额	差价率(%)	已销商品进销差价	期末商品进销差价
1	2	3	4	5＝2＋3＋4	6	7＝6/5	8＝4×7	9＝6－8
百货组	235 200	56 000	294 320	585 520	152 050	25.97	76 434.90	75 615.10
服装组	259 400	43 000	273 200	575 600	124 020	21.55	58 874.60	65 145.40
食品组	224 180		253 660	477 840	102 180	21.38	54 232.51	47 947.49
合计	718 780	99 000	821 180	1 638 960	378 250		189 542.01	188 707.99

百货组已销商品成本 = 294 320 - 76 434.90 = 217 885.10(元)

服装组已销商品成本 = 273 200 - 58 874.60 = 214 325.40(元)

食品组已销商品成本 = 253 660 - 54 232.51 = 199 427.49(元)

(3)实际进销差价计算法。实际进销差价计算法是根据期末盘存商品实际进销差价,倒算出已销商品进销差价的一种方法。计算方法如下:

第一步,期末由各营业柜组或门市部通过商品盘点,编制库存商品盘存表(见表 11 - 12)和受托代销商品盘存表。

表 11 - 12　　库存商品盘存表

部门:百货组　　2013 年 1 月 31 日　　金额单位:元

品名	单位	盘存数量	零售价(含税)		购进价(不含税)		备注
			单价	金额	单价	金额	
电吹风	个	25	300	7 500	150	3 750	
加湿器	台	20	550	11 000	280	5 600	
吸尘器	台	30	1 100	33 000	500	15 000	
…	…	…	…	…	…	…	
合计				235 200		172 350	

第二步,根据各种商品的实存数量,分别乘以销售单价和购进单价,计算出期末库存商品的售价金额和进价金额及期末受托代销商品的售价金额和进价金额。

第三步,财会部门根据库存商品盘存表和受托代销商品盘存表,复核无误后,据以编制商品盘存汇总表(见表 11 - 13)。

表 11 - 13　　商品盘存汇总表

2013 年 1 月 31 日　　单位:元

部门	库存商品售价金额	库存商品进价金额	受托代销商品售价金额	受托代销商品进价金额	商品进销差价
百货组	235 200	172 350	56 000	36 000	82 850
服装组	259 400	194 860	43 000	28 000	79 540
食品组	224 180	183 650			40 530
合计	718 780	550 860	99 000	64 000	202 920

第四步,计算各柜组已销商品应分摊的进销差价。

已销商品进销差价 = 结账前商品进销差价账户余额 - 期末盘存商品进销差价

实际进销差价计算法计算结果准确,但手续繁杂,工作量大,适用于经营商品品种不多的零售企业。

【例 11 - 15】承【例 11 - 14】,ABC 商厦采用实际进销差价计算法,2013 年 1 月 31 日根据各营业柜组的库存商品盘存表和受托代销商品盘存表,编制商品盘存汇总表。

各营业柜组结转前商品进销差价账户余额同【例 11 - 14】,计算本期已销商品进销差价。

百货组已销商品应分摊的进销差价 = 152 050 - 82 850 = 69 200(元)

服装组已销商品应分摊的进销差价 = 124 020 - 79 540 = 44 480(元)

食品组已销商品应分摊的进销差价 = 102 180 - 40 530 = 61 650(元)

11.5 服务业成本计算

11.5.1 旅游成本计算

1)旅游经营业务成本的内容

旅行社担负着对旅游者的招待、联系、接待安排等项目的服务工作。根据各旅行社经营内容不同,可将旅行社分为组团社和接团社。组团社,是指享有外联权的旅行社,即有权与境外的旅行社联系组织旅游者入境旅游的旅行社,又称一类社。接团社,是指负责接待旅游团队的旅行社,又称二类社。随着我国旅游业的蓬勃发展,一个旅行社可能既是组团社,又是接团社,肩负着组团和接团的双重任务。

旅行社营业成本是指旅行社在接待旅游团(者)为其提供各项服务过程中所发生的各种直接支出,包括组团社向旅游团体收取但在以后需要拨付给接团社的各项直接支出和接团社从组团社收回但又要付给客人提供食宿、交通、游览服务部门的各项直接支出。由此可见,旅行社营业成本实质上是其代收代付费用。其营业成本由以下七大类构成:

(1)组团外联成本。组团外联成本是指各组团社组织的外联团、外国旅游团,按规定开支的住宿费、餐饮费、综合服务费、国内城市间交通费、专业活动费等。组团外联成本由拨付成本和服务成本两大部分组成。其中,拨付成本是组团社拨付给接团社的属于代收代付性质的综合服务费,服务成本是组团社提供服务发生的陪同费以及通信费。

(2)综合服务成本。综合服务成本是指接待由组团社组织的包价旅游团(者),按规定开支的住宿费、餐饮费、车费、杂费、陪同费等。

(3)零星服务成本。零星服务成本是指为接待零散客及处理委托代办事项,按规定开支的委托费、导游接送费、车费、手续费、托运服务费等。

(4)劳务成本。劳务成本是指非组团旅行社为组团社派出的翻译、导游人员参加全程陪同,按规定开支的各项费用。

(5)票务成本。票务成本是指旅行社为国内外旅客代办客票所发生的手续费、退票损失费等。

(6)地游及加项成本。地游及加项成本是指旅行社接待的小包价旅游团或因游客要求增加游览项目而按规定开支的综合服务费、超公里费、风味费等。

(7)其他业务成本。其他业务成本是指不属于以上各项成本的其他成本支出。

2)旅游经营业务成本的计算

(1)组团社经营业务成本的计算。接团社和组团社的费用和收入有着紧密的联系,组团社的拨付支出就是接团社的营业收入。组团社的营业成本由两部分构成:一部分是拨付支出,即拨付给接团社的综合服务费、住宿费、餐费、车费等支出,属于代收代付;另一部分是为组团而发生的外联费用和全陪人员的部分费用支出,属于组团社的服务性支出。

【例11-16】和平旅行社作为组团社,组织一批游客进行美国九日游。接团社为友谊旅行社。接到友谊旅行社报来的"旅游团(者)费用拨款结算通知单"(见表11-14),共计金额55 180元,经审核无误,办理支付手续。和平旅行社另发生外联费用450元,全陪人员的陪同费用750元。

和平旅行社经营业务成本 = 拨付支出 + 服务性支出

= 55 180 + 1 200 = 56 380(元)

表11-14　　旅游团(者)费用拨款结算通知单　　金额单位:元

计划号		国别		旅行社名称	和平旅行社	人数	72
旅游团(者)名称							
旅游级别				全陪姓名			
旅客到离时间	2013年1月12日11时到,用午餐;2013年1月20日14时用午餐后离开						

续表

<table>
<tr><td colspan="3" rowspan="2">项目</td><td colspan="4">拨款结算</td></tr>
<tr><td>单价</td><td>计价单位</td><td>计价数量</td><td>金额</td></tr>
<tr><td rowspan="7">旅游团综合服务费</td><td colspan="2">服务费</td><td>100</td><td>元/人·天</td><td>72</td><td>7 200</td></tr>
<tr><td colspan="2">住宿费</td><td>450</td><td>元/间·天</td><td>48</td><td>21 600</td></tr>
<tr><td colspan="2">午餐费</td><td>600</td><td>元/桌</td><td>10</td><td>6 000</td></tr>
<tr><td colspan="2">晚餐费</td><td>400</td><td>元/桌</td><td>8</td><td>3 200</td></tr>
<tr><td colspan="2">派出全陪陪同劳务费</td><td colspan="4">2 500</td></tr>
<tr><td colspan="2"></td><td colspan="4"></td></tr>
<tr><td colspan="2">旅游团综合服务费合计</td><td colspan="4">40 500</td></tr>
<tr><td rowspan="5">旅游者交通费</td><td>交通费 1</td><td>去上海机票</td><td>550</td><td>元/人</td><td>24</td><td>13 200</td></tr>
<tr><td>交通费 2</td><td></td><td></td><td></td><td></td><td></td></tr>
<tr><td>行李托运费</td><td></td><td></td><td></td><td></td><td></td></tr>
<tr><td></td><td></td><td></td><td></td><td></td><td></td></tr>
<tr><td colspan="2">旅游者交通费合计</td><td colspan="4">13 200</td></tr>
<tr><td rowspan="6">全程陪同费用</td><td>交通费</td><td></td><td>125</td><td>元/人</td><td>4</td><td>500</td></tr>
<tr><td>共餐费</td><td></td><td>9</td><td>元/次</td><td>20</td><td>180</td></tr>
<tr><td>住宿费</td><td></td><td>200</td><td>元/间·天</td><td>4</td><td>800</td></tr>
<tr><td></td><td></td><td></td><td></td><td></td><td></td></tr>
<tr><td colspan="2">全程陪同费用合计</td><td colspan="4">1 480</td></tr>
<tr><td colspan="2"></td><td colspan="4"></td></tr>
<tr><td colspan="3">拨款结算合计</td><td colspan="4">55 180</td></tr>
</table>

(2)接团社经营业务成本的计算。接团社经营业务成本是指为了给旅游团提供服务而支付给各接待单位(如宾馆、饭店、车队、景点等)的实际支出(如房费、餐费、交通费、景点门票费等),这些支出构成了接团社经营业务成本。

【例 11 - 17】友谊旅行社 2013 年 2 月为和平旅行社接团,支付各接待单位有关费用为:支付翠微苑宾馆房费 10 000 元、餐费 15 000 元;支付三元出租汽车公司交通费 2 500 元;支付旅游景点门票费 7 200 元。

接团社经营业务成本 = 10 000 + 15 000 + 2 500 + 7 200 = 34 700(元)

11.5.2 餐饮成本计算

1)餐饮经营业务成本的内容

餐饮经营业务成本主要包括以下内容:

(1)酒楼、餐馆等餐饮业在经营过程中的原材料耗费,由制作饮食制品的主料、调料和配料三部分组成,包括各种米、面等粮食类,鸡、鸭、鱼、肉、蛋、蔬菜等副食类,木耳、黄花菜、香菇、干海参等干菜类,以及油、盐、酱、醋等调料。

(2)餐饮企业经营中支出的燃料成本,如燃煤成本、燃气成本等。

(3)餐饮企业附设商品部,所经营外购商品(如烟、酒)的进价成本。

2)主配料成本计算

主配料一般是指在加工完成的食品中所占成本比例较高的材料,一般构成食品的主要成分。在餐饮企业中,经常有将一些原材料买回来进行加工后,作为多种食品主配料的情况。主配料的成本计算方法有一料一档的计算方法和一料多档的计算方法。

(1)一料一档的计算方法。原材料经初加工后,只形成一种半成品,即称为一料一档。一料一档的下脚料可分为两种:一种是不可作价利用的,另一种是可作价利用的。

下脚料不可作价利用的半成品单位成本等于购进原材料的总成本除以加工后半成品的总重量。其计算公式如下:

半成品单位成本 = 购进原材料总成本/加工后半成品总重量

若有可作价利用的下脚料,则其半成品的单位成本计算公式如下:

半成品单位成本 =(购进原材料总成本 - 下脚料成本)/加工后半成品总重量

【例 11 - 18】某酒店购进核桃 300 千克,每千克 20 元,加工成核桃仁,共得核桃仁 150 千克,核桃壳等下脚料由于没什么用处,作为厨余垃圾处理。求核桃仁的单位成本。

核桃仁的单位成本 =(300 ×20) ÷150 =40(元/千克)

【例 11 - 19】某酒店购进新鲜海虾 80 千克,每千克购进价为 30 元,总计 2 400 元,经加工后得净虾仁 50 千克。剥虾仁过程中产生的虾头、虾皮等下脚料出售给虾酱制作厂,得款 300 元。求净虾仁的单位成本。

净虾仁的单位成本 =(2 400 -300) ÷50 =42(元/千克)

(2)一料多档的计算方法。原材料经初加工后,按照品质、用途等产生几种半成品,即称为一料多档。一料多档需分别计算各半成品的成本。各半成品成本的总和应等于加工前原材料购进的成本。其中质量好的成本较高,质量差的成本较低。半成品单位成本计算又分为一料多档、唯一未知和一料多档、多项未知两种情况。

①一料多档、唯一未知,其半成品单位成本的计算公式如下:

某未定价半成品单位成本 = [购进原材料总成本 - 其他半成品成本之和(包括下脚料成本)]/该项半成品重量

【例 11 - 20】一条鲢鱼重 6.4 千克,每千克 14 元,共计 89.6 元。经宰杀,得鱼头 1.8 千克,每千克作价 8 元;鱼尾 0.7 千克,每千克作价 15.4 元;中段 3.6 千克;鱼子作价 2.5 元。求中段的单位成本。

中段的单位成本 = $(89.6 - 1.8 \times 8 - 0.7 \times 15.4 - 2.5) \div 3.6 = 17.2$(元)

②一料多档、多项未知,其半成品成本与购进原材料成本可以用下列公式表示:

半成品 1 成本 + 半成品 2 成本 + … + 半成品 n 成本 = 原材料购进总成本

当出现两种或两种以上未知半成品成本时,上式相当于一个多元一次方程,是无法精确求解的,在这种情况下,只能以公式为依据,本着按质量论价的原则,参照市场价格逐一估算未知半成品成本。

【例 11 - 21】购进鸡一批,共 80 千克,每千克进价 8 元,共计 640 元。经宰杀整理得到鸡肉 36 千克,鸡腿 6 千克,鸡翅 2.5 千克,鸡爪 1.8 千克,鸡胗 1 千克。现知鸡肉每千克 12 元,鸡腿每千克 16 元,鸡翅每千克 24 元。求鸡爪和鸡胗的成本。

鸡爪和鸡胗的总成本 = $640 - (36 \times 12 + 6 \times 16 + 2.5 \times 24) = 52$(元)

根据市场行情来判断鸡爪的单位成本为每千克 15 元,则鸡胗的单位成本为每千克 25 元。

3)燃料成本和外购商品成本计算

(1)燃煤、燃气的等燃料成本按照实际发生额计算。

(2)外购商品的成本按照进价计算。已销商品的成本,按照商品流通企业的成本计算方法分进价金额核算法和售价金额核算法计算。

酒店、餐饮服务企业的库存商品在按进价金额核算时,月末采用先进先出法、加权平均法等方法计算已销商品的进价成本。

4)餐饮经营业务成本计算

餐饮制品成本指生产饮食制品所耗用的原材料成本,原材料包括制作餐饮制品的主料、配料和调料三大类。由于餐饮产品产销相连,产品种类多,单品用料杂而零星,产品间工艺技术要求不一的特点,实际工作中,若按每一种菜(或主食品)核算其单位成本,计算工作十分繁重。为了减轻成本计算的工作量,餐饮产品的成本一般按餐饮产品全部或大类计算。其总成本的计算与结转可分别采用永续盘存法和实地盘存法。

(1)永续盘存法。永续盘存法是指按厨房实际领用的原材料数额计算与结转已销餐饮产品总成本的一种方法。这种方法适用于实行领料制的餐饮企业。

采用这种方法的餐饮企业,日常每次领料时,根据领料单,借记"主营业务成本"科目,贷记"原材料"科目。月末,若厨房将当月领用的原材料全部耗用,产品也全部售出,领用原材料的合计金额(即"主营业务成本"账户借方发生额)为本月已销餐饮产品总成本。但是所领用的原材料在月末不一定用完,而且还可能会有一些在制品和尚未出售的少量制成品。同样,月初会有一些已领未用的原材料、在制品及尚未出售的制成品等。为了保证成本计算的准确性,企业应对未耗用的原材料、在制品及尚未出售的制成品进行盘点,并编制盘存表。在计算餐饮产品总成本时,必须将其扣除,以便正确反映已销餐饮产品耗用原材料的实际成本。已销餐饮产品成本可用下列公式计算:

已销餐饮产品成本 = 月初"主营业务成本"账户余额 + 本月"主营业务成本"账户发生额 - 月末厨房剩余材料盘存额

饭店餐饮部门一般在月末一次计算成本,月末根据"主营业务成本"账户的信息可以取得领用原材料总额的资料,据以确定当月已销餐饮产品成本。

月末厨房剩余材料(包括已领未用原材料、半成品、尚未出售的制成品),按照规定应办理退库手续,其盘存额应从"主营业务成本"账户予以扣除,以求得已销餐饮产品的实际成本,并保证账实相符。

【例 11 - 22】丽华酒店餐饮部原材料的耗用实行领料制。2013 年 1 月发生如下经济业务:

①2013 年 1 月 5 日,领用 60 000 元的食品原料,300 元的调料,300 元的配料,3 000 元的酒水。

②2013 年 1 月 31 日,盘点结存已领未用主料 450 元、调料 80 元、配料 70 元、酒水 600 元。

丽华酒店餐饮部 2013 年 1 月份成本 = (60 000 + 300 + 300 + 3 000) - (450 + 80 + 70 + 600) = 62 400(元)

(2)实地盘存法(或称盘存计耗法)。实地盘存法是指按照实际盘存原材料的数额,倒挤本期已销餐饮产品所消耗原材料的一种方法。这种方法只适用于小型、会计核算比较简单的餐饮企业。其计算公式为:

本月已销餐饮产品总成本 = 月初原材料结存金额 + 本月购进原材料金额 - 期末原材料盘存金额

实地盘存法,虽然手续简便,但是不能从账面上随时反映原材料发出和结存的情况,不能及时反映原材料管理所需要的各种信息。同时,"盘存计耗"来倒挤原材料耗用成本,可能将由原材料的损耗、短缺、盗窃和浪费等原因所造成的损失都隐藏在倒挤的成本中,从而不利于对原材料的监督和管理,影响了成本计算的准确性。

【例 11－23】2013 年 2 月，丽华酒店“原材料”账户月初结存金额为 7 800 元，本月购进原材料总额为 34 000 元，月末盘点库存原材料为 4 200 元，厨房已领未消耗原材料和待售产品为 2 800 元，采用“盘存计耗”计算已销餐饮产品所消耗的原材料成本。

本月已销餐饮产品的原材料成本＝7 800＋34 000－（4 200＋2 800）＝34 800（元）

11.5.3 酒店成本计算

酒店与工业、商业零售企业最大的不同就在于其以客房作为商品。酒店客房主要向宾客提供设备齐全、服务优良、舒适安全的住宿环境。酒店在开办之初，在客房和相关服务设施上投资较大，在日常经营过程中，这部分投资是以折旧摊销的方式计入费用中进行核算的。酒店通过出租客房得到收入，耗费物资较少，营业周期较短，各类经营业务间相互交叉，使得直接费用和间接费用不易划分，因此，无法像工业、商业零售企业那样计算出准确的成本，往往采用简化核算的方式，把营业过程中的各种耗费作为其成本，会计处理时，把营业过程中的各种耗费直接计入销售费用。

酒店客房的主要费用项目有固定资产折旧、工作人员工资、物料消耗、服装费、修理费和装修费以及动力和燃料费等。

11.5.4 其他服务成本计算

1）娱乐业务

娱乐业的成本首先是固定资产、低值易耗品等服务设施的购置和维修费用，要在一定时期内收回；其次是服务的直接费用，如歌舞厅的饮料原料成本和乐队、歌手的工资等。

2）洗染业务

洗染业是从事服装、被褥、纺织品的洗烫、染色、织补、干洗、印字、去渍等业务的服务行业。

洗染业的成本主要是原材料成本、职工工资、房租和水电费。原材料主要有染料、助染药剂、各种洗涤剂和织补材料等。

3）修理业务

修理业是修理人员应用设备、工具和材料，以一定的技艺技巧从事修复、整新家用电器、钟表、眼镜、相机、文体用品以及修理自行车、助动车等的行业。修理业起到了延长物品使用寿命、节约社会财富的作用。

修理业的成本，只核算修理过程中耗用的零配件和修理材料。

4)美容美发业务

美容美发业务是指通过服务人员使用美容美发设备工具,为满足消费者美容美发需要而收取一定服务费用的业务。其服务项目主要有脸部护理、文眼线、文眉、修指甲、剪发、修面、吹风、烫发、焗油、按摩等。

美容美发业的成本主要是原材料成本、职工工资、房租(或房屋折旧费)、机器设备折旧费、维修费和水电费等。

5)浴池业务

浴池业是服务行业的重要组成部分。作为向顾客提供洗浴设备和进行服务的行业,其业务经营具有一定综合性,既包括传统的搓澡、修脚等服务项目,也开展蒸气浴、桑拿浴、药物浴、脉冲浴、芳香浴等健身业务,有的浴池兼营住宿、美容美发、洗衣、出售蒸馏水、附设小卖部等业务。

浴池业的成本主要是免费使用的洗浴用品的成本、职工工资、房租(或房屋折旧费)和水电费、维修费等。

11.6 运输业成本计算

11.6.1 成本项目的确定

运输企业的营运成本是指企业在营运过程中实际发生的与运输、装卸、堆放和代理业务等营运活动直接有关的支出。其营运成本主要分为运输成本、装卸成本和堆放成本等类别。

1)运输成本

运输成本项目有直接材料、直接人工、其他直接费用和营运间接费用四项。直接材料主要由燃料和轮胎两个项目组成;直接人工由工资和各种福利组成;其他直接费用包括营运部门发生的折旧费、修理费、运输管理费、车辆保险费、行车事故费和其他费用等明细项目;营运间接费用是指公路运输企业所属的基层营运单位,如分公司、车站等组织管理运输生产过程中所发生的不能直接计入成本计算对象的各种间接费用,它包括这些部门发生的工资、职工福利费、折旧费、修理费、低值易耗品摊销、取暖费、水电费、办公费、差旅费、保险费、劳动保护费和其他费用等。

直接材料、直接人工、其他直接费用属于直接费用,直接计入客车、货车成本的相关项目;营运间接费用采用一定方法分配计入客车、货车成本。

2)装卸成本

装卸成本是运输企业在装卸过程中发生的各项计入成本的费用。其成本项目有直接人工、其他直接费用和营运间接费用三项。

3)堆存成本

堆放成本是运输企业在存放运输货物过程中发生的各项计入成本的费用。其成本项目有堆存直接费用和营运间接费用两项。

11.6.2 运输成本

运输业企业成本费用的计算方法与制造业企业成本费用的计算方法相同。

1)直接材料

(1)燃料。燃料管理主要有车存燃料管理和车耗燃料管理两个方面。

车存燃料是营运车辆投产后,接受任务出车前储存于车辆油箱内的燃料。在实际工作中,对车存燃料有满油箱制和盘存制两种管理方法。

①在满油箱制下,投入营运的车辆在每次加油时必须加满油箱,月末也必须加满油箱,这样车存燃料的数量就由车辆油箱的大小决定,月末根据领油凭证就可以计算出车辆油耗的数量,从而考核车辆的耗油情况。

②在盘存制下,投入营运的车辆根据实际需要领料加油,月末经过盘存油箱内燃油的数量,计算出当月实际耗油数量。

当月实际耗油数 = 月初库存油料数 + 本月领用油料数 - 月末车存油料数

车耗燃料管理可采用行车路单领油记录和行车燃料领发记录表、行车路单套写领油收据、定额油票等。

(2)轮胎。轮胎耗费采用摊销的方法计入相关成本费用。

①一次摊销法。一次摊销法是将领用出来的轮胎的成本一次性地全部计入当期主营业务成本。

②按行驶里程预提法。轮胎的价值损耗与其行驶里程具有密切关系,因此可以将领用轮胎的价值按各月行驶里程计算预提额,分月计入各月的主营业务成本。其计算公式如下:

千公里轮胎费用 =(外胎实际成本 - 预计残值)×1 000/外胎使用里程定额

每月预提轮胎费用 = 该月行驶里程 × 千公里轮胎费用

由于千公里轮胎费用是按照外胎行驶里程计算的,因此当报废轮胎实际行驶里程与定额行驶里程出现差异时,应调整运输成本。计算公式为:

超驶或亏驶里程应调整的运输成本 = 轮胎超驶或亏驶里程 × 千公里轮胎费用

2)直接人工

运输企业直接人工根据工资结算表进行汇总与分配。对于有固定车辆的司机和助手的工薪,直接计入各自成本计算对象的成本;对于没有固定车辆的司机和助手的工薪,则需要按照一定标准(一般为车辆的车日)分配计入各自成本计算对象

的成本。计算方法如下:

每一车日的工薪分配额 = 应分配的司机和助手工薪总额 ÷ 各车辆总车日

营运车辆应分配的工薪额 = 每一车日的工薪分配额 × 营运车辆总车日

3)其他直接费用

其他直接费用中的保养费、修理费、折旧费,根据各种凭证,能分清成本计算对象的,直接计入各成本计算对象的成本;对于共同发生的费用,可按营运车日比例分配计入各车队运输成本。对于专门设有维修队的,先设"辅助营运费用"明细账归集,再按照制造业的辅助生产成本分配方法进行分配。

营运车辆在营运过程中因种种行车事故而发生的修理费、救援和善后费用,以及支付外单位人员的医药费、丧葬费、抚恤费、生活费等支出,扣除保险公司及过失人赔偿款后的净额,根据收付款凭证直接计入各成本计算对象的成本。

车辆牌照和检验费、车船税、洗车费、过路过桥费、司机途中住宿费、行车杂费等费用发生时根据付款凭证直接计入各类运输成本。

4)营运间接费用

营运间接费用一般按照运输里程分配计入各运输成本。

5)运输成本

运输总成本 = 直接材料 + 直接人工 + 其他直接费用 + 营运间接费用

运输单位成本(元/千吨公里) = 运输总成本 ÷ 运输周转量(千吨公里)

【例 11 – 24】第一汽车运输公司有客车队、货车队和维修队三个生产营运部门。该公司采用盘存制管理制度,按实际成本计价进行燃料核算。2013 年 1 月发生如下经济事项,月末分客车和货车计算运输总成本和单位成本。

①月末,根据燃料领用凭证及车存燃料盘点表等有关资料编制燃料耗用计算汇总表(见表 11 – 15)。

表 11 – 15　　燃料耗用计算汇总表

项目	本月领用(升)	期初存油(升)	期末存油(升)	本期耗用(升)	实际成本(元)(7.2 元/升)
客车	50 000	4 500	1 200	53 300	383 760
货车	80 000	2 400	2 800	79 600	573 120
交通车	1 800			1 800	12 960
合计	131 800	6 900	4 000	134 700	969 840

②第一汽车运输公司采用一次摊销法摊销轮胎费用。2013 年 1 月领用新轮胎的实际成本为 9 000 元,其中客车 4 800 元,货车 4 200 元。

③2013 年 1 月末,第一汽车运输公司当月人工费用汇总表和人工费用分配表分别如表 11－16、表 11－17 所示。

表 11－16　　**人工费用汇总表**

单位:第一汽车运输公司　　2013 年 1 月　　单位:元

部门及人员类别	工资总额	福利费	合计
客车队	96 000	38 400	134 400
货车队	104 000	41 600	145 600
营运管理部门	32 000	12 800	44 800
维修队	18 000	7 200	25 200
行政管理部门	40 000	16 000	56 000
合计	290 000	116 000	406 000

表 11－17　　**人工费用分配表(简表)**

单位:第一汽车运输公司　　2013 年 1 月　　单位:元

	工资总额	福利费	合计
主营业务成本——客车队	96 000	38 400	134 400
主营业务成本——货车队	104 000	41 600	145 600
营运间接费用	32 000	12 800	44 800
辅助营运费用	18 000	7 200	25 200
管理费用	40 000	16 000	56 000
合计	290 000	116 000	406 000

④第一汽车运输公司营运车辆采用工作量法计提折旧,其他固定资产采用直线法计提折旧。2013 年 1 月,第一汽车运输公司编制有关固定资产折旧费计算表如表 11－18 所示。

表 11－18　　固定资产折旧费计算表

2013 年 1 月　　金额单位:元

<table>
<tr><th rowspan="2">车辆类型</th><th colspan="3">车辆折旧</th><th colspan="2">其他固定资产折旧</th></tr>
<tr><th>行驶里程
(千公里)</th><th>折旧率
(元/千公里)</th><th>折旧额</th><th>固定资产种类</th><th>折旧额</th></tr>
<tr><td>客车</td><td>9 000</td><td></td><td>600 000</td><td>营运管理部门
固定资产</td><td>32 000</td></tr>
<tr><td>其中:宇通</td><td>6 000</td><td>70</td><td>420 000</td><td>维修队
固定资产</td><td>51 000</td></tr>
<tr><td>金龙</td><td>3 000</td><td>60</td><td>180 000</td><td>行政管理部门
固定资产</td><td>23 000</td></tr>
<tr><td>货车</td><td>8 000</td><td></td><td>530 000</td><td></td><td></td></tr>
<tr><td>其中:东风</td><td>5 000</td><td>70</td><td>350 000</td><td></td><td></td></tr>
<tr><td>解放</td><td>3 000</td><td>60</td><td>180 000</td><td></td><td></td></tr>
<tr><td>合计</td><td>17 000</td><td></td><td>1 130 000</td><td>合计</td><td>106 000</td></tr>
</table>

⑤2013 年 1 月,分配第一汽车运输公司的运输管理费及其他费用。第一汽车运输公司的运输管理费及其他费用分配表如表 11－19 所示。

表 11－19　　运输管理费及其他费用分配表

2013 年 1 月　　单位:元

部门	运输管理费	其他费用
客车队	6 600	8 100
货车队	7 200	15 300
营运管理部门		52 000
维修队		7 400
行政管理部门		5 000
合计	13 800	87 800

⑥2013 年 1 月,第一汽车运输公司的维修队共发生费用 83 600 元,耗用1 672 工时。编制第一汽车运输公司的辅助营运费用分配表,如表 11－20 所示。

表 11－20

辅助营运费用分配表

2013 年 1 月　　金额单位:元

部门	分配标准(工时)	分配率(元/工时)	分配金额
客车队	560	50	28 000
货车队	880	50	44 000
营运管理部门	122	50	6 100
行政管理部门	110	50	5 500
合计	1 672	50	83 600

⑦2013 年 1 月,第一汽车运输公司营运间接费用为 134 900 元,按照汽车行驶里程分配费用。编制第一汽车运输公司的营运间接费用分配表,如表 11－21 所示。

表 11－21

营运间接费用分配表

2013 年 1 月　　金额单位:元

部门	分配标准(千吨公里)	分配率(元/千吨公里)	分配金额
客车队	9 000	7.935	71 415
货车队	8 000	7.935	63 480
合计	17 000	7.935	134 895

⑧运输成本计算

客车运输总成本＝(383 760＋4 800)＋134 400＋(600 000＋6 600＋8 100＋28 000)＋71 415＝1 237 075(元)

客车运输单位成本＝1 237 075÷9 000＝137.453(元/千吨公里)

货车运输总成本＝(573 120＋4 200)＋145 600＋(530 000＋7 200＋15 300＋44 000)＋63 480＝1 382 900(元)

货车运输单位成本＝1 382 900÷8 000＝172.863(元/千吨公里)

11.6.3 堆存成本

1)堆存成本项目

仓储业务应负担的堆存直接费用和营运间接费用构成了堆存总成本。堆存总成本除以货物堆存量即为堆存单位成本。其计算公式如下:

堆存单位成本(元/堆存千吨·天)＝堆存总成本/货物堆存量(堆存千吨·天)

堆存直接费用是指仓库因仓储、保管货物而发生的直接费用,包括工资费、各种福利费、材料费、低值易耗品摊销、动力及照明费、折旧费、修理费、劳动保护费、事故损失、保险费和其他费用等。

营运间接费用是指组织和管理仓储服务的基层营运单位，如仓储装卸部、营运部或分公司为管理和组织仓储和装卸的营运生产所发生的不能直接归属于各仓储成本计算对象的各种间接费用。

2）堆存成本计算

（1）堆存直接费用。物流企业仓储货物所发生的堆存直接费用，应根据工资费用分配表、职工福利费分配表、耗用材料汇总表、固定资产折旧费用计算表及各种发票、单据等，直接列入所属仓库或库区的成本。

（2）营运间接费用。物流企业的营运间接费用应按营运部或分公司设置明细分类账，归集营运部或分公司发生的营运间接费用，期末按营运部或分公司的堆存直接费用和装卸直接费用的比例进行分配。其计算公式如下：

$$分配率 = \frac{某营运部或分公司营运间接费用}{该营运部或分公司堆存直接费用 + 该营运部或分公司装卸直接费用}$$

该营运部或分公司仓储业务应负担的营运间接费用 = 该营运部或分公司堆存直接费用 × 分配率

该营运部或分公司装卸业务应负担的营运间接费用 = 该营运部或分公司装卸直接费用 × 分配率

【例 11－25】顺达物流公司拥有一个简易仓库、一个立体仓库。2013 年 1 月，该公司发生以下业务：

①工资总额为 55 000 元，根据工资费用分配表（略），简易仓库仓储作业人员工资费用为 20 000 元，立体仓库仓储作业人员工资费用为 35 000 元。

②根据仓储作业人员的工资总额，分别按 10% 计提职工福利费、按 2% 计提工会经费、按 1.5% 计提职工教育经费、按 29.5% 计提社会保险费，并编制职工福利费分配表（略）。简易仓库计提各种福利费用共计 8 600 元，立体仓库计提各种福利费用共计 15 050 元。

③财会部门根据固定资产折旧费用计算表（略），1 月份计提仓库设备折旧，简易仓库计提折旧 36 700 元，立体仓库计提折旧 70 500 元。

④其他费用 61 675 元，根据其他费用分配表（略），分配给简易仓库其他费用 22 350 元，分配给立体仓库其他费用 39 325 元。

⑤1 月份“营运间接费用——仓储部”明细账户余额为 36 000 元，按简易仓库发生堆存直接费用和立体仓库发生堆存直接费用比例分配两个仓库应负担的营运间接费用。

月末，财会部门根据营运部门的堆存直接费用和装卸直接费用分配比例，编制营运间接费用分配表（见表 11－22）。

表 11－22　营运间接费用分配表

单位:顺达物流公司　2013 年 1 月　金额单位:元

成本计算对象	分配标准	分配率(%)	分配金额
简易仓库	120 000	0.12	14 400
立体仓库	180 000	0.12	21 600
合计	300 000	0.12	36 000

⑥堆存成本:

简易仓库堆存成本＝20 000×(1＋43%)＋36 700＋22 350＋14 400＝102 050(元)

立体仓库堆存成本＝35 000×(1＋43%)＋70 500＋39 325＋21 600＝181 475(元)

【例 11－26】顺达物流公司 2013 年 1 月份简易仓库实际完成堆存量为 220 千吨·天,立体仓库实际完成堆存量为 405 千吨·天,其他资料见【例 11－25】。顺达物流公司根据“主营业务成本——堆存支出”明细账的资料(略)编制堆存成本计算表(见表 11－23)。

表 11－23　堆存成本计算表

2013 年 1 月 31 日　单位:元

项目	本年预算数	本月实际数			本年累计数		
		合计	简易仓库	立体仓库	合计	简易仓库	立体仓库
一、堆存直接费用	(略)	247 525	87 650	159 875			
1. 工资费用		55 000	20 000	35 000			
2. 其他人工费用		23 650	8 600	15 050			
3. 折旧费		107 200	36 700	70 500			
4. 其他费用		61 675	22 350	39 325			
其中:材料费		5 770	2 610	3 160			
低值易耗品摊销		8 870	3 650	5 220			
动力及照明费		6 950	2 750	4 200			
修理费		18 260	6 060	12 200			
劳动保护费		7 550	2 290	5 260			
事故损失		3 790	1 260	2 530			
保险费		4 500	1 500	3 000			
其他		5 985	2 230	3 755			
二、营运间接费用		36 000	14 400	21 600			
三、堆存总成本		283 525	102 050	181 475			
四、堆存量(千吨·天)		625	220	405			
五、堆存单位成本(元/千吨·天)			463.8636	448.0864			

第12章　主要经济事项内部会计控制设计

12.1 货币资金业务内部会计控制设计

12.1.1 认知货币资金业务及其内部会计控制

1）货币资金的特点

小微企业的货币资金是指生产经营过程中处于货币形态的那部分资金，主要包括库存现金、银行存款和其他货币资金。除流动性强、盈利性差两大特点外，它是企业生产经营活动的起点和终点。货币资金与企业的采购、生产、销售等业务有着广泛的联系，因而它的增减变化可以反映企业经济业务变化的方向和企业发展态势，进而可以为国家宏观经济政策的制定提供较为快捷和准确的信息。但也正是因为货币资金的广泛联系性和流动性，发生错误和舞弊的可能性大、隐蔽性强，为此设计严密的内部控制制度就成为必然。

2）货币资金业务内部会计控制设计的目标

货币资金业务内部会计控制设计的目标是企业管理当局建立健全内部控制的根本出发点。具体而言，货币资金业务内部会计控制设计的目标有以下几个方面：

（1）保证货币资金的安全性。小微企业的货币资金不仅包括库存现金、银行存款、其他货币资金，而且包括那些变现能力较强的应收、应付票据。货币资金业务内部会计控制设计的目标就是通过建立一定的内部控制机制，落实货币资金管理责任，确保企业货币资金的安全，防止被盗窃、诈骗和挪用。

（2）保证货币资金的完整性。就货币资金完整性而言，主要是对各种收入和欠款回收，以及应付账款等的归还的管理。货币资金业务内部会计控制设计的目标就是要求小微企业结合销售与采购等业务流程，检查应收账款、应付账款的收回和归还情况，或余额截止日后入账的收入和支出，查找未入账的货币资金，预防私设小金库等侵占企业收入的违法行为出现，以便于货币资金合理安排，在满足生产经营所需的同时，真实、完整地提供货币资金的财务信息。

（3）保证货币资金的合法性。同安全性和完整性一样，货币资金的合法性也是针对其收入和支付。货币资金业务内部会计控制设计的目标就是借助监督检查的方法，根据业务量大小、单笔业务金额的大小等，建立相应的申请、复核、审批和支付流程，重点控制大笔金额货币资金支付。另外，为了合法使用货币资金，避免收支风险带来的其他经营风险，小微企业还应利用国家、社会力量对货币资金进行审计、监督、检查，以保证货币资金的合法性。

(4)保证货币资金使用的效益性。货币资金使用的效益性是指服从于小微企业财务管理目标的情况下，通过合理的筹资渠道和方式，正确的投资方向，给企业带来的更多的回报。因此，货币资金业务内部会计控制设计的另一目标就是通过制订货币资金收支的计划，采取一定货币资金支付政策和货币回笼政策，合理调度资金，以最大限度地实现货币资金的经济效益。

12.1.2 货币资金业务内部会计控制的设计原则和一般方法

1)设计原则

(1)合法性原则。小微企业的货币资金业务内部会计控制制度都应依法建立。《中华人民共和国会计法》第三十七条规定，会计机构内部应当建立稽核制度，特别规定出纳人员不得兼任稽核，会计档案保管和收入、支出、费用、债权债务账目的登记工作；参照《企业内部控制应用指引第 6 号——资金活动》的规定，企业应建立货币资金岗位责任制、岗位轮换及授权批准等制度。因此，小微企业货币资金业务控制方法、措施、途径和手段的设计，都必须在法律法规的框架内进行。

(2)实际性原则。小微企业的组织形式、组织结构、规模、人员构成以及经营方式和经济活动的内容等方面与大中型企业间存在很大的差异。这就是说，小微企业在设计货币资金业务内部会计控制制度时，既要遵循国家有关法律法规的要求，又必须根据小微企业自身的经营规模、组织形式、机构设置、业务特点和管理要求以及环境变化对货币资金业务内部会计控制的影响，以保证货币资金业务内部会计控制科学合理，切实可行。与大中型企业相比，小微企业因其业务简单，会计分工较粗，货币资金业务的内部会计控制设置较为简单。

(3)成本效益性原则。从控制的角度看，控制制度越严密，控制效果越好。但企业设立每一项控制措施，以及每一项控制措施的执行均需要一定代价。因此，货币资金业务内部会计控制的设计，应强调控制效益大于控制成本；否则，控制制度过于严密、规模过大，就会使企业得不偿失。实际操作中，如果货币资金控制成本和控制效益不太明了，则要求设计者既要考虑货币资金的每一项控制措施的成本与效益，又要从每一项控制措施对整个控制系统的影响的角度出发进行权衡。

(4)不相容职务相分离原则。不相容职务，是指如果集中于某一个人或者某一个岗位办理,会增加错误与舞弊发生的机会,或掩盖错误与舞弊的可能性大于由两个或两个以上的人或者两个或两个以上的岗位办理的职务。因此,为了有效地防止、发现和纠正错误与舞弊,小微企业的所有不相容职务,原则上都应当分别由不同的人员或工作岗位来完成。对于货币资金业务而言,货币资金收付与记录、货币资金业务办理与货币资金收付业务办理、出纳与稽核、授权与经办、会计记录与稽核检查一般都应当予以分工负责。

2)一般方法

货币资金的管理是小微企业整个资金管理的重点和核心。防止错弊,堵塞漏洞,保证货币资金的安全与完整,以及合法有效使用,是设计这一业务内部会计控制制度必须解决的问题。按《中华人民共和国会计法》、《企业内部控制基本规范》的相关规定,小微企业货币资金业务内部会计控制的一般方法有岗位分工控制、授权审批制度和程序手续控制。

(1)岗位分工控制与授权审批制度。

①岗位分工控制。岗位分工控制即通常所说的职务分工控制。就货币资金收付的过程而言,包括收付、保管、审批、印章管理、记账、稽核、档案管理及货币资金的清查等岗位,以及各岗位配备的人员。因此,货币资金岗位分工控制的重点是,建立岗位责任制,明确各岗位的职责权限,确保办理货币资金业务的不相容岗位相互分离、制约和监督。特别应明确规定出纳人员不得兼任稽核,会计档案保管和收入、支出、费用、债权债务账目的登记工作。货币资金业务的办理,应当由具备良好的职业道德、忠于职守、廉洁奉公、遵纪守法、客观公正的人员完成,并根据企业的具体情况进行岗位轮换。

②授权审批制度。授权审批制度是小微企业根据常规授权和特别授权的规定,明确各岗位办理业务和事项的权限范围、审批程序和相应责任。小微企业对货币资金业务建立的授权审批制度具体包括:明确审批人对货币资金业务的授权审批方式、权限、程序、责任和相关控制措施,审批人在货币资金授权审批制度规定的授权范围内进行审批,不得超越审批权限。经办人办理货币资金业务应当在职责范围内,按照审批人的审批意见办理货币资金业务。对审批人超越授权范围审批的货币资金业务,经办人有权拒绝办理,并及时向审批人的上级授权部门报告。对重要的货币资金支付业务,应当实行集体决策和审批,并建立责任追究制度,防范贪污、侵占、挪用货币资金等行为。严禁未经授权的机构或人员办理货币资金业务或直接接触货币资金。

(2)程序手续控制。货币资金的收支事项按其业务规律,均应有一定的收支凭证和传递手续,建立相应的程序和手续制度。体现在操作层面上,就是货币资金的每笔收款都要开票;每笔支出都应有单位负责人审批、会计主管审核、会计人员复核;收付经审批、复核后编制记账凭证、登记账簿;办理结算时,尽可能使用转账结算,收取的现金收入应及时送存银行;出纳人员收妥每笔款项后应在收款凭证上加盖"收讫"章;支付每一笔款项都应以合法的凭证和完备的审批手续为依据,且款项支付后,应在付款凭证上加盖"付讫"章。实施这种控制方法的目的是使货币资金的收支程序化、规范化,以避免和减少某些不必要的错弊,并揭示与货币资金业务有关的其他业务在内部控制方面的不足。

12.1.3 货币资金业务内部会计控制的具体方法

1)设计库存现金、银行存款的管理控制制度

(1)严格按《现金管理暂行条例》规定的范围使用现金,其他款项的支付应通过银行转账结算。

(2)根据企业经济业务量多少,以及距离银行的远近,向开户银行提出申请,确定企业日常零星开支需要的库存现金限额。库存现金限额一经确定,必须严格执行,超过部分应于当日终了前送存银行,需要增加或减少库存现金限额时,应向开户银行提出申请,由开户银行核定。

(3)将货币资金的收入与支出分开,实行"收支两条线"控制制度。

(4)建立备用金制度。

(5)建立票据的登记、领购、填制、保管、回收、缴销等制度。

(6)按《银行账户管理办法》和《支付结算办法》等有关规定,加强银行账户的管理;严格按规定开立账户,并办理款项的存取等。

(7)遵循支付结算办法的有关规定使用支票。

(8)建立其他货币资金的收支制度。

2)设计票据及有关印章的管理办法

(1)银行结算票据由出纳人员负责,按相关规定使用票据。

(2)专设银行结算票据登记簿,由出纳人员做好登记记录,严防空白票据遗失或被盗用。

(3)支票领用须经副理事长批准后办理。

(4)填写错误的银行支票,必须加盖"作废"戳记,与支票存根一并保存,并按银行有关规定缴销。

(5)发票(收据)由会计人员负责,按相关规定登记、领购、填制、保管、回收、缴销。

(6)专设发票(收据)登记簿,由会计人员做好登记记录,严防空白发票(收据)遗失和被盗用。

(7)发票(收据)填写错误,应将发票(收据)一式几联同时作废保存,以备审查。

(8)财务专用章由出纳人员保管,个人名章由本人或其授权人员保管,严禁一人保管支付款项所需的全部印章。

(9)按规定需要有关负责人签字或盖章的经济业务,必须严格履行签字或盖章手续。

3)设计货币资金的监督检查制度

货币资金的收付都必须经会计人员认真审核,审查其手续是否完备、数字是否准确、内容是否合理合法。对一切现金、银行存款应及时入账,加强稽核工作,对货币资金定期进行盘点清查并与银行进行对账,做到账账相符、账实相符。出纳人员要自觉进行经常性的对账工作,包括每日货币资金的账存数与实存数的核对,每月末与银行对账单之间的核对,以及配合内审人员进行定期审计和现金的突击盘点及银行账的定期核对工作。在核算和管理货币资金的过程中,认真审查货币资金的收付凭证,以及货币资金授权批准制度的执行情况,重点检查重大货币资金支出的授权审批手续是否健全、是否存在越权审批的行为、是否存在货币资金业务不相容岗位混岗的现象,同时检查支付款项印章的保管以及有价证券和票据的保管情况。企业应当建立对货币资金业务的监督检查制度,明确监督检查机构或人员的职责权限,定期审查有关凭证的填制、记账及算账工作。对监督检查过程中发现的货币资金内部控制中的薄弱环节,应当及时采取措施,加以纠正和完善。

4)建立货币资金的安全保管制度

对货币资金须有健全的保护措施,由专人负责保管,实行专人进行监督的安全保管制度。具体而言,货币资金收付和保管由出纳人员负责,其他任何人员(包括企业负责人)非经特别授权,不得接触货币资金。另外,出纳人员还应对购入票证及时登记、统一编号、妥善保管;开具时应按编号顺序连续使用;对已经使用和作废的支票应在登记簿上作详细记录,作废票证应加盖"作废"戳记,连同票证存根一并保存,必要时应由领用人员签名作证。对银行预留印鉴,应由两人保管,其中财务专用章由出纳人员保管,法人代表名章或被授权人名章由总经理或指定人员负责保管。

5)设计货币资金支出的控制流程

(1)支付申请。单位有关部门或个人用款时,应当提前向审批人提交货币资金支付申请,注明款项的用途、金额、预算、支付方式等内容,并附有效经济合同或相关证明。

(2)支付审批。审批人根据其职责、权限和相应程序对支付申请进行审批。

对不符合规定的货币资金支付申请,审批人应当拒绝批准。

(3)支付复核。复核人应当对批准后的货币资金支付申请进行复核,复核货币资金支付申请的批准范围、权限、程序是否正确,手续及相关单证是否齐备,金额计算是否准确,支付方式、支付单位是否妥当等。复核无误后,交由出纳人员办理支付手续。

(4)办理支付。出纳人员应当根据复核无误的支付申请,按规定办理货币资金支付手续,及时登记库存现金日记账和银行存款日记账。

12.2 采购业务内部会计控制设计

12.2.1 了解采购业务

1)采购业务的含义

采购是小微企业整个生产经营活动的第一个环节,是经过支付款项取得物资和接受劳务的活动。其中,物资主要指生产经营过程中所需要的材料、商品、固定资产、水、电等。从其基本含义可以看出,采购活动是实物流与资金流的结合和统一。实物流反映的是企业采购物资的量、价格,与供应商的关系,采购合同的履行,物资的运输、验收等的信息流;资金流揭示的是企业现金资产运营或负债产生的信息流。

2)采购业务的特点

(1)与生产和销售计划紧密相连。一定期间,小微企业采购物资的多少,取决于经营模式。目前,订单销售所占比重越来越大,“以销定产、以产订购”经营模式,决定了小微企业物资采购必须与销售和生产计划相协调。

(2)环节多、涉及面广。从物流看,采购涉及供应商、运输部门、质检部门、生产部门和销售部门。从资金流分析,除与供应商、运输部门有关外,还与本企业的财务部门有关。供应商和运输部门的选择,与质检部门、生产部门、销售部门、财务部门间的配合,一定程度上成为决定采购业务成败的关键。

(3)款项支付方式引起资产或负债的变化。广义上讲,采购物资是一种资产间交换的经济业务。在采购业务付款环节,存在现付和赊购两种方式。前者导致现金资产减少,非现金资产增加;后者表现出的是负债增加,非现金资产增加。不同的方式对企业的财务状况有不同的影响,因此,付款方式的选择也成为决定采购业务效率高低的一大因素。

12.2.2 采购业务环节及可能存在的风险

1)采购业务环节

(1)编制采购计划,负责部门:采购、销售、生产;

(2)组织采购,负责部门:采购;

(3)实施采购,负责部门:采购;

(4)验收入库,负责部门:保管、质检;

(5)办理结算,负责人员:会计、出纳;

(6)登记入账,负责人员:出纳、会计;

(7)采购分析,负责部门:财务。

2)采购业务流程及各环节的主要风险

(1)采购业务流程分析,如图 12-1 所示。

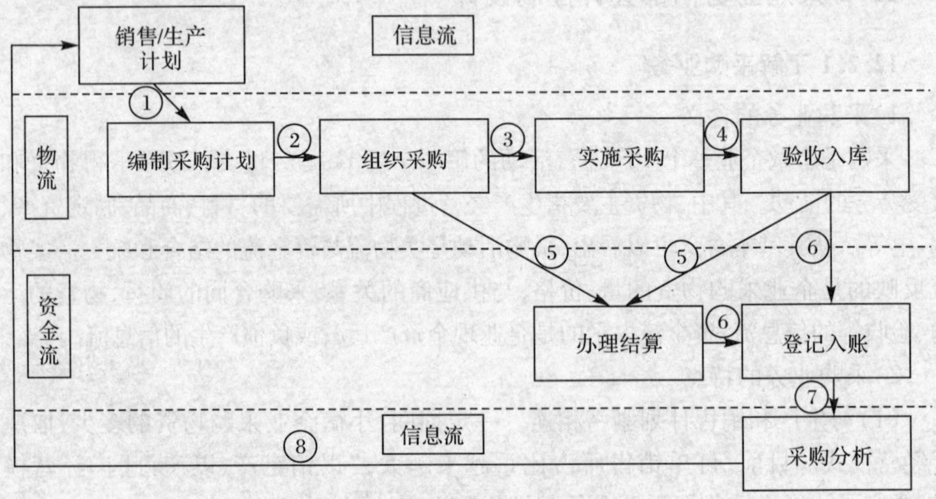

图 12-1　小微企业采购业务流程图

(2)各环节可能存在的风险。

①编制采购计划:仓库根据生产部门的生产计划编制物料需求计划;采购部门接到物料需求计划后,结合采购周期和需求特性编制采购计划;将采购计划报经财务部门和企业负责人进行审核与审批。该环节的主要风险是:需求或采购计划不合理,甚至由于小微企业人员构成而无法很好地编制采购计划,导致在采购量上和时间上不能满足生产经营需要,与生产经营计划不协调的后果。

②组织采购:仓库根据采购计划和目前库存情况填写请购单,报经财务部门和企业负责人审核与审批;采购部门根据审批后的请购单,选择供应商;在财务部门、法律部门的共同参与下同供应商签订合同,或达成框架协议,进入实施采购环节。该环节的主要风险是:由于小微企业存在着一种天然的高度集权式管理模式,所以无请购,或虽有请购,但未经审批或越权审批;供应商选择不当,导致采购物资不能

按期、按质、按量到达，采购合同执行差，采购效率低。

③实施采购：采购部门对采购物资的交货期、运输方式等进行跟踪。该环节的主要风险是：缺乏对合同的有效管理手段，运输方式选择不当，导致采购物资受损，无法保证正常供应。

④验收入库：仓库根据采购部门送达的验收入库通知，点收经质检部门检验的合格物资；将核对无误的物资在指定区域存储；点收完毕，办理登记手续。该环节的主要风险是：验收程序不规范，标准不明确，导致物资账实不符，采购物资受损。

⑤办理结算：采购部门将入库单、采购合同和发票等有关单据进行核对；编制付款通知，交由部门负责人审核；财务部门接到审核后的付款通知后，认真审核，并交由企业负责人审批；由财务部门负责组织货款，办理付款手续。如果采取预付方式，则应预先填写预付申请表，经审批后方可执行。该环节的主要风险是：付款审核不严格，付款方式不当，付款金额控制不严，导致企业资金受损，甚至信用下降。

⑥登记入账：会计部门根据入库单、发票和结算票据登记有关账簿，并进行核对。该环节的主要风险是：缺乏有效的会计控制手段，导致采购记录、仓储记录和会计记录不一致，甚至产生不真实的采购业务信息。

⑦采购分析：一定程度上，采购业务影响企业的生产经营活动的有序进行，因此，企业应定期对采购计划的执行情况（具体指采购渠道、价格、成本以及合同履行等方面的优劣情况）进行分析，以评价采购质量的高低，及时发现采购业务的不足和薄弱环节，优化下一采购业务流程。该环节的主要风险是：以采购任务完成为主要工作，缺乏对采购业务的分析，导致无法及时发现和纠正出现的问题，影响采购业务质量。

12.2.3 采购业务内部会计控制设计的方法

1）建立授权审批制度

（1）明确审批人对采购业务的授权审批方式、权限、程序、责任和相关控制措施，审批人在授权范围内进行采购的审批，不得超越审批权限；

（2）经办人在职责范围内按审批意见办理采购与付款业务，经办人有权拒绝超越审批权限的采购与付款业务，并及时向审批人的上级授权部门报告；

（3）对重要的或技术性很强的采购业务，应实行集体决策和审批，必要时应组织专家论证；

（4）未经授权，不得办理采购与付款业务；

（5）请购、审批、采购、验收、付款等应按程序办理，并建立相应的记录与核对工作制度。

2)建立岗位分工制度

(1)明确相应部门和岗位的职责权限,确保不相容职务分离、制约和监督;

(2)不得由同一部门或同一人办理采购业务的全过程;

(3)不相容岗位至少包括:采购计划制订、审核与批准,请购与批准,询价与采购,采购合同订立与审批,采购与验收,验收与记录,付款审批与付款执行。

12.3 生产业务成本核算制度设计

12.3.1 认知生产业务成本核算制度设计

1)生产业务成本核算制度设计的意义

设计一个全面、系统、科学、严密的成本核算制度与成本控制制度,对强化小微企业产品生产过程控制,并为其改善生产经营管理提供资料,为企业编制成本报表提供资料,为企业的科学决策等提供资料具有重要意义,这一意义具体体现为以下两个方面:

(1)成本核算制度设计是产品成本计算的前提。

泛泛地讲,成本是小微企业为生产一定种类和数量的产品而发生的一切耗费的总称,具体指产品生产过程中物化劳动和活劳动消耗价值的转移,但实际上,确定产品的成本是计算该产品在生产过程中应负担多少合理的费用。而成本核算制度与成本控制制度的建立就成为这一过程必要的前提。

(2)成本核算制度的设计有助于挖掘降低成本的潜力。

通过成本核算制度的设计,不仅确定了各项费用的承担标准和依据,做到事前、事中控制,而且为事后计算成本、编制成本报表和考核成本计划执行情况做了准备。再通过成本控制手段和方法找出成本核算中存在的问题,挖掘降低成本的潜力。

2)生产业务成本核算制度设计的目标

总体上看,成本核算制度设计的目的在于控制生产费用,降低产品成本。具体主要可实现下列目标:

(1)控制生产费用,考核成本费用责任;

(2)提供降低产品成本的途径;

(3)保护财产的安全完整;

(4)为编制会计报表提供信息。

12.3.2 设计生产业务成本核算制度

1)制定生产业务流程

(1)编制生产计划;

(2)下达生产任务;

(3)生产部门根据生产任务领用材料;

(4)进入生产环节;

(5)进行成本费用管理;

(6)进行成本核算与控制;

(7)办理产品入库手续。

2)确定生产业务成本核算制度的关键点

(1)编制、审批和执行生产计划;

(2)业务部门领用材料;

(3)会计部门核算;

(4)产品入库;

(5)成本分析。

3)建立生产业务成本核算制度

针对生产业务流程以及生产业务成本核算的关键点分析,为达到成本控制的目标,应建立以下成本核算制度:

(1)制定成本费用开支范围制度;

(2)确定成本计算对象、成本项目和成本计算期;

(3)选择和确定适当的成本计算方法;

(4)选择各项生产费用的归集与分配方法;

(5)规范成本计算过程中的各种凭证、成本计算表以及各成本报表;

(6)建立成本指标分解、内部价格、成本中心等成本控制制度。

12.4 销售业务内部会计控制设计

12.4.1 了解销售业务

1)销售业务的含义

销售是企业实现收入的最终环节,它是通过产品或劳务所有权转移,以取得款项的一种活动。其中,取得货款时可能得到的是一种现金资产,也可能得到的是一种取得现金资产的权利。从销售业务基本含义可以看出,销售活动是实物流与资金流的结合和统一。实物流反映的是销售产品或劳务的量、价格,与消费者的关系,销售合同的履行,货物的运输等的信息流;资金流揭示的是企业收取现货款或索取货款产生的现金资产的信息流。

2)销售业务的特点

(1)销售计划以市场调研、营销策略为依据。一定期间,企业销售量的多少取决于市场需求。可见,以市场调研为基础的营销策略下的销售政策影响销售计划的制订与执行。因此,销售实现与市场调研、营销策略应相协调。

(2)业务频繁,环节和部门多。从物流看,销售业务涉及企业内部的信用管理部门、仓库部门和财务部门等,更重要的是与消费者和运输部门等的协调与配合。从资金流分析,除与消费者、运输部门有关外,还与本企业的财务部门有关。消费者的选择,与信用管理部门、仓库、财务部门间的配合,一定程度上成为决定企业能否取得有质量的销售收入的关键。

(3)收入增加引起现金资产或债权增加。表面上看,销售是卖出产品取得货款的一种行为,但实质上主要是收入的确认,意味着销售表现出的是收入增加的同时,引起现金资产或债权的增加。通常,销售的最佳状态是实现收入确认与收取货款同步化,但商业信用的存在,给企业增加了选择,即企求暂时稳健经营,还是以培育市场、建立客户关系等为目的的长期销售。前者形成现金流入,损益增加;后者表现为损益和非现金资产同时增加。不同的方式对企业的财务状况有不同的影响,因此,销售策略选择及由此带来的应收账款的控制成为企业内部控制制度的重要组成部分。

12.4.2 销售业务环节及可能存在的风险

1)销售业务环节

(1)编制销售计划,负责部门:销售、市场;

(2)组织销售,负责部门:销售;

(3)实施销售,负责部门:销售;

(4)发出货物,负责部门:保管;

(5)办理结算,负责人员:出纳、会计;

(6)登记入账,负责人员:会计;

(7)售后管理,负责部门:销售、服务。

2)销售业务流程及各环节的主要风险

(1)销售业务流程分析,如图 12-2 所示。

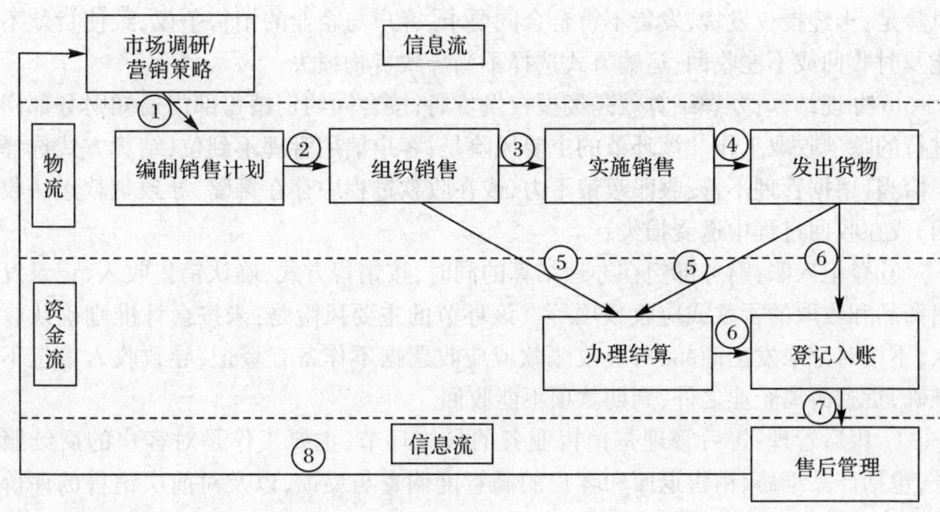

图 12－2　小微企业销售业务流程图

(2)各环节可能存在的风险。

①编制销售计划:小微企业的销售计划是在进行市场调研和预测的基础上,结合小微企业自身状态和营销计划,在市场部门和财务部门的共同参与下,经过确定销售目标、草拟计划、修改计划、审核计划、分解计划和执行方案制订等一系列环节的一项工作。该环节的主要风险是:市场调研不充分,预测不科学,未考虑小微企业生产能力和技术状况等,致使计划不合理;未经授权审批,导致产品结构和生产安排不合理,不能实现销售目标,进而引起生产经营难以维系的不良循环。

②组织销售:组织销售环节的主要工作是在培育销售渠道和促销管理等市场活动的基础上,销售部门对客户的管理与开发、客户资信审查,以及为签订销售合同所做的基础工作等。该环节的主要风险是:现有客户维护和新客户的开发不够,失去现有客户和潜在客户,从而带来的市场丧失;客户档案管理系统非动态管理,无法更新和维护客户资信情况,致使客户选择不当;不能结合市场供求状况及时调整,销售价格、收款期限等销售政策过松或过紧,导致合同内容存在重大疏漏,最终企业形象受损,丧失企业的经济利益。

③实施销售:实施销售环节的主要工作是从接收订单到组织产品的整个过程。这一过程中,销售部门应执行销售合同和企业制定的销售政策。该环节的主要风险是:对订单管理不足,未按审批后的合同开具相关销售通知,致使仓库不能按时落实产品出库计划,最终失去客户。

④发出货物:发出货物是按合同规定向客户提供商品的过程。该环节的主要

风险是:未经授权发货,发货不符合合同要求,客户与企业的销售争议,致使货款不能及时收回或不能收回;运输方式选择不当导致货物损失。

⑤办理结算:办理结算就是经授权发货后,按合同约定销售部门通知财务部门进行的款项收取工作。该环节的主要风险是:客户信用管理不到位,结算方式选择不恰当,票据管理不善,收账政策不力,或在收款过程中存在舞弊,导致货款无法收回,或在收回过程中遭受损失。

⑥登记入账:财务部门在办理结算的同时,按销售方式,确认销售收入,记录发出商品和收取的货款或应收款项等。该环节的主要风险是:未按会计准则确认收入,不按时记录发出商品,对应收账款或应收票据不作备查登记,导致收入信息不准确,货款游离企业之外,到期款项不能收回。

⑦售后管理:售后管理是销售业务的最终环节,主要工作是对客户的后续服务,包括产品维修、销售退回和客户的满意度调查与反馈,以及对前次销售的评价等。该环节的主要风险是:客户服务水平低,消费者满意度不高,销售退回严重,影响公司的形象;缺少销售业务的评价机制,难以实现销售、生产、研发、质检等之间的沟通与协作,产品质量下降,造成客户流失。

12.4.3 销售业务内部会计控制设计的方法

1)建立授权审批制度

(1)明确审批人对销售业务的授权审批方式、权限、程序、责任和相关控制措施,审批人在授权范围内进行采购的审批,不得超越审批权限;

(2)经办人在职责范围内按审批意见办理销售与收款业务,经办人有权拒绝超越审批权限的销售与收款业务,并及时向审批人的上级授权部门报告;

(3)对重要的或技术性很强的销售业务,应实行集体决策和审批,必要时应组织专家论证;

(4)未经授权,不得办理销售与收款业务;

(5)申请、审批、销售、发货、收款等应按程序办理,并建立相应的记录与核对工作制度。

2)建立岗位分工制度

(1)明确相应部门和岗位的职责权限,确保不相容职务分离、制约和监督;

(2)不得由同一部门或同一人办理销售业务的全过程;

(3)不相容岗位至少包括:销售计划制订与审批,出库、计量与运输,销售合同订立、审批与办理发货,销售货款的确认、回收与相关记录。

第 13 章 会计档案管理

13.1 会计档案的内容及会计档案的整理与归档

13.1.1 会计档案的内容

1)会计档案的法律规定

1998 年 8 月 21 日,财政部、国家档案局联合发布了《会计档案管理办法》。该办法第五条界定了会计档案的定义以及会计档案包括的内容,第六条提出各单位都应由会计机构和会计人员,整理立卷,装订成册,编制会计档案保管清册后交由有关部门和人员统一管理。

2)会计档案的分类

(1)会计凭证类:原始凭证、记账凭证(包括汇总凭证)、其他会计凭证;

(2)会计账簿类:分类账、日记账、卡片账、辅助账和其他账;

(3)财务报告类:中期报告、年报,包括会计报表、附表、附注及文字说明,其他财务报告;

(4)其他类:银行存款余额调节表、银行对账单、其他会计专业资料、会计档案移交清册、保管清册和销毁清册。

13.1.2 会计凭证的整理、装订与归档保管

1)会计凭证的日常管理办法

(1)原始凭证不得外借,其他单位如因特殊原因要使用原始凭证时,经本单位领导批准可以复制。向外单位提供的原始凭证复印件,应在专设的登记簿中登记,并由提供人员和收取人员共同签名或盖章。

(2)从外单位取得的原始凭证如有遗失,应取得原出具单位盖有公章的证明,并注明原来凭证的号码、金额和内容等,由经办单位负责人批准后才能作原始凭证。确实无法取得证明的,如火车票、飞机票等凭证,由当事人写出详细情况,由经办负责人批准后代作原始凭证。

(3)对各种记账凭证,应连同所附原始凭证或原始凭证汇总表,按照编号顺序折叠整齐,按期装订成册。

2）会计凭证的整理

（1）整理时间。

为便于保管，会计凭证应定期装订成册；凭证数量较多的，可每日、5 日、10 日装订成册；凭证数量较少的，每半月、一月装订成册。

（2）整理要求。

会计凭证的装订，要将记账凭证按凭证类别、编号顺序排列，连同记账凭证所附原始凭证一并装订成册。装订前，首先，应排序检查。在整理前将会计凭证按日期、编号排列，检查是否齐全或颠倒，凭证或附件有无漏缺，如有，找回缺少的凭证和附件，并重新排列颠倒的凭证；对于破损或残缺的，应进行修补或补充残缺处的内容，并签章；对那些有虚线连接的票据，应沿虚线裁开；对发现的重要情况应另加说明，并作为附件置于凭证之后。其次，拆金属物。为防止会计凭证受损，在整理时应将凭证上所有的金属物拆除，如回形针、大头针等。再次，折叠接边。对纸张面积大于记账凭证的原始凭证，可按记账凭证的尺寸大小，一般先自右向后，再自下向后折叠。对纸张面积略小于记账凭证的原始凭证，可采取两种方法：一是直接装订法，即先用回形针或大头针将原始凭证别在记账凭证后面，待装订整本凭证后，抽去回形针或大头针；二是对原始凭证接边法，即用大小适当的毛边纸，将其用粘胶剂贴在原始凭证上，然后再对整本凭证装订。对纸张面积过小的原始凭证，可先将原始凭证按一定类别排列，再将其贴在一张比记账凭证略小的白纸或粘贴单上。对数量多且面积大的原始凭证，可单独装订，但应在记账凭证上注明保管地点或编号。对数量过多的原始凭证，如收、发料单等可以单独装订保管，在封面上注明，同时在记账凭证中注明“附件另订”及原始凭证名称和编号。对重要的凭证文件、表册、契约、合同、存出保证金收据等应另编目录，单独保管，并在有关记账凭证和原始凭证中予以说明。

月末，要将本月各种记账凭证加以整理，检查有无缺号和附件是否齐全，然后按顺序号排列，加具封面、封底，装订成册。如果在一个月内，凭证数量过多，可分装若干册，在封面上应注明单位的名称、所属的年度和月份、起讫的日期、记账凭证的种类、起讫号数，封面上应由会计主管、保管人员签章。

会计凭证按记账凭证（后附原始凭证）的顺序（即凭证分类后的时间顺序），根据凭证数量的多少组合为若干卷（本），按照多则分、少则合的案卷组合原则（每卷 1.5 至 2.5 厘米），按日、旬、月组合成若干卷。

3）会计凭证的装订

（1）角订法。每本凭证的左侧、上侧对齐，左上角的两条边要直，无毛边，呈直角（如图 13－1 和图 13－2 所示）。①有凭证封面的装订法。在左上角打两个针孔，在针孔中穿线后实行两孔一线打结。装订凭证应使用棉线，结扣应是活的，结头在凭证背面，棉线用凭证封面遮盖，由装订人在牛皮纸上盖章。②无凭证封面的装订法。首先用牛皮纸包住凭证的左上角，然后在牛皮纸上打两个针孔，穿线后实行两孔一线打活结，最后由装订人在牛皮纸上盖章。

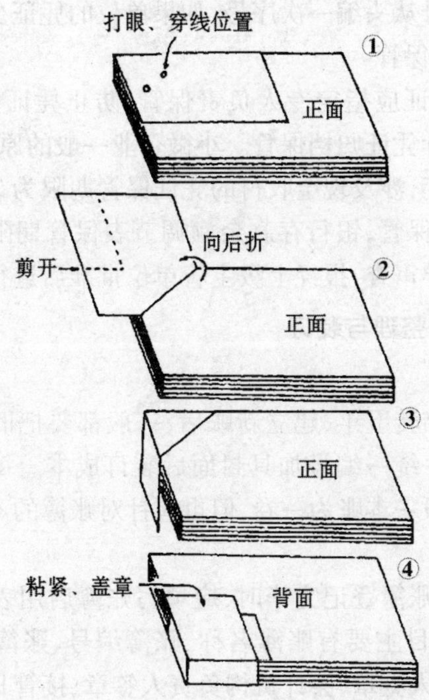

图 13－1　带包角纸的会计凭证角订法示意图

会计凭证装订封面

○

○

凭证种类__________

凭证时间________年度________月份

起止日期______日至______日

起讫编号____字第_____号至____字第_____号

附件________张

会计主管__________　　　装订__________

图 13－2　带封面的会计凭证角订法示意图

(2)侧订法。将一本凭证的左侧、下侧对齐,用夹子等工具固定这本凭证后,在凭证的左侧钻开三个等距孔,穿线后实行三孔一线打活结,再贴上凭证封面。在装订线上加贴封签,并在封签处加盖会计主管的骑缝图章。在装订好的凭证本的脊背上面写上"×年×月第×册共×册"的字样。现金凭证、银行凭证和转账凭证应依次顺序编号,一个月从头编一次序号,如果单位的凭证少,可以全年顺序编号。

4)会计凭证的归档保管

装订成册的会计凭证应指定专人负责保管,防止凭证错、乱和丢失。年度终了,应将装订成册的会计凭证归档保管。小微企业一般的原始凭证、记账凭证和汇总凭证保管期限为15年,涉及现金收付的凭证保管期限为25年,涉及外事和对私改造的会计凭证要永久保管,银行存款余额调节表保管期限为5年。保管期满需要销毁的,应经单位领导审查,报经上级主管单位批准后进行。

13.1.3 会计账簿的整理与装订

1)会计账簿的整理

年末,各种账簿在结转下年、建立新账后,一般都要把旧账交总账会计统一整理,活页账应按页码顺序统一编号加具封面后装订成本。每一会计年度内会计账簿按账簿种类组卷,一般一本账为一卷,但也应针对账簿的不同情况作如下处理:

(1)填表检查。

在账簿启用及整本账簿登记完毕时,应填写账簿启用表和经管账簿人员一览表。账簿启用表中的栏目主要有账簿名称、账簿编号、账簿册数、第几册、启用日期、账簿页数、单位负责人签章、会计机构负责人签章、接管日期、接管人签章、会计主管签章等。

(2)核对账表。

按账簿启用表中有关记载,核对各个账户是否相符,账页数是否齐全,序号是否连续。

(3)排列。

正确的排列顺序为账簿封面、账簿启用表、经管账簿人员一览表、账户目录、账页、封底。

2)会计账簿的装订

活页账簿应去除空白页、撤掉账夹等固定物品,保留有内容的账页,将其账页数填写齐全。纸质账簿应用牛皮纸做封面和封底,将其装订成册。装订的会计账簿应牢固、平整,不得有错页、掉页、空白纸及折角、缺角等情况。多栏式活页账、三栏式活页账、数量金额式活页账等不得混装。库存现金日记账、银行存款日记账等固定账不拆去空白页,但一般在记录账页的最末一行的上下分别划一条红线,并在会计档案案卷备考表中详细注明已使用账页的页数和空白页数。

13.1.4 会计报表的整理与装订

1)会计报表的整理

会计报表应在年终时,由专人统一收集,将全年财务会计报告按时间顺序整理装订成册,三个主要报表按资产负债表、利润表、现金流量表顺序排列,经会计机构负责人审核、盖章后立卷归档。对外报送的会计报表应由单位负责人和主管会计工作的负责人、会计机构负责人(会计主管人员)签名并盖章;设置总会计师的单位,还须由总会计师签名并盖章。

(1)检查核对。会计报表装订前要按编报目录核对是否齐全。

(2)案卷组合。会计报表应按单位会计报表、汇总会计报表分别装订。年终决算报表要单独装订,季报和月报可根据张数的多少,装订成一卷或数卷。会计报表的文字材料是对会计报表的分析和说明,必须将其组合到案卷中,以保持其内容的密切联系。

(3)卷内报表排列。排列顺序为:封面—编制说明—各种会计报表—文字说明—封底。

2)会计报表的装订

按组合时形成的卷数采用三孔一线方式在会计报表左侧装订,结头在会计报表的背面。装订时将会计报表的下边和左边对齐压平,防止折角;损坏部位应修补后进行装订。

13.2 会计档案的管理

13.2.1 会计档案管理的一般规定

1)会计档案的分类管理

将会计档案按"年(报表年度)、限(保管期限)、类(四个种类)"排列编号,即以每一年度的会计档案为一个单元,将每个案卷按不同保管期限,从永久到最短的期限依次排列,然后将同一保管年限的案卷分类编号,最后以"第一卷"、"永久卷"为1号,按顺序编制目录号,这些号码也作为案卷号。对于已形成的会计档案,应当科学管理,做到既安全又保密。所谓安全,就是会计档案应完好无缺,不丢失、不破损、不霉烂、不被虫蛀;所谓保密,就是会计档案不超过规定的传递范围。

2)会计档案的统一管理、部门管理

(1)会计部门负责对当年形成的会计档案整理或装订成册。

(2)年度终了,会计机构可将其暂时保管一年,期满后,应编制移交清册,交由档案管理部门保管。对于未设档案管理部门的单位,应当指定专人保管,但出纳人员不得兼任此项工作。

(3)会计档案保管人员,负责会计档案的立卷、借阅、销毁等全部的保管工作。

13.2.2 会计档案保管期限的规定

各类会计档案的保管期限,应根据其特点进行设定,保管期限从会计年度终了后的第一天算起,在执行设定的最低保管期限内不得擅自变更。永久保存:年度决算报告、经营协议、经济合同、章程、董事会决议、投资估价清单、验资证明、会计师查账报告、会计档案保管和销毁清册。定期保存:月、季度报告——3 年;一般会计凭证、账簿、会计移交清册——15 年;对账单、银行存款余额调节表——5 年。

13.2.3 会计档案的移交与使用制度

小微企业形成的会计档案,于会计年度终了后,可暂由本单位会计机构保管一年,以便于查找利用。会计档案形成部门在保管会计档案期间,应按照管理的要求,保证会计档案的齐全、完整。保管期满,由会计机构编制案卷目录,一式三份,财会部门留存一份,其余两份连同会计档案一并交本单位档案管理部门统一保管。交接双方部门负责人和经手人均应在移交表上签字或盖章。未设立档案机构的,应当在会计机构内指定专人保管。移交本单位档案机构的会计档案,原则上应当保持原卷册的封装。个别需要拆封重新整理的,档案机构应当会同会计机构和经办人员共同拆封整理,以分清责任。单位保存的会计档案不得随意出借,若有特殊需要,如案件审查、政府部门经济内容的检查等,经本单位领导人批准,可以提供查阅或者复制,并办理登记手续。单位应当设置会计档案查阅登记清册,及时登记查阅人或复制人的姓名、工作单位,查阅日期,查阅内容,归还日期等。查阅或复制会计档案的人员,不能在会计档案上作任何标记、勾划和涂改,更不能随意拆封、抽换单据。

13.2.4 会计档案的销毁制度

会计档案保管期满后,其自身参考和利用价值已经不复存在,应遵循保密性原则予以销毁。销毁会计档案应由本单位档案机构会同会计机构提出销毁意见,编造会计档案销毁清册,列明销毁会计档案的名称、卷号、册数、起止年度和档案编号及应保管期限、已保管期限、销毁时间等内容,并应由单位领导人在会计档案销毁清册上签署意见。销毁会计档案时,应当由档案机构和会计机构共同派人监销。监销人在销毁会计档案前,应当按照会计档案销毁清册所列内容,清点核对所要销毁的会计档案,销毁后,应当在会计档案销毁清册上签名盖章,并将监销情况报告本单位领导人。其具体制度主要包括以下几个方面的内容:

1)规定不得销毁的会计档案

会计档案保管期满后,需要办理销毁,但下列会计事项的档案不得销毁:未结清的债权债务和未了事项所涉及的原始凭证,应抽出单独立卷,保管到事项完结为止;对抽出单独立卷的会计档案在销毁清册和保管清册中注明;正在项目建设期间的建设单位的会计档案。

2)制定会计档案销毁的程序

(1)申请。企业档案机构会同会计机构提出销毁意见,编制会计档案销毁清册(具体如表13-1所示),认真鉴定,严格审查,即将列入销毁清册中的会计档案与实际要销毁的会计档案逐项清查核对。

表13-1　　会计档案销毁清册示样

序号	案卷题名	类别	案卷号	起止日期	页数	保管期限	已保管年数	备注
监销人(签字):							年　月　日	

(2)审核批准。经全面审查后,由企业负责人签署意见。

(3)监销。企业会计档案销毁由档案机构和会计机构共同派员监销;国家机关销毁会计档案由同级财政、审计部门派员监销;财政部门销毁会计档案由同级审计部门派员监销;各级主管部门销毁会计档案由同级财政、审计部门派员监销。

(4)鉴证。在销毁会计档案前,监销人按会计档案销毁清册所列内容清点核对所要销毁的会计档案;销毁后,在销毁清册上签名盖章,并注明已销毁字样和日期,报告监督情况给本单位负责人,撰写监销情况书面报告,一式两份。

【小贴士】　　关于销毁逾期保管会计档案的申请

×××经理:

根据《会计档案管理办法》和我单位会计档案管理规定,我们对××××年度至××××年度的会计档案进行了全面清理,经会计机构和档案机构共同派员复核鉴定,拟将已超过保管期限,并确无继续保存价值的会计档案予以销毁,会计档案销毁清册现随文呈报,请审批。

附件:会计档案销毁清册一份

×××

××××年××月××日

附录　小企业会计准则

第一章　总　则

第一条　为了规范小企业会计确认、计量和报告行为，促进小企业可持续发展，发挥小企业在国民经济和社会发展中的重要作用，根据《中华人民共和国会计法》及其他有关法律和法规，制定本准则。

第二条　本准则适用于在中华人民共和国境内依法设立的、符合《中小企业划型标准规定》所规定的小型企业标准的企业。

下列三类小企业除外：

（一）股票或债券在市场上公开交易的小企业。

（二）金融机构或其他具有金融性质的小企业。

（三）企业集团内的母公司和子公司。

前款所称企业集团、母公司和子公司的定义与《企业会计准则》的规定相同。

第三条　符合本准则第二条规定的小企业，可以执行本准则，也可以执行《企业会计准则》。

（一）执行本准则的小企业，发生的交易或者事项本准则未作规范的，可以参照《企业会计准则》中的相关规定进行处理。

（二）执行《企业会计准则》的小企业，不得在执行《企业会计准则》的同时，选择执行本准则的相关规定。

（三）执行本准则的小企业公开发行股票或债券的，应当转为执行《企业会计准则》；因经营规模或企业性质变化导致不符合本准则第二条规定而成为大中型企业或金融企业的，应当从次年 1 月 1 日起转为执行《企业会计准则》。

（四）已执行《企业会计准则》的上市公司、大中型企业和小企业，不得转为执行本准则。

第四条　执行本准则的小企业转为执行《企业会计准则》时，应当按照《企业会计准则第 38 号——首次执行企业会计准则》等相关规定进行会计处理。

第二章　资　产

第五条　资产，是指小企业过去的交易或者事项形成的、由小企业拥有或者控制的、预期会给小企业带来经济利益的资源。

小企业的资产按照流动性，可分为流动资产和非流动资产。

第六条　小企业的资产应当按照成本计量，不计提资产减值准备。

第一节　流动资产

第七条　小企业的流动资产，是指预计在1年内（含1年，下同）或超过1年的一个正常营业周期内变现、出售或耗用的资产。

小企业的流动资产包括：货币资金、短期投资、应收及预付款项、存货等。

第八条　短期投资，是指小企业购入的能随时变现并且持有时间不准备超过1年（含1年，下同）的投资，如小企业以赚取差价为目的从二级市场购入的股票、债券、基金等。

短期投资应当按照以下规定进行会计处理：

（一）以支付现金取得的短期投资，应当按照购买价款和相关税费作为成本进行计量。

实际支付价款中包含的已宣告但尚未发放的现金股利或已到付息期但尚未领取的债券利息，应当单独确认为应收股利或应收利息，不计入短期投资的成本。

（二）在短期投资持有期间，被投资单位宣告分派的现金股利或在债务人应付利息日按照分期付息、一次还本债券投资的票面利率计算的利息收入，应当计入投资收益。

（三）出售短期投资，出售价款扣除其账面余额、相关税费后的净额，应当计入投资收益。

第九条　应收及预付款项，是指小企业在日常生产经营活动中发生的各项债权。包括：应收票据、应收账款、应收股利、应收利息、其他应收款等应收款项和预付账款。

应收及预付款项应当按照发生额入账。

第十条　小企业应收及预付款项符合下列条件之一的，减除可收回的金额后确认的无法收回的应收及预付款项，作为坏账损失：

（一）债务人依法宣告破产、关闭、解散、被撤销，或者被依法注销、吊销营业执照，其清算财产不足清偿的。

（二）债务人死亡，或者依法被宣告失踪、死亡，其财产或者遗产不足清偿的。

（三）债务人逾期3年以上未清偿，且有确凿证据证明已无力清偿债务的。

（四）与债务人达成债务重组协议或法院批准破产重整计划后，无法追偿的。

（五）因自然灾害、战争等不可抗力导致无法收回的。

（六）国务院财政、税务主管部门规定的其他条件。

应收及预付款项的坏账损失应当于实际发生时计入营业外支出，同时冲减应收及预付款项。

第十一条　存货，是指小企业在日常生产经营过程中持有以备出售的产成品或商品、处在生产过程中的在产品、将在生产过程或提供劳务过程中耗用的材料和物料等，以及小企业（农、林、牧、渔业）为出售而持有的或在将来收获为农产品的消耗性生物资产。

小企业的存货包括：原材料、在产品、半成品、产成品、商品、周转材料、委托加工物资、消耗性生物资产等。

（一）原材料，是指小企业在生产过程中经加工改变其形态或性质并构成产品主要实体的各种原料及主要材料、辅助材料、外购半成品（外购件）、修理用备件（备品备件）、包装材料、燃料等。

（二）在产品，是指小企业正在制造尚未完工的产品。包括：正在各个生产工序加工的产品，以及已加工完毕但尚未检验或已检验但尚未办理入库手续的产品。

（三）半成品，是指小企业经过一定生产过程并已检验合格交付半成品仓库保管，但尚未制造完工成为产成品，仍需进一步加工的中间产品。

（四）产成品，是指小企业已经完成全部生产过程并已验收入库，符合标准规格和技术条件，可以按照合同规定的条件送交订货单位，或者可以作为商品对外销售的产品。

（五）商品，是指小企业（批发业、零售业）外购或委托加工完成并已验收入库用于销售的各种商品。

（六）周转材料，是指小企业能够多次使用、逐渐转移其价值但仍保持原有形态且不确认为固定资产的材料。包括：包装物，低值易耗品，小企业（建筑业）的钢模板、木模板、脚手架等。

（七）委托加工物资，是指小企业委托外单位加工的各种材料、商品等物资。

（八）消耗性生物资产，是指小企业（农、林、牧、渔业）生长中的大田作物、蔬菜、用材林以及存栏待售的牲畜等。

第十二条　小企业取得的存货，应当按照成本进行计量。

（一）外购存货的成本包括：购买价款、相关税费、运输费、装卸费、保险费以及在外购存货过程发生的其他直接费用，但不含按照税法规定可以抵扣的增值税进项税额。

（二）通过进一步加工取得存货的成本包括：直接材料、直接人工以及按照一定方法分配的制造费用。

经过1年期以上的制造才能达到预定可销售状态的存货发生的借款费用,也计入存货的成本。

前款所称借款费用,是指小企业因借款而发生的利息及其他相关成本。包括:借款利息、辅助费用以及因外币借款而发生的汇兑差额等。

(三)投资者投入存货的成本,应当按照评估价值确定。

(四)提供劳务的成本包括:与劳务提供直接相关的人工费、材料费和应分摊的间接费用。

(五)自行栽培、营造、繁殖或养殖的消耗性生物资产的成本,应当按照下列规定确定:

1. 自行栽培的大田作物和蔬菜的成本包括:在收获前耗用的种子、肥料、农药等材料费,人工费和应分摊的间接费用。

2. 自行营造的林木类消耗性生物资产的成本包括:郁闭前发生的造林费、抚育费、营林设施费、良种试验费、调查设计费和应分摊的间接费用。

3. 自行繁殖的育肥畜的成本包括:出售前发生的饲料费、人工费和应分摊的间接费用。

4. 水产养殖的动物和植物的成本包括:在出售或入库前耗用的苗种、饲料、肥料等材料费,人工费和应分摊的间接费用。

(六)盘盈存货的成本,应当按照同类或类似存货的市场价格或评估价值确定。

第十三条　小企业应当采用先进先出法、加权平均法或者个别计价法确定发出存货的实际成本。计价方法一经选用,不得随意变更。

对于性质和用途相似的存货,应当采用相同的成本计算方法确定发出存货的成本。

对于不能替代使用的存货、为特定项目专门购入或制造的存货以及提供的劳务,采用个别计价法确定发出存货的成本。

对于周转材料,采用一次转销法进行会计处理,在领用时按其成本计入生产成本或当期损益;金额较大的周转材料,也可以采用分次摊销法进行会计处理。出租或出借周转材料,不需要结转其成本,但应当进行备查登记。

对于已售存货,应当将其成本结转为营业成本。

第十四条　小企业应当根据生产特点和成本管理的要求,选择适合于本企业的成本核算对象、成本项目和成本计算方法。

小企业发生的各项生产费用,应当按照成本核算对象和成本项目分别归集。

(一)属于材料费、人工费等直接费用,直接计入基本生产成本和辅助生产成本。

（二）属于辅助生产车间为生产产品提供的动力等直接费用，可以先作为辅助生产成本进行归集，然后按照合理的方法分配计入基本生产成本，也可以直接计入所生产产品发生的生产成本。

（三）其他间接费用应当作为制造费用进行归集，月度终了，再按一定的分配标准，分配计入有关产品的成本。

第十五条　存货发生毁损，处置收入、可收回的责任人赔偿和保险赔款，扣除其成本、相关税费后的净额，应当计入营业外支出或营业外收入。

盘盈存货实现的收益应当计入营业外收入。

盘亏存货发生的损失应当计入营业外支出。

第二节　长期投资

第十六条　小企业的非流动资产，是指流动资产以外的资产。

小企业的非流动资产包括：长期债券投资、长期股权投资、固定资产、生产性生物资产、无形资产、长期待摊费用等。

第十七条　长期债券投资，是指小企业准备长期（在1年以上，下同）持有的债券投资。

第十八条　长期债券投资应当按照购买价款和相关税费作为成本进行计量。

实际支付价款中包含的已到付息期但尚未领取的债券利息，应当单独确认为应收利息，不计入长期债券投资的成本。

第十九条　长期债券投资在持有期间发生的应收利息应当确认为投资收益。

（一）分期付息、一次还本的长期债券投资，在债务人应付利息日按照票面利率计算的应收未收利息收入应当确认为应收利息，不增加长期债券投资的账面余额。

（二）一次还本付息的长期债券投资，在债务人应付利息日按照票面利率计算的应收未收利息收入应当增加长期债券投资的账面余额。

（三）债券的折价或者溢价在债券存续期间内于确认相关债券利息收入时采用直线法进行摊销。

第二十条　长期债券投资到期，小企业收回长期债券投资，应当冲减其账面余额。

处置长期债券投资，处置价款扣除其账面余额、相关税费后的净额，应当计入投资收益。

第二十一条　小企业长期债券投资符合本准则第十条所列条件之一的，减除可收回的金额后确认的无法收回的长期债券投资，作为长期债券投资损失。

长期债券投资损失应当于实际发生时计入营业外支出，同时冲减长期债券投资账面余额。

第二十二条　长期股权投资，是指小企业准备长期持有的权益性投资。

第二十三条　长期股权投资应当按照成本进行计量。

（一）以支付现金取得的长期股权投资，应当按照购买价款和相关税费作为成本进行计量。

实际支付价款中包含的已宣告但尚未发放的现金股利，应当单独确认为应收股利，不计入长期股权投资的成本。

（二）通过非货币性资产交换取得的长期股权投资，应当按照换出非货币性资产的评估价值和相关税费作为成本进行计量。

第二十四条　长期股权投资应当采用成本法进行会计处理。

在长期股权投资持有期间，被投资单位宣告分派的现金股利或利润，应当按照应分得的金额确认为投资收益。

第二十五条　处置长期股权投资，处置价款扣除其成本、相关税费后的净额，应当计入投资收益。

第二十六条　小企业长期股权投资符合下列条件之一的，减除可收回的金额后确认的无法收回的长期股权投资，作为长期股权投资损失：

（一）被投资单位依法宣告破产、关闭、解散、被撤销，或者被依法注销、吊销营业执照的。

（二）被投资单位财务状况严重恶化，累计发生巨额亏损，已连续停止经营3年以上，且无重新恢复经营改组计划的。

（三）对被投资单位不具有控制权，投资期限届满或者投资期限已超过10年，且被投资单位因连续3年经营亏损导致资不抵债的。

（四）被投资单位财务状况严重恶化，累计发生巨额亏损，已完成清算或清算期超过3年的。

（五）国务院财政、税务主管部门规定的其他条件。

长期股权投资损失应当于实际发生时计入营业外支出，同时冲减长期股权投资账面余额。

第三节　固定资产和生产性生物资产

第二十七条　固定资产，是指小企业为生产产品、提供劳务、出租或经营管理而持有的，使用寿命超过1年的有形资产。

小企业的固定资产包括：房屋、建筑物、机器、机械、运输工具、设备、器具、工具等。

第二十八条　固定资产应当按照成本进行计量。

(一)外购固定资产的成本包括:购买价款、相关税费、运输费、装卸费、保险费、安装费等,但不含按照税法规定可以抵扣的增值税进项税额。

以一笔款项购入多项没有单独标价的固定资产,应当按照各项固定资产或类似资产的市场价格或评估价值比例对总成本进行分配,分别确定各项固定资产的成本。

(二)自行建造的固定资产的成本,由建造该项资产在竣工决算前发生的支出(含相关的借款费用)构成。

小企业在建工程在试运转过程中形成的产品、副产品或试车收入冲减在建工程成本。

(三)投资者投入的固定资产的成本,应当按照评估价值和相关税费确定。

(四)融资租入的固定资产的成本,应当按照租赁合同约定的付款总额和在签订租赁合同过程中发生的相关税费等确定。

(五)盘盈固定资产的成本,应当按照同类或者类似固定资产的市场价格或评估价值,扣除按照该项固定资产新旧程度估计的折旧后的余额确定。

第二十九条　小企业应当对所有固定资产计提折旧,但已提足折旧仍继续使用的固定资产和单独计价入账的土地不得计提折旧。

固定资产的折旧费应当根据固定资产的受益对象计入相关资产成本或者当期损益。

前款所称折旧,是指在固定资产使用寿命内,按照确定的方法对应计折旧额进行系统分摊。应计折旧额,是指应当计提折旧的固定资产的原价(成本)扣除其预计净残值后的金额。预计净残值,是指固定资产预计使用寿命已满,小企业从该项固定资产处置中获得的扣除预计处置费用后的净额。已提足折旧,是指已经提足该项固定资产的应计折旧额。

第三十条　小企业应当按照年限平均法(即直线法,下同)计提折旧。小企业的固定资产由于技术进步等原因,确需加速折旧的,可以采用双倍余额递减法和年数总和法。

小企业应当根据固定资产的性质和使用情况,并考虑税法的规定,合理确定固定资产的使用寿命和预计净残值。

固定资产的折旧方法、使用寿命、预计净残值一经确定,不得随意变更。

第三十一条　小企业应当按月计提折旧,当月增加的固定资产,当月不计提折旧,从下月起计提折旧;当月减少的固定资产,当月仍计提折旧,从下月起不计提折旧。

第三十二条　固定资产的日常修理费，应当在发生时根据固定资产的受益对象计入相关资产成本或者当期损益。

第三十三条　固定资产的改建支出，应当计入固定资产的成本，但已提足折旧的固定资产和经营租入的固定资产发生的改建支出应当计入长期待摊费用。

前款所称固定资产的改建支出，是指改变房屋或者建筑物结构、延长使用年限等发生的支出。

第三十四条　处置固定资产，处置收入扣除其账面价值、相关税费和清理费用后的净额，应当计入营业外收入或营业外支出。

前款所称固定资产的账面价值，是指固定资产原价（成本）扣减累计折旧后的金额。

盘亏固定资产发生的损失应当计入营业外支出。

第三十五条　生产性生物资产，是指小企业（农、林、牧、渔业）为生产农产品、提供劳务或出租等目的而持有的生物资产。包括：经济林、薪炭林、产畜和役畜等。

第三十六条　生产性生物资产应当按照成本进行计量。

（一）外购的生产性生物资产的成本，应当按照购买价款和相关税费确定。

（二）自行营造或繁殖的生产性生物资产的成本，应当按照下列规定确定：

1. 自行营造的林木类生产性生物资产的成本包括：达到预定生产经营目的前发生的造林费、抚育费、营林设施费、良种试验费、调查设计费和应分摊的间接费用等必要支出。

2. 自行繁殖的产畜和役畜的成本包括：达到预定生产经营目的前发生的饲料费、人工费和应分摊的间接费用等必要支出。

前款所称达到预定生产经营目的，是指生产性生物资产进入正常生产期，可以多年连续稳定产出农产品、提供劳务或出租。

第三十七条　生产性生物资产应当按照年限平均法计提折旧。

小企业（农、林、牧、渔业）应当根据生产性生物资产的性质和使用情况，并考虑税法的规定，合理确定生产性生物资产的使用寿命和预计净残值。

生产性生物资产的折旧方法、使用寿命、预计净残值一经确定，不得随意变更。

小企业（农、林、牧、渔业）应当自生产性生物资产投入使用月份的下月起按月计提折旧；停止使用的生产性生物资产，应当自停止使用月份的下月起停止计提折旧。

第四节　无形资产

第三十八条　无形资产，是指小企业为生产产品、提供劳务、出租或经营管理而持有的、没有实物形态的可辨认非货币性资产。

小企业的无形资产包括：土地使用权、专利权、商标权、著作权、非专利技术等。

自行开发建造厂房等建筑物，相关的土地使用权与建筑物应当分别进行处理。外购土地及建筑物支付的价款应当在建筑物与土地使用权之间按照合理的方法进行分配；难以合理分配的，应当全部作为固定资产。

第三十九条　无形资产应当按照成本进行计量。

（一）外购无形资产的成本包括：购买价款、相关税费和相关的其他支出（含相关的借款费用）。

（二）投资者投入的无形资产的成本，应当按照评估价值和相关税费确定。

（三）自行开发的无形资产的成本，由符合资本化条件后至达到预定用途前发生的支出（含相关的借款费用）构成。

第四十条　小企业自行开发无形资产发生的支出，同时满足下列条件的，才能确认为无形资产：

（一）完成该无形资产以使其能够使用或出售在技术上具有可行性；

（二）具有完成该无形资产并使用或出售的意图；

（三）能够证明运用该无形资产生产的产品存在市场或无形资产自身存在市场，无形资产将在内部使用的，应当证明其有用性；

（四）有足够的技术、财务资源和其他资源支持，以完成该无形资产的开发，并有能力使用或出售该无形资产；

（五）归属于该无形资产开发阶段的支出能够可靠地计量。

第四十一条　无形资产应当在其使用寿命内采用年限平均法进行摊销，根据其受益对象计入相关资产成本或者当期损益。

无形资产的摊销期自其可供使用时开始至停止使用或出售时止。有关法律规定或合同约定了使用年限的，可以按照规定或约定的使用年限分期摊销。

小企业不能可靠估计无形资产使用寿命的，摊销期不得低于10年。

第四十二条　处置无形资产，处置收入扣除其账面价值、相关税费等后的净额，应当计入营业外收入或营业外支出。

前款所称无形资产的账面价值，是指无形资产的成本扣减累计摊销后的金额。

第五节　长期待摊费用

第四十三条　小企业的长期待摊费用包括：已提足折旧的固定资产的改建支出、经营租入固定资产的改建支出、固定资产的大修理支出和其他长期待摊费用等。

前款所称固定资产的大修理支出,是指同时符合下列条件的支出:

(一)修理支出达到取得固定资产时的计税基础 50% 以上;

(二)修理后固定资产的使用寿命延长 2 年以上。

第四十四条 长期待摊费用应当在其摊销期限内采用年限平均法进行摊销,根据其受益对象计入相关资产的成本或者管理费用,并冲减长期待摊费用。

(一)已提足折旧的固定资产的改建支出,按照固定资产预计尚可使用年限分期摊销。

(二)经营租入固定资产的改建支出,按照合同约定的剩余租赁期限分期摊销。

(三)固定资产的大修理支出,按照固定资产尚可使用年限分期摊销。

(四)其他长期待摊费用,自支出发生月份的下月起分期摊销,摊销期不得低于 3 年。

第三章 负 债

第四十五条 负债,是指小企业过去的交易或者事项形成的、预期会导致经济利益流出小企业的现时义务。

小企业的负债按照其流动性,可分为流动负债和非流动负债。

第一节 流动负债

第四十六条 小企业的流动负债,是指预计在 1 年内或者超过 1 年的一个正常营业周期内清偿的债务。

小企业的流动负债包括:短期借款、应付及预收款项、应付职工薪酬、应交税费、应付利息等。

第四十七条 各项流动负债应当按照其实际发生额入账。

小企业确实无法偿付的应付款项,应当计入营业外收入。

第四十八条 短期借款应当按照借款本金和借款合同利率在应付利息日计提利息费用,计入财务费用。

第四十九条 应付职工薪酬,是指小企业为获得职工提供的服务而应付给职工的各种形式的报酬以及其他相关支出。

小企业的职工薪酬包括:

(一)职工工资、奖金、津贴和补贴。

(二)职工福利费。

(三)医疗保险费、养老保险费、失业保险费、工伤保险费和生育保险费等社会保险费。

(四)住房公积金。

(五)工会经费和职工教育经费。

(六)非货币性福利。

(七)因解除与职工的劳动关系给予的补偿。

(八)其他与获得职工提供的服务相关的支出等。

第五十条　小企业应当在职工为其提供服务的会计期间,将应付的职工薪酬确认为负债,并根据职工提供服务的受益对象,分别下列情况进行会计处理:

(一)应由生产产品、提供劳务负担的职工薪酬,计入产品成本或劳务成本。

(二)应由在建工程、无形资产开发项目负担的职工薪酬,计入固定资产成本或无形资产成本。

(三)其他职工薪酬(含因解除与职工的劳动关系给予的补偿),计入当期损益。

第二节　非流动负债

第五十一条　小企业的非流动负债,是指流动负债以外的负债。

小企业的非流动负债包括:长期借款、长期应付款等。

第五十二条　非流动负债应当按照其实际发生额入账。

长期借款应当按照借款本金和借款合同利率在应付利息日计提利息费用,计入相关资产成本或财务费用。

第四章　所有者权益

第五十三条　所有者权益,是指小企业资产扣除负债后由所有者享有的剩余权益。

小企业的所有者权益包括:实收资本(或股本,下同)、资本公积、盈余公积和未分配利润。

第五十四条　实收资本,是指投资者按照合同协议约定或相关规定投入到小企业、构成小企业注册资本的部分。

(一)小企业收到投资者以现金或非货币性资产投入的资本,应当按照其在本企业注册资本中所占的份额计入实收资本,超出的部分,应当计入资本公积。

(二)投资者根据有关规定对小企业进行增资或减资,小企业应当增加或减少实收资本。

第五十五条　资本公积,是指小企业收到的投资者出资额超过其在注册资本或股本中所占份额的部分。

小企业用资本公积转增资本,应当冲减资本公积。小企业的资本公积不得用于弥补亏损。

第五十六条　盈余公积,是指小企业按照法律规定在税后利润中提取的法定公积金和任意公积金。

小企业用盈余公积弥补亏损或者转增资本,应当冲减盈余公积。小企业的盈余公积还可以用于扩大生产经营。

第五十七条　未分配利润,是指小企业实现的净利润,经过弥补亏损、提取法定公积金和任意公积金、向投资者分配利润后,留存在本企业的、历年结存的利润。

第五章　收　入

第五十八条　收入,是指小企业在日常生产经营活动中形成的、会导致所有者权益增加、与所有者投入资本无关的经济利益的总流入。包括:销售商品收入和提供劳务收入。

第五十九条　销售商品收入,是指小企业销售商品(或产成品、材料,下同)取得的收入。

通常,小企业应当在发出商品且收到货款或取得收款权利时,确认销售商品收入。

(一)销售商品采用托收承付方式的,在办妥托收手续时确认收入。

(二)销售商品采用预收款方式的,在发出商品时确认收入。

(三)销售商品采用分期收款方式的,在合同约定的收款日期确认收入。

(四)销售商品需要安装和检验的,在购买方接受商品以及安装和检验完毕时确认收入。安装程序比较简单的,可在发出商品时确认收入。

(五)销售商品采用支付手续费方式委托代销的,在收到代销清单时确认收入。

(六)销售商品以旧换新的,销售的商品作为商品销售处理,回收的商品作为购进商品处理。

(七)采取产品分成方式取得的收入,在分得产品之日按照产品的市场价格或评估价值确定销售商品收入金额。

第六十条　小企业应当按照从购买方已收或应收的合同或协议价款,确定销售商品收入金额。

销售商品涉及现金折扣的,应当按照扣除现金折扣前的金额确定销售商品收入金额。现金折扣应当在实际发生时,计入当期损益。

销售商品涉及商业折扣的,应当按照扣除商业折扣后的金额确定销售商品收入金额。

前款所称现金折扣，是指债权人为鼓励债务人在规定的期限内付款而向债务人提供的债务扣除。商业折扣，是指小企业为促进商品销售而在商品标价上给予的价格扣除。

第六十一条　小企业已经确认销售商品收入的售出商品（不论属于本年度还是属于以前年度的销售）发生的销售退回，应当在发生时冲减当期销售商品收入。

小企业已经确认销售商品收入的售出商品发生的销售折让，应当在发生时冲减当期销售商品收入。

前款所称销售退回，是指小企业售出的商品由于质量、品种不符合要求等原因发生的退货。销售折让，是指小企业因售出商品的质量不合格等原因而在售价上给予的减让。

第六十二条　小企业提供劳务的收入，是指小企业从事建筑安装、修理修配、交通运输、仓储租赁、邮电通信、咨询经纪、文化体育、科学研究、技术服务、教育培训、餐饮住宿、中介代理、卫生保健、社区服务、旅游、娱乐、加工以及其他劳务服务活动取得的收入。

第六十三条　同一会计年度内开始并完成的劳务，应当在提供劳务交易完成且收到款项或取得收款权利时，确认提供劳务收入。提供劳务收入的金额为从接受劳务方已收或应收的合同或协议价款。

劳务的开始和完成分属不同会计年度的，应当按照完工进度确认提供劳务收入。年度资产负债表日，按照提供劳务收入总额乘以完工进度扣除以前会计年度累计已确认提供劳务收入后的金额，确认本年度的提供劳务收入；同时，按照估计的提供劳务成本总额乘以完工进度扣除以前会计年度累计已确认营业成本后的金额，结转本年度营业成本。

第六十四条　小企业与其他企业签订的合同或协议包含销售商品和提供劳务时，销售商品部分和提供劳务部分能够区分且能够单独计量的，应当将销售商品的部分作为销售商品处理，将提供劳务的部分作为提供劳务处理。

销售商品部分和提供劳务部分不能够区分，或虽能区分但不能够单独计量的，应当作为销售商品处理。

第六章　费　用

第六十五条　费用，是指小企业在日常生产经营活动中发生的、会导致所有者权益减少、与向所有者分配利润无关的经济利益的总流出。

小企业的费用包括：营业成本、营业税金及附加、销售费用、管理费用、财务费用等。

（一）营业成本，是指小企业所销售商品的成本和所提供劳务的成本。

（二）营业税金及附加，是指小企业开展日常生产经营活动应负担的消费税、营业税、城市维护建设税、资源税、土地增值税、城镇土地使用税、房产税、车船税、印花税和教育费附加、矿产资源补偿费、排污费等。

（三）销售费用，是指小企业在销售商品或提供劳务过程中发生的各种费用。包括：销售人员的职工薪酬、商品维修费、运输费、装卸费、包装费、保险费、广告费、业务宣传费、展览费等费用。

小企业（批发业、零售业）在购买商品过程中发生的费用（包括：运输费、装卸费、包装费、保险费、运输途中的合理损耗和入库前的挑选整理费等）也构成销售费用。

（四）管理费用，是指小企业为组织和管理生产经营发生的其他费用。包括：小企业在筹建期间内发生的开办费、行政管理部门发生的费用（包括：固定资产折旧费、修理费、办公费、水电费、差旅费、管理人员的职工薪酬等）、业务招待费、研究费用、技术转让费、相关长期待摊费用摊销、财产保险费、聘请中介机构费、咨询费（含顾问费）、诉讼费等费用。

（五）财务费用，是指小企业为筹集生产经营所需资金发生的筹资费用。包括：利息费用（减利息收入）、汇兑损失、银行相关手续费、小企业给予的现金折扣（减享受的现金折扣）等费用。

第六十六条　通常，小企业的费用应当在发生时按照其发生额计入当期损益。

小企业销售商品收入和提供劳务收入已予确认的，应当将已销售商品和已提供劳务的成本作为营业成本结转至当期损益。

第七章　利润及利润分配

第六十七条　利润，是指小企业在一定会计期间的经营成果。包括：营业利润、利润总额和净利润。

（一）营业利润，是指营业收入减去营业成本、营业税金及附加、销售费用、管理费用、财务费用，加上投资收益（或减去投资损失）后的金额。

前款所称营业收入，是指小企业销售商品和提供劳务实现的收入总额。投资收益，由小企业股权投资取得的现金股利（或利润），债券投资取得的利息收入及处置股权投资和债券投资取得的处置价款扣除成本或账面余额、相关税费后的净额三部分构成。

（二）利润总额，是指营业利润加上营业外收入，减去营业外支出后的金额。

（三）净利润，是指利润总额减去所得税费用后的净额。

第六十八条　营业外收入,是指小企业非日常生产经营活动形成的、应当计入当期损益、会导致所有者权益增加、与所有者投入资本无关的经济利益的净流入。

小企业的营业外收入包括:非流动资产处置净收益、政府补助、捐赠收益、盘盈收益、汇兑收益、出租包装物和商品的租金收入、逾期未退包装物押金收益、确实无法偿付的应付款项、已作坏账损失处理后又收回的应收款项、违约金收益等。

通常,小企业的营业外收入应当在实现时按照其实现金额计入当期损益。

第六十九条　政府补助,是指小企业从政府无偿取得货币性资产或非货币性资产,但不含政府作为小企业所有者投入的资本。

(一)小企业收到与资产相关的政府补助,应当确认为递延收益,并在相关资产的使用寿命内平均分配,计入营业外收入。

收到的其他政府补助,用于补偿本企业以后期间的相关费用或亏损的,确认为递延收益,并在确认相关费用或发生亏损的期间,计入营业外收入;用于补偿本企业已发生的相关费用或亏损的,直接计入营业外收入。

(二)政府补助为货币性资产的,应当按照收到的金额计量。

政府补助为非货币性资产的,政府提供了有关凭据的,应当按照凭据上标明的金额计量;政府没有提供有关凭据的,应当按照同类或类似资产的市场价格或评估价值计量。

(三)小企业按照规定实行企业所得税、增值税、消费税、营业税等先征后返的,应当在实际收到返还的企业所得税、增值税(不含出口退税)、消费税、营业税时,计入营业外收入。

第七十条　营业外支出,是指小企业非日常生产经营活动发生的、应当计入当期损益、会导致所有者权益减少、与向所有者分配利润无关的经济利益的净流出。

小企业的营业外支出包括:存货的盘亏、毁损、报废损失,非流动资产处置净损失,坏账损失,无法收回的长期债券投资损失,无法收回的长期股权投资损失,自然灾害等不可抗力因素造成的损失,税收滞纳金,罚金,罚款,被没收财物的损失,捐赠支出,赞助支出等。

通常,小企业的营业外支出应当在发生时按照其发生额计入当期损益。

第七十一条　小企业应当按照企业所得税法规定计算的当期应纳税额,确认所得税费用。

小企业应当在利润总额的基础上,按照企业所得税法规定进行纳税调整,计算出当期应纳税所得额,以应纳税所得额与适用所得税税率为基础计算确定当期应纳税额。

第七十二条　小企业以当年净利润弥补以前年度亏损等剩余的税后利润,可用于向投资者进行分配。

小企业(公司制)在分配当年税后利润时,应当按照公司法的规定提取法定公积金和任意公积金。

第八章　外币业务

第七十三条　小企业的外币业务由外币交易和外币财务报表折算构成。

第七十四条　外币交易,是指小企业以外币计价或者结算的交易。

小企业的外币交易包括:买入或者卖出以外币计价的商品或者劳务、借入或者借出外币资金和其他以外币计价或者结算的交易。

前款所称外币,是指小企业记账本位币以外的货币。记账本位币,是指小企业经营所处的主要经济环境中的货币。

第七十五条　小企业应当选择人民币作为记账本位币。业务收支以人民币以外的货币为主的小企业,可以选定其中一种货币作为记账本位币,但编报的财务报表应当折算为人民币财务报表。

小企业记账本位币一经确定,不得随意变更,但小企业经营所处的主要经济环境发生重大变化除外。

小企业因经营所处的主要经济环境发生重大变化,确需变更记账本位币的,应当采用变更当日的即期汇率将所有项目折算为变更后的记账本位币。

前款所称即期汇率,是指中国人民银行公布的当日人民币外汇牌价的中间价。

第七十六条　小企业对于发生的外币交易,应当将外币金额折算为记账本位币金额。

外币交易在初始确认时,采用交易发生日的即期汇率将外币金额折算为记账本位币金额,也可以采用交易当期平均汇率折算。

小企业收到投资者以外币投入的资本,应当采用交易发生日即期汇率折算,不得采用合同约定汇率和交易当期平均汇率折算。

第七十七条　小企业在资产负债表日,应当按照下列规定对外币货币性项目和外币非货币性项目进行会计处理:

(一)外币货币性项目,采用资产负债表日的即期汇率折算。因资产负债表日即期汇率与初始确认时或者前一资产负债表日即期汇率不同而产生的汇兑差额,计入当期损益。

(二)以历史成本计量的外币非货币性项目,仍采用交易发生日的即期汇率折算,不改变其记账本位币金额。

前款所称货币性项目,是指小企业持有的货币资金和将以固定或可确定的金额收取的资产或者偿付的负债。货币性项目分为货币性资产和货币性负债。货币性资产包括:库存现金、银行存款、应收账款、其他应收款等;货币性负债包括:短期借款、应付账款、其他应付款、长期借款、长期应付款等。非货币性项目,是指货币性项目以外的项目。包括:存货、长期股权投资、固定资产、无形资产等。

第七十八条　小企业对外币财务报表进行折算时,应当采用资产负债表日的即期汇率对外币资产负债表、利润表和现金流量表的所有项目进行折算。

第九章　财务报表

第七十九条　财务报表,是指对小企业财务状况、经营成果和现金流量的结构性表述。小企业的财务报表至少应当包括下列组成部分:

(一)资产负债表;

(二)利润表;

(三)现金流量表;

(四)附注。

第八十条　资产负债表,是指反映小企业在某一特定日期的财务状况的报表。

(一)资产负债表中的资产类至少应当单独列示反映下列信息的项目:

1. 货币资金;

2. 应收及预付款项;

3. 存货;

4. 长期债券投资;

5. 长期股权投资;

6. 固定资产;

7. 生产性生物资产;

8. 无形资产;

9. 长期待摊费用。

(二)资产负债表中的负债类至少应当单独列示反映下列信息的项目:

1. 短期借款;

2. 应付及预收款项;

3. 应付职工薪酬;

4. 应交税费;

5. 应付利息;

6. 长期借款;

7. 长期应付款。

（三）资产负债表中的所有者权益类至少应当单独列示反映下列信息的项目：

1. 实收资本；

2. 资本公积；

3. 盈余公积；

4. 未分配利润。

（四）资产负债表中的资产类应当包括流动资产和非流动资产的合计项目；负债类应当包括流动负债和非流动负债的合计项目；所有者权益类应当包括所有者权益的合计项目。

资产负债表应当列示资产总计项目，负债和所有者权益总计项目。

第八十一条　利润表，是指反映小企业在一定会计期间的经营成果的报表。

费用应当按照功能分类，分为营业成本、营业税金及附加、销售费用、管理费用和财务费用等。

利润表至少应当单独列示反映下列信息的项目：

（一）营业收入；

（二）营业成本；

（三）营业税金及附加；

（四）销售费用；

（五）管理费用；

（六）财务费用；

（七）所得税费用；

（八）净利润。

第八十二条　现金流量表，是指反映小企业在一定会计期间现金流入和流出情况的报表。

现金流量表应当分别经营活动、投资活动和筹资活动列报现金流量。现金流量应当分别按照现金流入和现金流出总额列报。

前款所称现金，是指小企业的库存现金以及可以随时用于支付的存款和其他货币资金。

第八十三条　经营活动，是指小企业投资活动和筹资活动以外的所有交易和事项。

小企业经营活动产生的现金流量应当单独列示反映下列信息的项目：

（一）销售产成品、商品和提供劳务收到的现金；

（二）购买原材料、商品和接受劳务支付的现金；

（三）支付的职工薪酬；

（四）支付的税费。

第八十四条　投资活动，是指小企业固定资产、无形资产、其他非流动资产的购建和短期投资，长期债券投资，长期股权投资及其处置活动。

小企业投资活动产生的现金流量应当单独列示反映下列信息的项目：

（一）收回短期投资、长期债券投资和长期股权投资收到的现金；

（二）取得投资收益收到的现金；

（三）处置固定资产、无形资产和其他非流动资产收回的现金净额；

（四）短期投资、长期债券投资和长期股权投资支付的现金；

（五）购建固定资产、无形资产和其他非流动资产支付的现金。

第八十五条　筹资活动，是指导致小企业资本及债务规模和构成发生变化的活动。

小企业筹资活动产生的现金流量应当单独列示反映下列信息的项目：

（一）取得借款收到的现金；

（二）吸收投资者投资收到的现金；

（三）偿还借款本金支付的现金；

（四）偿还借款利息支付的现金；

（五）分配利润支付的现金。

第八十六条　附注，是指对在资产负债表、利润表和现金流量表等报表中列示项目的文字描述或明细资料，以及对未能在这些报表中列示项目的说明等。

附注应当按照下列顺序披露：

（一）遵循《小企业会计准则》的声明。

（二）短期投资、应收账款、存货、固定资产项目的说明。

（三）应付职工薪酬、应交税费项目的说明。

（四）利润分配的说明。

（五）用于对外担保的资产名称、账面余额及形成的原因；未决诉讼、未决仲裁以及对外提供担保所涉及的金额。

（六）发生严重亏损的，应当披露持续经营的计划、未来经营的方案。

（七）对已在资产负债表和利润表中列示项目与企业所得税法规定存在差异的纳税调整过程。

（八）其他需要在附注中说明的事项。

第八十七条　小企业应当根据实际发生的交易和事项，按照本准则的规定进行确认和计量，在此基础上按月或者按季编制财务报表。

第八十八条　小企业对会计政策变更、会计估计变更和会计差错更正应当采用未来适用法进行会计处理。

前款所称会计政策，是指小企业在会计确认、计量和报告中所采用的原则、基础和会计处理方法。会计估计变更，是指由于资产和负债的当前状况及预期经济利益和义务发生了变化，从而对资产或负债的账面价值或者资产的定期消耗金额进行调整。前期差错包括：计算错误、应用会计政策错误、应用会计估计错误等。未来适用法，是指将变更后的会计政策和会计估计应用于变更日及以后发生的交易或事项，或者在会计差错发生或发现的当期更正差错的方法。

第十章　附　则

第八十九条　符合《中小企业划型标准规定》所规定的微型企业标准的企业参照执行本准则。

第九十条　本准则自 2013 年 1 月 1 日起施行。财政部 2004 年发布的《小企业会计制度》(财会〔2004〕2 号)同时废止。

主要参考文献

财政部会计司编写组. 2011. 小企业会计准则释义 2011[M]. 北京:中国财政经济出版社.

财政部会计司编写组. 2010. 企业会计准则讲解 2010[M]. 北京:人民出版社.

高丽萍. 2012. 企业会计制度设计[M]. 北京:高等教育出版社.

国家税务总局教材编写组. 2012. 小企业会计必读[M]. 北京:中国税务出版社.

会计从业资格考试辅导教材编写组. 2010. 财经法规与会计职业道德[M]. 北京:中国财政经济出版社.

刘姝媛. 2012. 中小企业成本费用控制精细化设计全案[M]. 北京:人民邮电出版社.

许群. 2004. 小企业内部会计控制与会计错弊的审查[M]. 北京:经济科学出版社.

赵红梅. 2012. 中小企业内部控制精细化设计全案[M]. 北京:人民邮电出版社.